Der unverstandene Hund

Der unverstandene Hund

Dr. med. vet. Eva Heidenberger

Neue Erkenntnisse aus der hundepsychologischen Praxis

Hundesprache richtig verstehen

WELTBILD

Wichtiger Hinweis
Alle Angaben in diesem Buch sind auf dem aktuellen wissenschaftlichen Stand und wurden sorgfältig überprüft. Ständig neue Erkenntnisse sowie neue Gesetzesregelungen fordern den Leser auf, die Aktualität gegebenenfalls zu überprüfen, bei Behandlungsvorschlägen den Tierarzt zu konsultieren, Beipackzettel zu Medikamenten zu lesen sowie Gebrauchsanweisungen und Gesetze zu befolgen. Autor und Verlag können weder eine Garantie übernehmen noch für Personen-, Sach- und Vermögensschäden haften.

Es ist nicht gestattet, Abbildungen dieses Buches zu scannen, in PCs oder auf CDs zu speichern oder in PCs/Computern zu verändern oder einzeln oder zusammen mit anderen Bildvorlagen zu manipulieren, es sei denn mit schriftlicher Genehmigung des Verlages.

Genehmigte Lizenzausgabe für Verlagsgruppe Weltbild GmbH,
Steinerne Furt, 86167 Augsburg
Copyright © 2000 by Weltbild Ratgeber Verlage GmbH & Co. KG, München
Umschlaggestaltung: Uhlig/www.coverdesign.net
Umschlagmotiv: Okapia, München
Illustrationen: Anna Aisenstadt, Augsburg
Gesamtproduktion: Buch & Konzept, München
Redaktion: Ute Kleiner, Waldshut-Tiengen
Layout: Annegret Wehland, München
Gesamtherstellung: Offizin Andersen Nexö Leipzig GmbH,
Spenglerallee 26–30, 04442 Zwenkau

Printed in Germany

ISBN 3-8289-1691-0

2005   2004
Die letzte Jahreszahl gibt die aktuelle Lizenzausgabe an.

Alle Rechte vorbehalten.

Einkaufen im Internet: *www.weltbild.de*

ALLGEMEINER TEIL:
Grundlagen des Verhaltens

Einführung in die allgemeine Verhaltenskunde 8
Erläuterung einiger Fachbegriffe 9 ◆ Konzepte der Verhaltenskunde 11

Besonderheiten des Hundeverhaltens 24
Grundlagen des arttypischen Verhaltens 25 ◆ Welpenentwicklung – sensible Phasen 26 ◆ Verhaltensmuster/Ethogramm 33 ◆ Besondere Sinnesleistungen 63 ◆ Rassebesonderheiten und Geschlechtsunterschiede 67

Die Mensch-Tier-Beziehung 90
Die soziale Bedeutung des Hundes als Familienmitglied 90 ◆ Kinder und Hunde 97 ◆ Die Bedeutung des Hundes für körperliche und psychische Gesundheit 101 ◆ Hunde als Sozialtherapeuten, Behinderten- und Blindenhunde 105

Natürliche Hundeerziehung 118
Grundschule für Welpen 118 ◆ Erziehung und Ausbildung erwachsener Hunde 125 ◆ Profis unter den Hunden 132 ◆ Diskussion technischer Hilfsmittel 136

Methoden der Verhaltenstherapie 142
Aufbau und Psychologie des Beratungsgesprächs 143 ◆ Haltung und Ernährung 154 ◆ Gewöhnungs- und Konditionierungsprogramme 159 ◆ Medikamentöse und hormonelle Therapiemöglichkeiten 167

SPEZIELLER TEIL:
Verhaltensprobleme und ihre Therapie

Aggressivität 182
Aggression in ihren verschiedenen Erscheinungsformen 182 ◆ Dominanz- und rivalisierende Aggression 193 ◆ Angst- und schmerzbedingte Aggression 202 ◆ Aggressivität unter Rüden 205 ◆ Territoriale und erlernte Aggression 208 ◆ Aggressives Jagdverhalten 213 ◆ Mütterliche Aggression 216 ◆ Krankhafte und idiopathische Aggressivität 219

Angstbedingte Probleme einschließlich Trennungsangst 222
Die Wurzeln der Angst 222 ◆ Problemverhalten durch Trennungsangst 227

Inhalt

Mangelnde Stubenreinheit 234
Organisch-physiologische Ursachen 234 ◆ Verhaltensprobleme als Ursache 236

Störungen der Aktivität: Hyperaktivität, Bellen und Depression 242
Probleme durch bewegungsüberaktive Hunde 242 ◆ Bellen – eine andere Form der Hyperaktivität 246 ◆ Hyperkinese – krankhafte Hyperaktivität 248 ◆ Übermäßige Trägheit als Problem 248

Streunen und Wildern 254
Analyse der Ursachen 254 ◆ Therapeutische Möglichkeiten 258

Störungen des Fortpflanzungs- und des mütterlichen Verhaltens 262
Gestörtes Fortpflanzungsverhalten 262 ◆ Störungen im mütterlichen Verhalten 267

Gestörtes Ernährungsverhalten 270
Polyphagie – übermäßige Nahrungsaufnahme 270 ◆ Koprophagie – Kotfressen 275 ◆ Pica – Fressen unverdaulicher Materialien 275 ◆ „Mülltonnen-Plündern" bei frei laufenden Hunden 276 ◆ Grasfressen – Teil des normalen Ernährungsverhalten 277

Aufmerksamkeit forderndes Verhalten 278
Katalysator: unbeabsichtigte positive Konditionierung 279 ◆ Charakteristika des Aufmerksamkeit fordernden Verhaltens 280 ◆ Therapeutische Möglichkeiten 281

Stereotypien 284
Welche Tiere sind betroffen? 284 ◆ Entwicklung der Stereotypie 285 ◆ Therapeutische Möglichkeiten 286

Zentralnervöse Störungen und Erkrankungen 290
Kriterien zur Beurteilung der Funktionen des Gehirns 290 ◆ Epilepsie 291 ◆ Infektionen des zentralen Nervensystems 292 ◆ Hydrozephalus – Wasserkopf 294 ◆ Genetische Prädisposition 295 ◆ Gehirnblutungen 296 ◆ Vergiftung mit Stoffwechselprodukten 296 ◆ Was nochmals zu betonen wäre ... 297

Register 302

ALLGEMEINER TEIL:
Grundlagen des Verhaltens

Einführung in die allgemeine Verhaltenskunde

Warum handelt ein Tier so und nicht anders? Was sind die äußeren und inneren Bedingungen für sein Verhalten? Wozu dient seine Reaktion? Welche Selektionsvorteile verschafft es ihm in der Evolution?

Fragen dieser Art versucht die Verhaltenskunde oder Ethologie zu beantworten. Sie entstand als eigenständige Wissenschaft erst Anfang des 20. Jahrhunderts. Von grundsätzlicher Bedeutung waren die Beobachtungen und Untersuchungen von Konrad Lorenz. Zahlreiche Wissenschaftler aus verschiedenen Ländern entwickelten im Weiteren unterschiedlichste Schwerpunkte und Fragestellungen. So beruhte die Forschung zum Beispiel anfangs vor allem auf beobachtbaren Verhaltensweisen. Später kam unter anderem die Verhaltensphysiologie, das heißt die Lehre vom Einfluss der Stoffwechselvorgänge auf das Verhalten, dazu. Sie untersucht das Wechselspiel zwischen Verhalten und Sinnesorganen, Nervensystem und Hormonen. Die vergleichende Verhaltensforschung konzentriert sich darauf, wie sich Verhaltensmuster innerhalb der Stammesgeschichte entwickelt haben und wie sich die Verhaltensmuster verschiedener Arten unterscheiden. Die Verhaltensontogenese untersucht, wie sich das Verhalten eines Einzeltieres im Laufe seines Lebens entwickelt. Weitere Teilgebiete der Verhaltensforschung sind die Verhaltensgenetik, die sich mit dem Einfluss der Gene auf das Verhalten beschäftigt, und die Ökoethologie, die Zusammenhänge zwischen Verhalten und Umweltbedingungen betrachtet.

Mit dem Entstehen einer neuen Wissenschaft entstanden auch neue Fachbegriffe. Häufig aus der Umgangssprache, aber auch aus dem Lateinischen oder Griechischen entnommen, wurden sie in ihrer Bedeutung genau festgelegt. Sie fassen zusammen und vereinfachen komplizierte Zusammenhänge. Ihre exakte Definition beugt Missverständnissen vor.

Erläuterung einiger Fachbegriffe

Um das Verhalten, also die „Lebensäußerungen" des Hundes richtig verstehen zu können, müssen zunächst die gängigen Fachbegriffe erklärt werden. Die Abgrenzung von der umgangssprachlichen Verwendung ist wichtig, da dort manche Begriffe allgemeiner und häufig etwas anders verwendet werden, wodurch Missverständnisse entstehen können. Die fachlichen Definitionen erfolgen im Sinne von Immelmanns „Wörterbuch der Verhaltenskunde" (1982). Mit der Erläuterung der Begriffe werden auch grundlegende Verhaltensprinzipien erklärt.

> Der Hund kommuniziert hauptsächlich über sein Verhalten. Die einzelnen Elemente, das Vokabular sozusagen, hat die Verhaltensforschung entschlüsselt und übersetzt. Wer die Beziehung zu seinem Hund bereichern will, sollte sich in diesem „Lexikon" auskennen.

Das „Verhalten" eines Tieres ganz allgemein setzt sich aus seinen Bewegungen, Lautäußerungen und Körperhaltungen zusammen. Hierzu gehören auch erkennbare Veränderungen, wie Farbwechsel oder Gerüche, die der Verständigung dienen können. Verhaltensweisen können bei einem Partner Reaktionen auslösen, zum Beispiel bewirken Geruchsabsonderungen unter Umständen Meideverhalten. Einzelne Verhaltensweisen können angeboren oder erworben oder durch Erfahrung verändert worden sein.

Kennzeichnend für höhere Lebewesen ist, dass sie auf ihre Umgebung reagieren können, und je höher entwickelt ein Lebewesen ist, desto komplexer werden diese Reaktionen. Die Spannbreite reicht von einfachen angeborenen Reflexen, wie Sich-dem-Licht-Zuwenden, bis hin zu komplexen, erworbenen Verhaltensabläufen, wie etwa der Jagd im Rudel. Angeborene Verhaltensweisen werden durch erlernte Verhaltensweisen modifiziert und bilden die Grundlage der hochkomplizierten, ineinander verwobenen Strukturen und Abhängigkeiten in sozialen Gruppen. Im Laufe der Jugendentwicklung reifen Verhaltensweisen heran und werden durch Übung laufend verbessert.

Einführung in die allgemeine Verhaltenskunde

Reiz und Reaktion

Äußere oder innere Reize, wie Sinneswahrnehmungen oder hormonelle Signale, führen zum Auslösen einer Reaktion. Dazu müssen sie erst eine minimale Stärke, den Schwellenwert, erreichen. Die Latenzzeit ist die Zeit zwischen Beginn des Reizes und dem Einsetzen der Reaktion.

Stark vereinfachte Darstellung der Zusammenhänge:

äußere Reize
+ Schwellenwert – Latenzzeit ⇨ Einsetzen der Reaktion
innere Reize

Die Latenzzeit kann bei einem neuen, unbekannten Reiz verzögert sein. Erst nach der ersten Reizung und bei weiteren Wiederholungen ist die Reaktionsbereitschaft beschleunigt oder verstärkt. Ursache ist eine Schwellenerniedrigung. Man spricht vom so genannten Aufwärmeffekt. Aber bei weiteren Wiederholungen der Reizes verlängert sich die Latenzzeit wieder. Gewöhnung, das heißt Habituation tritt ein. Damit verringert sich die Bereitschaft wieder, auf den Reiz zu reagieren. Einzelne Reize können für sich allein unterschwellig sein, also nicht ausreichend stark, um eine Reaktion auszulösen. Treten jedoch mehrere unterschwellige Reize gleichzeitig auf, kommt es zu einer Reizsummation, die dann die Reaktion auslöst. Unter Reizsummation versteht man eine wechselseitige Reizverstärkung. Ein Reiz wird auch durch zunehmende Größe, Nähe oder Lautstärke verstärkt. Äußere Reize können die Handlungsbereitschaft eines Tieres verändern. Als motivierende Reize haben sie durch Gewöhnung, Lernen oder hormonelle Stimulation eine Langzeitwirkung.

> Wer um die Zusammenhänge von Reiz, Reaktion und Lernprozessen weiß, erspart sich und seinem Tier frustrierende Situationen.

Reflex und Konditionierung

Unter einem Reflex versteht man die Antwort eines Organs auf einen Sinnesreiz, die automatisch abläuft. Ein auslösender Reiz wird durch Sinnesorgane wahrgenommen, über Nervenbahnen übertragen und gelangt so zum ausführenden Organ. Ein unbedingter oder unwillkürlicher Reflex, wie das Zusammenziehen der Pupille auf Lichteinfall, ist ererbt. Ein bedingter Reflex entsteht dagegen durch Konditionierung, einen Lernvorgang. Dabei wird zeitgleich mit dem natürlichen Reiz ein künstlicher Reiz gesetzt. Durch ständiges Wiederholen der beiden Reize wird der künstliche Reiz schließlich mit der zugehörigen Reaktion verknüpft und führt dann auch ohne den natürlichen Reiz zum Auslösen der Reaktion. Auf dieser Art von Lernprozess basieren viele komplexe Verhaltensweisen.

Reiz:	Wahrnehmung – Reizleitung ⇨ Ausführung = unwillkürlicher Reflex
Reiz + künstlicher Reiz:	Wahrnehmung – Reizleitung ⇨ Ausführung = Reaktion
Reiz + künstlicher Reiz:	Wahrnehmung – Reizleitung ⇨ Ausführung = Reaktion
weitere Wiederholungen:	Wahrnehmung – Reizleitung ⇨ Ausführung = Reaktion
künstlicher Reiz:	Wahrnehmung – Reizleitung ⇨ Ausführung = bedingter Reflex

Diesen grundsätzlichen Vorgang beschrieb der russische Forscher Pawlow nach Experimenten mit Hunden. Beim Beginn der Nahrungsaufnahme wird Futter eingespeichelt. Der Anblick von Futter löst als unwillkürlichen Reflex Speichelbildung aus. Ertönt unmittelbar vor der Fütterung eine Glocke, so wird ihr Klang nach einigen Wiederholungen mit der Nahrungsaufnahme verknüpft. Das Speicheln beginnt dann als bedingter Reflex bereits beim Ertönen der Glocke. (Siehe Kapitel 5 c.)

Der Hund im Konflikt zwischen zwei Reaktionen: Unterwürfig legt er sich auf den Rücken, gleichzeitig zeigt er Zähne und knurrt.

Ambivalentes Verhalten

Eine Hemmung tritt ein, wenn sich zwei oder mehr Verhaltensweisen gegenseitig blockieren. Der eine Reiz unterdrückt die Ausführung des anderen. Oder zwei Reaktionen sind grundsätzlich nicht miteinander vereinbar. Es kommt zum Konflikt. Das Tier hat hierfür verschiedene Lösungsmöglichkeiten. Zum einen werden zwei einander

Einführung in die allgemeine Verhaltenskunde

widersprechende Verhaltensweisen rasch hintereinander gezeigt und dabei mehrfach rasch gewechselt. Man spricht von ambivalentem Verhalten. Ein Beispiel hierfür ist ein Hund, der bei Bedrohung einen raschen Wechsel zwischen Angriff und Flucht, etwa durch Zuschnappen und Zurückspringen, zeigt.

Umorientierung

Eine andere Konfliktlösungsmöglichkeit ist das Ausführen einer umorientierten Bewegung. Dabei wird das Verhalten nicht auf das ursprüngliche Ziel gerichtet, sondern auf ein Ersatzobjekt. Man spricht auch von Ersatzhandlung. Im Falle einer kämpferischen Auseinandersetzung unter Hunden beispielsweise kann der Angriff vom Gegner weg auf einen Gegenstand, wie Stock oder Zaunlatte, umgeleitet werden. Oder das Tier kann seinen ursprünglichen Gegner nicht erreichen und reagiert sich dafür an einem rangtieferen Artgenossen ab.

Umorientierung ist ein Konflikt lösendes Verhalten. Dabei wird ein Angriff auf ein Ersatzobjekt – hier ein Ast – umgeleitet.

Ein anderes Beispiel für eine umorientierte Bewegung kann bei mutterlosen Welpen, die mit der Flasche aufgezogen werden, beobachtet werden. Die Welpen erhalten zwar eine genügende Menge an Futter, können jedoch ihr Bedürfnis zu saugen nicht ausreichend decken. Die Handlung des Saugens und Nuckelns kann nicht im eigentlich notwendigen Umfang ausgeführt werden, weil das Saugen aus einer Flasche meist weniger anstrengend ist als das Stimulieren des Milchflusses an einer echten Zitze und die gleiche Milchmenge aus der Flasche wesentlich schneller aufgenommen wird als aus der Zitze. Die Folge kann fehlorientiertes Saugen an Decken, Pullovern oder anderen greifbaren Materialien sein. Wird dieses Verhalten zur Gewohnheit, kann es auch beim erwachsenen Tier noch auftreten.

Erläuterung einiger Fachbegriffe

Übersprungshandlung

Konflikte führen auch zu Übersprungsbewegungen. Dabei treten nicht mehr die zu der Situation passenden Reaktionen auf, sondern Verhaltensweisen aus anderen Funktionskreisen. Häufig sind das Elemente aus dem Ernährungs- oder dem Körperpflegeverhalten. Sie haben mit dem eigentlichen Geschehen nichts zu tun, werden aber im normalen Tagesablauf sehr häufig aktiviert. Deshalb haben sie einen niedrigen Schwellenwert und sind leicht auslösbar. Zur Übersprungshandlung kommt es bei starker Erregung, die sich nicht entladen kann. Zum Beispiel, wenn ein Hund in einen Konflikt zwischen Gehorsam und Eigeninteresse gerät. Er wird etwa von seinem Herrn ermahnt, ein Kaninchen nicht zu beachten. Zwischen Gehorsam und Jagdtrieb hin- und hergerissen, bleibt er erst mal stehen und kratzt sich am Ohr. Die ursprünglich aktivierte Reaktion des Hetzens wird nicht ausgeführt. Dadurch steht aber plötzlich überschüssige Energie zur Verfügung. Diese aktiviert andere, leicht auslösbare Verhaltensweisen, wie Elemente des Körperpflegeverhaltens.

Übersprungshandlungen treten in Konfliktsituationen auf. Kann das Tier sich nicht entscheiden, wird eine Handlung mit niedrigem Schwellenwert ausgelöst, hier ein sich Kratzen.

Leerlaufhandlung

Von der Ersatzhandlung ist die Leerlaufhandlung zu unterscheiden, bei der die Handlungsbereitschaft des Tieres so hoch ist, dass ein Verhalten abläuft, ohne Bezug zum Objekt aufzuweisen. Leerlaufhandlungen sind die Folge einer extrem gesenkten Reizschwelle. Das heißt, wenn eine Instinkthandlung längere Zeit nicht ausgelöst wird, erniedrigt sich der zur Auslösung notwendige Schwellenwert so weit, dass die Reaktion schließlich irgendwann ohne auslösenden Reiz, quasi von selbst abläuft. Ein Beispiel dafür ist das scheinbare Jagen eines nicht vorhandenen Beutetieres; oder einfach das Hin- und Herlaufen eines Hundes im Zwinger ohne äußeren Anreiz. Der Bedarf an Bewegung, dem nicht ausreichend entsprochen wurde, ist hierfür die Ursache.

Einführung in die allgemeine Verhaltenskunde

Der Mops weist typische Merkmale des „Kindchenschemas" auf: übergroße Augen, kurze Nase, runder und im Vergleich zum kleinen Körper relativ großer Schädel, und löst damit beim Menschen Zuwendung und fürsorgliches Verhalten aus.

Schlüsselreiz

Von besonderer Bedeutung ist der so genannte Schlüsselreiz. Darunter versteht man die Eigenschaft eines Objektes, die bereits für sich genommen ausreicht, eine Handlung bei Artgenossen auszulösen. Das Kindchenschema, das für das menschliche Baby oder Kleinkind typisch ist, stellt einen derartigen Schlüsselreiz dar, bei dem eine Kombination von Körpermerkmalen beim Menschen positive Gefühle und Zuwendung auslöst: Dazu gehören große Augen und ein im Verhältnis zum Körper großer Kopf mit dicken Backen, geringe Körpergröße und ungeschickte, tollpatschige Bewegungen. Diese Merkmale treten auch bei manchen Tierarten, insbesondere Jungtieren, oder besonderen Haustierzüchtungen auf. Sie führen zu einer spontan zärtlichen Einstellung gegenüber diesen Tieren. Man findet sie unwillkürlich „niedlich" oder „süß". Und sie erklären auch die besondere Beliebtheit von Zwergenzüchtungen wie Pekinese, Chichuahua und Perserkatze und anderen mehr. Diese Rassen zeichnen sich besonders durch einen relativ großen Schädel mit flachem Gesicht und großen Augen aus. Die Wirksamkeit des Kindchenschemas beweist, dass auch das Verhalten des Menschen durch angeborene Auslösemechanismen beeinflusst wird.

Schlüsselreize werden auch als Auslöser bezeichnet. Dies sind Strukturen oder Verhaltensäußerungen, die bei einem Sozialpartner eine Antwort auslösen. Sie dienen der wechselseitigen Verständigung. Als Auslöser können sichtbare (optische), hörbare (akustische) und riechbare (olfaktorische) Merkmale oder auffällige Bewegungen und Körperhaltungen fungieren. Manche Bewegungsabläufe wurden vereinfacht, übertrieben, formalisiert und schließlich ritualisiert, sodass sich ihre Signalfunktion verstärkte. Die Bedeutung wird leichter wahrnehmbar

Erläuterung einiger Fachbegriffe

und unmißverständlich. Zum Beispiel ist das Sich-kleiner-Machen oder Auf-den-Rücken-Legen des Rangtieferen bei Hunden ein Verhalten, das beim Sozialpartner Aggression hemmt. Intentionsbewegungen sind Andeutungen von Bewegungen, die ritualisiert zu wichtigen sozialen Signalen werden. Das Zähnezeigen ist beispielsweise eine Intentionsbewegung des Kampfes, die zur Drohbewegung wurde.

Handlungsketten
Handlungsketten werden gebildet, wenn eine Verhaltensweise den auslösenden Reiz für die nächste liefert – indem ein Verhalten das nächste auslöst, entsteht eine Kette von aufeinander folgenden Handlungen. Erst die letzte, die so genannte Endhandlung erfüllt einen biologischen Zweck. Die Motivation sinkt, und die Handlungskette ist beendet. So besteht das Ausscheidungsverhalten beim Hund aus einer Folge von einzelnen Handlungen, so genannten Verhaltenselementen, die sich aneinander reihen: Zunächst wird mit gesenktem Kopf, witternd auf der Suche nach einem geeigneten Ort umhergelaufen. Geruchsspuren anderer Tiere oder deren Urin lösen Stehenbleiben, am Ort Schnüffeln und eventuell Kreisgehen aus. Darauf folgt der eigentliche Harn- oder Kotabsatz in verschiedenen Körperhaltungen und eventuell gefolgt von Scharren. Danach ist der biologische Sinn erfüllt und die Handlungskette beendet.

> Ob ein Tier reagiert, hängt von äußeren Reizen, aber vor allem auch von seiner Motivation ab. So genannte Schlüsselreize verstärken die Bereitschaft zu handeln, und ihnen können sich nicht nur Tiere, sondern auch der Mensch kaum entziehen: Ein Beispiel dafür ist das Kindchenschema.

Neben den Außenreizen entscheidet das innere Befinden eines Tieres, das unter dem Begriff Handlungsbereitschaft oder Motivation zusammengefasst wird, über die mögliche Reaktion. Die jeweilige Handlungsbereitschaft hängt von einer Vielzahl von Faktoren ab. Innere Sinnesreize, wie Hunger oder Durst, regulieren die Nahrungs- oder Flüssigkeitsaufnahme. Der Hormonspiegel im Blut ist für die Bereitschaft zu Fortpflanzungsverhalten ausschlaggebend. Motivierende Reize bestimmen mit, ob und wie leicht ein Verhalten ausgelöst werden kann, wie wir am Beispiel des Kindchenschemas gesehen haben. Weitere Einflüsse, die die allgemeine Handlungsbereitschaft beeinflussen, sind körpereigene Rhythmen, wie etwa der Schlaf-Wachrhythmus, das Alter des Tieres, wieviel Zeit verstrichen ist, seit die Handlung zum letzten Mal stattgefunden hat, und in welchem Ausmaß

Einführung in die allgemeine Verhaltenskunde

im Zentralnervensystem selbstständig Erregungen produziert werden. Letztendlich entscheidet das Vorhandensein einer entsprechenden Motivation darüber, ob und welches Verhalten im einzelnen gezeigt wird. Diese Motivation entsteht aber nicht nur von innen heraus, sondern kann auch gezielt angeregt werden. Dieser Umstand, dass auf die Motivation des Tieres von außen Einfluss genommen werden kann, erlaubt es dem erfahrenen Hundehalter, das Verhalten eines Tieres in eine gewünschte Richtung zu lenken.

Der Kommentkampf wird in spielerischen Auseinandersetzungen geübt. Mit zunehmender Aggression wird laut knurrend und Zähne fletschend viel Lärm gemacht. Richtig zugebissen wird im Spiel nicht. Der unterlegene Hund liegt auf dem Rücken, steckt die Beine abwehrend mit ausweichendem Blick. Bleibt er bewegungslos, lässt der dominante Hund von ihm ab.

Aggressives Verhalten

Unter Aggression versteht man das Angriffs- und Drohverhalten eines Tieres. Man unterscheidet die intraspezifische Aggressivität – die Aggressionsbereitschaft gegenüber Artgenossen – von der interspezifischen Aggressivität – der Aggressionsbereitschaft gegenüber Angehörigen anderer Tierarten. Die intraspezifische Aggressivität ist beim Hund relativ hoch; Hunde haben aber Verhaltensweisen entwickelt, die weitgehend sicherstellen, dass die Einzeltiere in aggressiven Auseinandersetzungen kaum ernstlich verletzt werden. Hierzu gehören ritualisiertes Droh- und Imponierverhalten, Demutsgebärden und das Respektieren des Territoriums und der Individualdistanz des Artgenossen. Etwaige Auseinandersetzungen werden überwiegend als Kommentkampf, also in ritualisierter Form ausgetragen. Dabei wird mehr gedroht als gebissen. Kommt es dann doch zu richtigen Beißereien, zielen die Bisse zumindest zunächst nicht auf lebenswichtige Organe, sondern aufs Nackenfell und Schultermuskeln. Der Gegner soll unterworfen oder vertrieben, aber nicht getötet werden.

Konzepte der Verhaltenskunde

Verhalten – das Ergebnis komplexer, vernetzter Vorgänge

Um die komplexen Vorgänge, die in das Auslösen einer Reaktion involviert sind, zu veranschaulichen, hat Konrad Lorenz das so genannte „psychohydraulische" Instinktmodell entworfen. Dieses Denkmodell geht davon aus, dass die körpereigene automatische Erregungsproduktion, äußere motivierende Reize, Schlüsselreize und die Handlungsbereitschaft zusammenwirken. Sie müssen in ihrer Summe einen Schwellenwert überschreiten, um eine Reaktion auszulösen. Lorenz vergleicht die Größe der Handlungsbereitschaft mit dem Wasserdruck in einem Tank: Die Reize lassen den Druck so lange ansteigen, bis der Ventildruck überschritten und damit der Ablauf einer Instinktbewegung möglich wird.

Das neue „psychohydraulische Instinktmodell" nach K. Lorenz (1978)

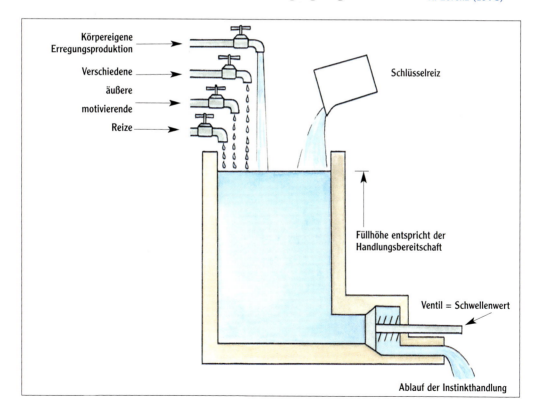

Einführung in die allgemeine Verhaltenskunde

Um kompliziertere Verhaltensabläufe zu erklären, wird jedoch von einer hierarchischen Gliederung von Stimmungen, Motivationen und Handlungsbereitschaften ausgegangen. Einzelne Verhaltensweisen werden bestimmten Funktionskreisen zugeteilt; sie werden danach geordnet, welche Körperfunktion sie unterstützen und welchem übergeordneten Ziel sie dienen. Beispiele solcher Funktionskreise sind das Ernährungs-, das Ausscheidungs-, das Sozial- und das Flucht- und Meideverhalten.

Rangordnung

Je höher entwickelt die Tierart, desto komplexer werden die Verhaltensstrukturen. Säugetiere, die in festen Kleingruppen leben, bilden in der Regel eine soziale Rangordnung, innerhalb der die Einzeltiere entsprechend ihrer jeweiligen Vorrechte unterschieden werden können. Durch die feststehende Rangordnung werden kämpferische Auseinandersetzungen im Konfliktfall und damit Verletzungen vermieden, da das ranghöhere Tier den Vortritt erhält. Auch Wölfe und ihre Verwandten, die Hunde, nutzen die Vorteile einer sozialen Rangordnung. Sie sichert unter anderem die Führerrolle der erfahrenen Individuen und dient bei Wölfen außerdem der Selektion, da nur die ranghöchsten, stärksten Tiere sich fortpflanzen.

> Der Hund ist ein Rudeltier und sein Verhalten ist maßgeblich geprägt durch die Rangordnung. Auch seine Beziehung zum Menschen muss eine klare Rangordnung aufweisen, um Verhaltensproblemen und -störungen vorzubeugen.

Das ranghöchste Tier einer Gemeinschaft bezeichnet man als das Alpha-Tier. Ihm folgen das Beta-, Gamma-, Delta-Tier und so weiter, den Buchstaben des griechischen Alphabets folgend. Die rangniedrigste Position ist die Omega-Stellung. Das Omega-Tier wird quasi als Prügelknabe häufig von den anderen Gruppenmitgliedern bedroht, gebissen oder gejagt.

Die Art der Rangordnung ist von Tierart zu Tierart unterschiedlich. Bei Hühnern findet man eine rein lineare Rangfolge, die Hackordnung. Bei anderen Tierarten bilden sich, entsprechend ihrem höheren Entwicklungsstand, weitaus differenziertere Ranggefüge. So können Rangordnungen getrennt nach dem Geschlecht oder abhängig von den gerade anwesenden Tieren und der Situation sein. Zum Beispiel sind Welpen rangtief, erhalten aber in den ersten Lebenswochen Vorrang beim Futter. Oder die Anwesenheit des Ranghöchsten verhindert Streitereien

Konzepte der Verhaltenskunde

Eine soziale Rangordnung führt zu einem entspanntem Miteinander.

unter den übrigen Tieren: Alle übrigen, rangtieferen werden gleichermaßen benachteiligt, was den Frieden innerhalb der Gruppe wahrt. Komplizierte Verschränkungen und Dreiecksverhältnisse können entstehen. So kann es vorkommen, dass das Beta-Tier über das Gamma-Tier dominiert und dieses über das Delta-Tier; dennoch kann aber das Delta-Tier gegenüber dem Beta-Tier wieder bestimmte Vorrechte haben. Besonders kompliziert wird es, wenn – wie häufig bei Hunden – die Geschlechter getrennte, annähernd lineare Rangordnungen entwickeln und dann zum anderen Geschlecht unterschiedliche Rangbeziehungen aufbauen.

Soziale Rangordnungen kann es nur in individualisierten Verbänden geben, wo die Tiere einander als Einzelwesen kennen. Typische Eigenschaften und Ergebnisse von Auseinandersetzungen werden im Gedächtnis gespeichert. Die Rangordnung entwickelt sich innerhalb einer Gruppe aber nicht nur durch Kämpfe; so sind auch Alter, Größe, Geschlecht und Gewicht von Bedeutung. Ausschlaggebend ist außerdem, wie lange ein Einzeltier sich bereits im Territorium befindet, welche Ranghöhe das Muttertier innehatte, wie selbstbewusst sich das Tier präsentiert und wie hoch seine grundsätzliche Aggressionsbereitschaft ist. Natürlich behält auch jedes Gruppenmitglied nach Auseinandersetzun-

Einführung in die allgemeine Verhaltenskunde

gen in Erinnerung, wer ihm über- oder unterlegen ist. Ist die Rangordnung einmal festgelegt, wird nur noch selten gekämpft. Statt tatsächlicher Auseinandersetzungen setzen die Tiere Droh- und Unterwerfungsgesten ein, um das Ranggefüge zu stabilisieren. Das rangtiefere Tier überlässt dem Ranghöheren freiwillig den Vortritt oder den bevorzugten Liegeplatz. Auseinandersetzungen werden vor allem von Tieren begonnen, die in der Gruppe den nächstniedrigeren Rang einnehmen. Sie versuchen, sich den höheren Rang zu erkämpfen. Häufig entstehen Streitigkeiten innerhalb einer Gruppe auch bei der Eingliederung heranwachsender Jungtiere oder bei Tieren, die neu zur Gruppe stoßen.

Verhaltensstörungen

Verhaltensstörungen sind dadurch gekennzeichnet, dass sie außerhalb des Normalverhaltens liegen und keinem erkennbaren Zweck dienen. Weil sie entweder dem Einzeltier oder der ganzen Gruppe nachhaltig schaden, kommen Verhaltensstörungen bei wilden Tieren nicht vor. Gestörtes Verhalten zeigt beispielsweise ein Hund, der seinen eigenen Schwanz jagt und blutig beißt. Die meisten Verhaltensprobleme bei Haustieren sind im eigentlichen Sinne keine Verhaltensstörungen, sondern lediglich vom Menschen unerwünschte Verhaltensweisen, die dem normalen Verhalten des Hundes durchaus entsprechen. Aggressives Verhalten beispielsweise gehört prinzipiell zum normalen Verhaltensspektrum des Hundes. Abhängig von der Ausprägung kann es aber zu unerwünschtem und damit problematischem Verhalten werden, das so vom Menschen nicht geduldet wird und dem Miteinander von Mensch und Tier Schwierigkeiten bereitet.

Unerwünschtes Verhalten, aber keine Verhaltensstörung ist das Verunreinigen eines Sandkastens. Aus der Sicht des Hundes ist es ein normaler Ausscheidungsort – bis er von seinem Halter etwas anderes gelernt hat.

Stereotypie

Unter einer Stereotypie versteht man eine ständige, gleichförmige Wiederholung von Verhaltensweisen oder Lautäußerungen. Besonders häufig sind Stereotypien bei Tieren, die nicht genügend Möglichkeit haben, sich zu bewegen. Werden Hunde auf sehr beengtem Raum gehalten, kann es zu Zwangsbewegungen wie ständigem Kreislaufen, gleichmäßigem Mit-dem-Kopf-Schlagen oder immer mit der gleichen Schrittfolge an der Wand Auf-und-Ablaufen kommen. Auch gleichförmiges Bellen oder ständiges Belecken bestimmter Körperteile sind Stereotypien, die bei reinen Zwinger- oder Tierheimhunden häufig auftreten. Die gleichförmige Bewegungswiederholung führt im Körper zur Ausschüttung von endogenen (= körpereigenen) Opiaten, unter deren Einfluss den Tieren die restriktiven Haltungsbedingungen erträglicher werden. Da die beruhigende Wirkung dieser so genannten Endorphine sozusagen eine Belohnung darstellt und das Erlernen der gleichförmigen Bewegung fördert, werden die Stereotypien häufig auch nach Verbesserung der äußeren Bedingungen beibehalten – die Tiere haben sich an den angenehmen Effekt der Endorphine gewöhnt.

Verhalten als Barometer artgerechter Tierhaltung
In den letzten Jahrzehnten hat sich die Verhaltenskunde zur Basiswissenschaft entwickelt, die herangezogen wird, wenn es um die Aufstellung von Gesetzen und Richtlinien zur artgerechten Tierhaltung geht. In der angewandten Verhaltenskunde dient das Verhalten der Tiere und insbesondere das Auftreten von Verhaltensstörungen als Indikator dafür, ob ein Haltungssystem aus naturwissenschaftlicher Sicht als tiergerecht bezeichnet werden kann oder nicht. Dieser Vorstellung liegt das Bedarfsdeckungs- und Schadensvermeidungsmodell nach Tschanz zugrunde. Jedes Lebewesen hat grundsätzlich die Fähigkeit, sein Wachstum und seine Entwicklung selbst sicherzustellen, sich zu erhalten und fortzupflanzen. Demzufolge muss ein Tier in menschlicher Obhut so gehalten werden, dass es seinen diesbezüglichen Bedarf decken kann. Das geschieht durch entsprechend tiergerechte Haltung und Fütterung. Findet das Tier einen Rahmen vor, indem er seinen Bedarf nicht decken kann, kommt es auf Dauer zu Gesundheitsschäden. Es benutzt sein Verhalten als Instrument, um sich mit seinem Umfeld auseinander zu setzen und eine Selbstschädigung zu vermeiden. Vom objektiven Bedarf ist das subjektive Bedürfnis abzugrenzen. Während das Tier eine Bedarfsdeckung unbe-

> Oft zwingt eine Haltung, die dem lebensnotwendigen Bedarf des Hundes nicht entspricht, das Tier dazu, sein Verhalten den Bedingungen so anzupassen, dass es selbst dabei möglichst wenig Schaden nimmt.

Einführung in die allgemeine Verhaltenskunde

Bei nicht tiergerechter Zwingerhaltung gestattet die zu reizarme Umwelt dem Hund nicht die Deckung seines Bedarfs an Bewegung und Sozialkontakten.

dingt erreichen muss, um sich erhalten und leben zu können, ist ein Bedürfnis ein Gefühl eines Mangels, den das Tier zwar zu beseitigen sucht, der das Überleben jedoch nicht gefährdet. Eine restlose Befriedigung eines Bedürfnisses kann sogar gesundheitsschädlich sein. Beispielsweise muss Hunger gestillt werden, unbegrenztes Stillen von Appetit führt jedoch zu Überfressen und Fettsucht mit deren Folgeschäden. Dieses Modell wurde zunächst nur auf die landwirtschaftliche Nutztierhaltung angewendet, gilt aber seinem Sinn gemäß auch für den Hund.

Auch das Verhalten der Hunde gibt Hinweise darauf, wie gut die Haltungsbedingungen sind. Verhaltensstörungen und Stereotypien weisen auf eine Umwelt hin, die arm ist an Reizen, zu wenig Bewegung erlaubt und auf Dauer krank macht. Die gleichförmige Wiederholung bestimmter Bewegungen wirkt über die freigesetzten Endorphine betäubend, die Tiere befinden sich wie in Trance und nehmen ihre Umwelt kaum noch wahr. Die Verhaltensstörung ist also „Anpassung", eine Reaktion auf eine Umwelt, die dem artgemäßen Bedarf an Sinnesreizen und Bewegungsmöglichkeiten nicht entspricht. Ein weiterer Hinweis auf ein gestörtes Wohlbefinden der Tiere kann ein in Häufigkeit und Dauer verändertes Aktivitäts- und Ruheverhalten sein. Selbst vermehrtes Schlafen kann bereits das Anzeichen einer Störung sein. Das Bedarfsdeckungs- und Schadensvermeidungsmodell dient als Interpretationshilfe für das Tierschutzgesetz. Seine praktische Anwendung setzt genaue Kenntnisse des jeweiligen arttypischen Verhaltens voraus.

Literaturverzeichnis:
- Immelmann, K., 1982: „Wörterbuch der Verhaltensforschung". Blackwell, Berlin–Wien.
- Immelmann, K., E. Pröve u. R. Sossinka, 1996: „Einführung in die Verhaltensforschung". Blackwell, Berlin–Wien, 4. Auflage.
- Lorenz, K., 1978: „Vergleichende Verhaltensforschung. Grundlagen der Ethologie." Springer, Wien, New York.
- Sigg, H., u. W. H. Weihe: „Aktivität und Ruheverhalten des Hundes als Indikator für Wohlbefinden." Z. Versuchstierk. **28**, 215–216
- Tschanz, B.: „Verhalten, Bedarf und Bedarfsdeckung bei Nutztieren." In „Aktuelle Arbeiten zur artgemäßen Tierhaltung 1981". KTBL-Schrift 281, Darmstadt/Münster-Hiltrup, 114–128 (1982).
- Tschanz, B.: „Erkennen und Beurteilen von Verhaltensstörungen mit Bezugnahme auf das Bedarfs-Konzept." In: Leiden und Verhaltensstörungen bei Tieren. 65–76, Birkhäuser, Berlin (1993).
- Unshelm, J.: „Zur Anwendung tierschutzrechtlicher Bestimmungen aus der Sicht der Tierhaltung und des Tierverhaltens." Dtsch. tierärztl. Wschr. **94**, 89–90 (1987).

Besonderheiten des Hundeverhaltens

Dieses Kapitel gibt einen Überblick über die Charakteristiken des arttypischen Verhaltens des Hundes. Wer die normalen Verhaltensmuster kennt, kann sich erklären und versteht, warum sich sein Hund so und nicht anders verhält und wie etwa die artgemäße Haltung eines durchschnittlichen Haushundes auszusehen hat. Ein umfassendes Verständnis setzt voraus, dass die einzelnen Elemente und angeborenen Grundprinzipien des Hundeverhaltens bekannt sind. Verhaltenselemente sind wie die Laute einer Sprache. Sie ergeben häufig erst kombiniert und im Zusammenhang mit Umgebung und Situation einen Sinn.

Schaubild: Die Verhaltensentwicklung wird durch äußere und innere Faktoren beeinflusst.

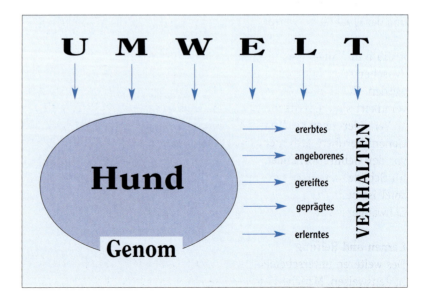

Grundlagen des arttypischen Verhaltens

Verhaltensontogenese: Ergebnis von Erbe und Umwelt

Wie sich das Verhalten eines Tieres unmittelbar vor und nach seiner Geburt und schließlich über den gesamten Verlauf seines Lebens entwickelt, bezeichnet man als Verhaltensontogenese. Aufgrund der starken Veränderungen und der Auswirkungen auf das gesamte spätere Leben ist die Entwicklung und Reifung in der Jugend von besonderer Bedeutung.

Jedes Merkmal eines Einzelwesens ist das gemeinsame Ergebnis der Wechselwirkungen von Erbe und Umwelt. Die Einflüsse sind nicht trennbar. Die alte Streitfrage, ob Verhalten angeboren oder erworben ist, kann daher nicht entschieden werden. Die Verhaltensentwicklung wird durch äußere und innere Faktoren beeinflusst. Es laufen gleichzeitig Reifungs- und Lernprozesse ab. Das vorhandene Erbmaterial liefert die Basis und die Grenzen einer möglichen Entwicklung. So ist beispielsweise erblich festgelegt, wie groß ein Individuum maximal werden kann. Ob diese potentielle Maximalgröße auch erreicht wird, hängt jedoch unter anderem von der Menge und der Qualität der verfügbaren Nahrung ab.

> Ein Vielzahl äußerlich erkennbarer Merkmale wie Fellfarbe, Größe und Statur ist in den Genen verankert und wird an die Nachkommen vererbt. Aber auch die Anlage zu bestimmten Verhaltensweisen und zur Ausprägung eines bestimmten Persönlichkeitstyps findet sich in den Genen.

Ererbte und angeborene Eigenschaften

Zwischen ererbten und angeborenen Eigenschaften muss unterschieden werden. Ererbt sind Merkmale und Verhaltensmuster, die in den Genen verankert sind. Bereits vor der Geburt kann es durch äußere Einflüsse zu Veränderungen des Ungeborenen kommen, die nicht auf Schäden am Genom beruhen, also nicht ererbt, aber angeboren sind, da sie bereits vor der Geburt vorhanden sind. So können Infektionen im Mutterleib für Schäden an Sinnesorganen verantwortlich sein. Ein bekanntes Beispiel ist beim Menschen die durch eine Rötelninfektion während der Schwangerschaft verursachte Taubheit beim Kind.

Lernen und Reifung

Des weiteren unterscheidet man zwischen erlernten und gereiften Verhaltensweisen. Manche Verhaltensweisen werden durch Erfahrung und

Wiederholung erlernt. Reifung ist dagegen die Vervollkommnung einer Verhaltensweise ohne Übung. Eine Handlung reift, wenn sie sich im Laufe der Zeit selbst dann verbessert, wenn sie nicht ausgeführt wird – mit zunehmendem Alter kann das Tier die Handlung immer besser ausführen. Ererbte Verhaltensanteile sind mit erlernten und gereiften meist so stark verschränkt, dass eine Trennung kaum möglich ist. Ein Beispiel hierfür ist das Sexualverhalten. Die Befähigung zur Fortpflanzung reift im Laufe der Pubertät heran. Aber auch Erfahrungen tragen zu erfolgreichem Paarungsverhalten bei. So springen unerfahrene Rüden häufig von der falschen Seite auf die Hündin auf. Mit zunehmendem Alter und erfolgreichen Deckakten verschwinden diese Orientierungsprobleme.

Die ersten Lebenswochen der Welpen werden in Phasen eingeteilt, die für die Entwicklung wichtig sind. In diesen sensiblen Phasen sind die Welpen für bestimmte Lernerfahrungen besonders empfänglich. Man spricht auch von Prägungsphasen, in denen besonders schnell gelernt wird und das Gelernte auch irreversibel haften bleibt.

Welpenentwicklung – sensible Phasen

Neugeborenenphase

Wie die meisten Säugetierbabys sind auch Welpen zunächst nicht allein überlebensfähig, sondern müssen sich im Schutz des Muttertieres erst noch entwickeln. Für das Überleben in den ersten Stunden und Tagen sorgen unter anderem angeborene Reflexe.

In der Neugeborenenphase, den ersten 14 Lebenstagen, verlassen die Jungen zunächst ihr Geburtslager nicht. Die Mutter befreit die Welpen sofort nach der Geburt von ihren Fruchthüllen und leckt die Geburtsflüssigkeiten auf. Durch ihre Zunge und ihre Berührungen werden die Neugeborenen angeregt zu atmen, sich aufzurichten, zu fiepen, zu strampeln und zu den Zitzen zu krabbeln. Die Wärme des Wurflagers, die Nähe und die Zuwendung der Mutter fördern die Entwicklung der Welpen. Sie unterstützen das Einsetzen verschiedener lebenswichtiger Reflexe, wie der regelmäßigen Atmung, des Such- und Saugreflexes und der Fähigkeit, Wärme zu spüren und aufzusuchen (positive Thermotaxis). Die ersten Lebenstage bestehen im Wesentlichen aus Schlafen und Nahrungsaufnahme durch Saugen. Die Ausscheidungsvorgänge laufen noch nicht

Welpenentwicklung – sensible Phasen

In der Neugeborenenphase liegt die Hundemutter die meiste Zeit des Tages in Form eines schützenden umgekehrten „U"'s bei den Welpen.

selbstständig ab, sondern die Mutter muss in den ersten zwei bis drei Lebenswochen das Koten und Harnen in Gang bringen, indem sie die Welpen in der Bauch- und Leistenregion ableckt. Zwischen dem 12. und 14. Lebenstag öffnen die Neugeborenen die Augen.

Übergangsphase

Mit der dritten Lebenswoche beginnt die so genannte Übergangsphase und die Erkundung der Umwelt. Herausragend ist die rasche Entwicklung der Sinne und des Bewegungsapparates. Die Wurfgeschwister nehmen untereinander Kontakt auf. Im Alter von gut drei Wochen können die Welpen stehen und der Mutter nachlaufen. Sie zeigen jetzt Unbehagen und schreien, wenn sie von ihren Wurfgeschwistern getrennt werden. Diese Kontaktsuche fördert die weitere Entwicklung des Sozialverhaltens und löst gleichzeitig Zuwendung durch andere Artgenossen aus.

Die Hundemutter regt das Harnen und Koten der Welpen in den ersten Lebenswochen durch Belecken in Bauch- und Leistenregion an. Sie frisst die Ausscheidungen und hält so das Wurflager sauber.

Besonderheiten des Hundeverhaltens

Sozialisierungsphase

Ab etwa der vierten Lebenswoche setzt die Sozialisierungsphase ein, die durch Spiel- und Erkundungsverhalten geprägt ist. Besonders in der vierten bis sechsten Lebenswoche zeigen die Welpen ein äußerst offenes und an ihrer Umwelt interessiertes Verhalten. Erfahrungen, die jetzt gemacht werden, haben einen prägenden Einfluss auf das ganze spätere Leben. In diesem Alter gewöhnt man einen Welpen am leichtesten an den Kontakt mit Artgenossen und Menschen. Dies ist notwendig, damit er später zu einem gesunden und verhaltenssicheren Familienhund wird. Er braucht während dieser Zeit zwar noch unbedingt seine Mutter und die Wurfgeschwister zum Spielen, aber es müssen sich auch Menschen Zeit für ihn nehmen.

In der Sozialisierungsphase lernen Welpen durch Kontaktspiele die hundgemäßen Umgangsformen mit Artgenossen.

Kontaktspiele

Erste Kontaktspiele bestehen aus gegenseitigem Lecken, Anknabbern und mit der Pfote Stupsen. Wird der Kontakt zu intensiv, winseln die Welpen und zeigen Meideverhalten. So lernen die Welpen schon in diesem Alter spielerisch, wie fest sie zubeißen dürfen. Mit zunehmender körperlicher Entwicklung verändern sich diese frühen Spiele und werden abwechslungsreicher. Kampfspiele, Beuteschütteln, Schnappen,

Knurren und Zähnezeigen sind zu sehen. Auf-den-Rücken-Legen, Schlecken und Winseln sind typische Unterwerfungsgesten. Die neutrale Annäherung und Kontaktaufnahme mit Wurfgeschwistern erfolgt am Kopf und in der Lendenregion, was bewegungslos geduldet wird, wahrscheinlich in Erinnerung an das Pflegeverhalten der Mutter. Ab der vierten Lebenswoche tragen die Welpen kleine Gegenstände in ihrem Maul umher. Auch das Bewachen und Verteidigen von Gegenständen oder Futter beginnt bald darauf. Aggressive Verhaltensweisen entwickeln sich. Gezielte Angriffe auf unterlegene Wurfgeschwister erfolgen mitunter ab der neunten Lebenswoche. Sie können bereits jetzt zu Verletzungen führen.

Ältere Welpen betteln mit Schnauzenstoßen und Pfoteln in den Maulwinkel um Futter. Dies löst bei erwachsenen Rudelmitgliedern Futtervorbrechen und Aggressionshemmung aus.

Gruppenaktivitäten und Stimmungsübertragung
Erste Gruppenaktivitäten sind das gemeinsame Nachlaufen hinter einem Artgenossen. Ein plötzliches lautes Geräusch führt dazu, dass sich der gesamte Wurf sofort ins sichere Lager zurückzieht. Bei derartigen gemeinsamen Handlungen spielt Stimmungsübertragung eine wichtige Rolle. Diese kommt vor allem bei der gemeinsamen Nahrungsaufnahme zum Tragen. Unter dem Einfluss der Stimmungsübertragung fressen die Welpen in der Gruppe mit gutem Appetit und etwa doppelt so viel wie einzeln gefüttert. Mutterlose Welpen sollten deshalb immer zusammen mit anderen Tieren gefüttert werden. Außerdem beginnen die Welpen bereits in diesem Alter, ihre Ausscheidungen an einem bestimmten Ort und immer in einiger Entfernung vom Lager abzusetzen.

Der Bewegungsapparat reift schnell heran. Besonders gehen, laufen, klettern und gezielte tastende Bewegungen mit den Vorderpfoten werden geübt. Das Sehvermögen auf die Entfernung verbessert sich. Der Welpe kann sich bewegende Objekte, wie seine Mutter, Menschen oder rollende Gegenstände, erkennen und ihnen folgen.

Besonderheiten des Hundeverhaltens

Entwöhnung

Die Sozialisierungsphase zwischen der 6. bis 10. Lebenswoche entspricht in etwa dem natürlichen Zeitraum der Entwöhnung von der Mutter. Etwa ab der vierten Lebenswoche beginnt die Hündin, den Welpen Futter vorzubrechen. Entweder geschieht dies spontan, wenn sie ins Wurflager zurückkehrt, oder durch Stimulierung durch die Welpen, die dazu die Mutter mit der Nasenspitze oder den Pfoten an den Mundwinkeln stupsen und ihr Gesicht lecken. Dieses Futterbetteln wird auch anderen erwachsenen Rudelmitgliedern gegenüber gezeigt, damit diese ihren Teil zur Aufzucht der Jungen beitragen. Auch erwachsene Hunde zeigen das Stupsen mit der Nase noch, allerdings als unterwürfige Begrüßung gegenüber heimkehrenden Rudelmitgliedern. Oft wird der Hundehalter als „Rudelmitglied" ebenfalls mit dieser Geste begrüßt, und nicht selten wird dieses Begrüßungsverhalten des Hundes nicht nur mit wenig Begeisterung aufgenommen, sondern sogar völlig missverstanden.

> Das Verhalten, andere Rudelmitglieder mit der Nase anzustupsen, erfährt im Laufe der Entwicklung eine Bedeutungsänderung: Anfänglich ein Element des Futterbettelns, wird es ritualisiert und gilt beim erwachsenen Tier als Geste der Unterwerfung.

Nicht nur das Futterbetteln, sondern die meisten Verhaltensweisen der Welpen lösen bei erwachsenen Artgenossen unwillkürlich Zuwendung aus und hemmen gleichzeitig ihre Aggression. Solche infantilen Verhaltensweisen sind beispielsweise: das unsichere Kriechen oder Laufen, das Schnauze-ins-Fell-Bohren, der Milchtritt, Winseln und Schreien, Urinieren bei Bauchmassage, Kontaktliegen und Mundwinkel-Lecken. Von erwachsenen, rangniedrigeren Tieren werden diese Verhaltensweisen als Unterwerfungsgesten gegenüber ranghöheren Sozialpartnern eingesetzt, um deren Aggression zu hemmen.

Im Alter von sechs Lebenswochen verfügen die Welpen bereits über den Großteil der arttypischen Verhaltensweisen. Sogar Teile des Sexualverhaltens, wie Aufreiten und Das-Becken-Umklammern, werden vor allem von den männlichen Welpen im Spiel ausgeführt.

Entwicklung zur Geschlechtsreife

In der anschließenden Jugendzeit wachsen die Tiere langsam bis zur Geschlechtsreife heran, die je nach Rasse nach 7 bis zu 12 Lebensmonaten

Zusammenfassung: Ethogramm des Hundes

Funktionskreise	Beispiele für Verhaltungselemente
1. Ernährungsverhalten	**Nahrungserwerb:** Suchpendeln, Milchtritt, lecken, Futterbetteln, Schnauzenstoßen, Futtersuche, anschleichen, verfolgen, angreifen, Mäuselsprung, töten ... **Nahrungsaufnahme:** Saugen, beschnuppern, betasten, lecken, beißen, nagen, kauen, schlucken ... **Nahrungstransport:** Futter aufnehmen, schleppen, abschlucken, hervorwürgen und erbrechen **Aufbewahrung:** Futter verstecken und Trinkverhalten
2. Ausscheidungsverhalten	suchen nach geeignetem Ort, riechen, kreisgehen, koten, urinieren in verschiedenen Positionen, scharren
3. Sozialverhalten	**Geburts- und Aufzuchtverhalten:** graben eines Wurflagers, abnabeln, trockenlegen, bei den Jungen liegen, säugen, beschnuppern, belecken, schieben, tragen, Futter zutragen ... **infantile Verhaltungsweisen:** kriechen, suchpendeln, Fellbohren, saugen, Milchtritt, Tragstarre, Kontaktliegen, Mundwinkellecken, Kopfverstecken ... **Spiel:** Spielgesicht, hopsen, hochschleudern, vorne-niedergehen, pfoteln, Aufforderungslaufen, anspringen, tragen, Spielbeißen, rennen, überspringen, aufreiten ... **neutrale Stimmung:** Folgelaufen, Schnauzenkontakt, belecken. **Freundliche Stimmung:** drängeln, aneinanderreiben, umeinanderlaufen. **Demutsverhalten:** abgewandter Blick, angelegte Ohren, kleiner machen, lecken, wedeln ... **Imponieren:** Blick am Gegner vorbei, aufrechte Haltung ... **aggressiv:** anstarren, knurren, Zähneblecken, beißen ...
4. Sexualverhalten	Folgelaufen, Urin-, Genitallecken, -riechen, Präsentieren, herandrängeln, Pfote auf Rücken, aufspringen, stehen bleiben
5. Ausruhverhalten	gähnen, stehen, sitzen, scharren, kreistreten, niederlegen
6. Komfortverhalten	sich kratzen, schütteln, beknabbern, lecken, strecken, wälzen, hecheln, niesen, Schnauze reiben ...
7. Erkundungsverhalten und Feindvermeidung	**Nahorientierung:** Bodenwittern, Objekt beschnuppern, stoßen, betasten, belecken, beißen, Langhals-machen ... **Fernorientierung:** Beobachtungsliegen, -stehen, Kopf-schräg-halten, Ohrenspitzen, vorstehen, Laut geben ... **Flucht- und Meideverhalten:** zurückschrecken, fortlaufen, Abstand halten, Fluchtharnen, -koten, drücken ...

Besonderheiten des Hundeverhaltens

abgeschlossen ist, in einigen Fällen auch früher oder später. Während der Jugendzeit reifen Verhaltensweisen und soziales Verhalten wird geübt.

Welpen, die in der Sozialisierungsphase keinen Kontakt mit Menschen hatten, akzeptieren Menschen auch später nur begrenzt als Sozialpartner. Sie sind nur sehr schwer zu halten und als Familienhunde ungeeignet. Mit viel Geduld und mühevollem, langwierigem Üben können kleine Fortschritte und Annäherungen erzielt werden. Aber meist bleiben diese Hunde zeitlebens außergewöhnlich ängstlich und mißtrauisch gegenüber Menschen. Ähnliches gilt auch für fehlenden Kontakt mit Artgenossen in der Sozialisierungsphase. Betroffene Hunde weisen häufig ein schwer gestörtes Sozialverhalten gegenüber anderen Hunden auf. So erkennen sie weder freundliche Annäherungs- noch Unterwerfungsgesten und reagieren deshalb auch anders als von ihren Artgenossen erwartet. Sie werden dadurch unberechenbar. Sie sind selbst in der eigenen Körpersprache und ihren Verständigungsmöglichkeiten gegenüber anderen Hunden stark eingeschränkt. Durch Haltung im Rudel mit gesunden, verhaltenssicheren Hunden kann hier aber viel nachgeholt werden. Das Lernen adäquater, sozialer Umgangsformen ist für den erwachsenen Hund zwar schwieriger und langwieriger als für den Welpen, aber nicht völlig unmöglich.

In der Jugendzeit üben die Tiere weiter Sozialverhalten in der Gruppe. Für die gesunde Verhaltensentwicklung ist eine Umgebung wichtig, in der sie umfangreiche positive Erfahrungen mit anderen Hunden und verschiedenen Menschen machen können.

Die angegebenen Zeiten für die verschiedenen Entwicklungsstufen sind als Durchschnittswerte zu betrachten. Sie unterliegen verschiedenen Einflüssen und variieren entsprechend. Die Übergänge zwischen den einzelnen Phasen sind fließend, und der körperliche Entwicklungsstand beeinflusst unmittelbar das Verhalten. Zuerst müssen die rein körperlichen Fähigkeiten entwickelt werden, bevor diese in einem sozialen Zusammenhang angewendet werden können. Neben qualitativ und quantitativ ausreichender Ernährung beeinflusst der regelmäßige Kontakt mit menschlichen Betreuern und Wurfgeschwistern sowie anderen Hunden oder Tieren die Entwicklung nachhaltig positiv. Vor allem das Verhalten der Mutterhündin und ihre Umgangsformen mit den Welpen sind für das Wachstum und die Entwicklung der Jungen von grundlegender Bedeutung. Die Gesamtheit aus Haltungsbedingungen und verschiedenen anregenden, stressenden oder gar hemmenden Einflüssen spielt eine entscheidende Rolle. Nicht zuletzt sind aber auch angeborene Merkmale des Individuums oder der Rasse für die Geschwindigkeit der Entwicklung mitverantwortlich.

> Eine adäquate Fütterung und Haltung gewährleistet die optimale körperliche Entwicklung der Jungtiere. Um ihr soziales Verhalten zu entwickeln, brauchen die Tiere regen Kontakt mit Geschwistern, anderen Artgenossen und auch mit Menschen.

Die Verhaltensentwicklung ist mit dem Erreichen der körperlichen Reife nicht beendet, sondern bleibt ein kontinuierlicher Prozess. Das ganze Leben hindurch sind Anpassungen und Veränderungen des Verhaltens notwendig und möglich. Diese Flexibilität und Lernfähigkeit sichert dem Hund das Überleben unter den unterschiedlichsten Umweltbedingungen, erlaubt ihm, sich an die verschiedensten sozialen Situationen anzupassen und macht ihn zu dem so außerordentlich verträglichen Gefährten, den wir kennen.

Verhaltensmuster/Ethogramm

Unter einem Ethogramm versteht man den gesamten Katalog aller einer Tierart eigenen Verhaltensweisen. Im Folgenden werden die wichtigsten Verhaltenszüge des Hundes besprochen, wobei auch auf besondere rasse- und geschlechtsspezifische Unterschiede eingegangen wird. Verhaltensweisen mit gleicher oder ähnlicher Aufgabe und Wirkung werden

Besonderheiten des Hundeverhaltens

zur besseren Übersicht Funktionskreisen zugeordnet. Man unterscheidet Ernährungs-, Ausscheidungs- und Sozialverhalten einschließlich Kommunikationsformen, Sexual-, Ausruh- und Komfortverhalten, Erkundungs- und Feindvermeidung. Die einzelnen Verhaltenselemente von Hunden wurden von Erik Zimen (1971) umfassend studiert und als Ethogramm zusammengestellt. Vergleichende Beobachtungen von Großpudeln und Wölfen liegen diesem Verhaltenskatalog zugrunde. Auf diesem Grundstock aufbauend, wurden von verschiedenen Autoren eine Reihe weiterer Rassen untersucht. Einige der wichtigsten Ergebnisse werden in den folgenden Erläuterungen zusammengefasst.

Ernährungsverhalten

Das Ernährungsverhalten der Hunde kann in die Bereiche Nahrungserwerb, Nahrungsaufnahme, Transport und Aufbewahrung und Trinkverhalten unterteilt werden. Der erste Nahrungserwerb der Welpen ist das Suchpendeln, der Milchtritt und das Futterbetteln. Auch Junghunde und erwachsene Tiere zeigen Futterbetteln in Form von Lecken, Schnauzenstoßen und Pfoteln in Richtung Maulwinkel und Gesicht. Als ritualisiertes Verhalten treten diese Gesten später noch bei erwachsenen Tieren bei der Begrüßung oder als Besänftigungsgesten auf.

Jagdverhalten

> Das Jagdverhalten und die entsprechenden Handlungsabläufe stecken dem Hund zwar noch in den Genen, aber der Einfluss der Zucht zeitigt Folgen:
> Selbst bei Jagdhunden laufen die Handlungsketten oft nur noch unvollständig ab.

Die ursprüngliche Form des Nahrungserwerbs beim Hund ist die Jagd. Das Jagdverhalten entspricht einer Futtersuche mit Ortsveränderung. Die Hunde versuchen, die Beute optisch, akustisch und /oder olfaktorisch, also mit Hilfe des Seh-, Hör- und Geruchssinns auszumachen. Dann läuft die Handlungskette der Jagd – die Beute anschleichen – verfolgen – angreifen – töten – fressen – mehr oder weniger vollständig ab. Interessanterweise greifen Wölfe erst an, wenn das Wild flieht. Die typische Handlungskette der „Jagd großer Beutetiere" ist eine Abfolge der Verhaltenselemente Anschleichen – Nachlaufen – Anspringen – Packen – Genickbiss – Tragen der Beute. Von ihr verschieden ist die Handlungskette „Jagd kleiner Beutetiere" mit den typischen Bewegungen Suchmäuseln – Mäuselsprung – Mäuselstoß – Durchkneten – Schütteln der Beute. Das Ele-

Verhaltensmuster/Ethogramm

Ein Jagdhund beim „Vorstehen": Mit angehobener Vorderpfote zeigt er regungslos das Wild an. Die Handlungskette der Jagd ist durch generationenlange, gezielte Zuchtwahl verändert worden.

ment Jagdbellen kann beim Nachsetzen hinter fliehender Beute oder anderen sich fortbewegenden Objekten beobachtet werden. Aus ihm hat sich der Spurlaut der Jagdhunde entwickelt. Vor allem im Rudel ist der Wolf ein guter Großwildjäger, während sich der Hund diesbezüglich nur wenig erfolgreich zeigt.

Die Verhaltensweisen der Jagd sind bei den verschiedenen Hunderassen sehr unterschiedlich ausgeprägt. So fehlt beim Pudel ein zielgerichtetes Suchen und Stöbern nach Beutetieren. Die Handlungskette läuft nur ungeordnet und eher spielerisch ab. Vergleichende Beobachtungen einiger Hunderassen (Theissen 1972) zeigten, dass sich Teile des ursprünglichen Jagdverhaltens unterschiedlich gut erhalten haben. So wurde der Mäuselsprung mit anschließendem Töten der Beute überdurchschnittlich häufig bei den Rassen Bullterrier, Dobermann, Deutsche Dogge, Schäferhund, Mittel- und Zwergschnauzer und Dackel gesehen. Vor allem Tiere der beiden letztgenannten Rassen fressen die Beute zum Teil auch auf. Es bestehen auch Geschlechtsunterschiede im Jagdverhalten. Hündinnen jagen, töten und verzehren etwas häufiger kleinere Beutetiere, Rüden dagegen größere. Eine mögliche Erklärung ist ein latenter, stärkerer Brutpflegetrieb bei Hündinnen, die dann kleinere Beute bei Bedarf leichter ins Wurflager transportieren können.

Besonderheiten des Hundeverhaltens

Nahrungsaufnahme während der Welpenzeit

Die erste Nahrungsaufnahme der Welpen erfolgt durch reflektorisches Saugen. Mit dem Milchtritt regen die Welpen den Milchfluss an. Weitere Verhaltenselemente der Nahrungsaufnahme sind Beschnuppern, Betasten, Schütteln, Belecken, Zerbeißen, Kauen, Schlucken und Benagen der Nahrung. Selbst wenn sie schon ausreichend Milch aufgenommen haben, saugen Welpen häufig noch einige Minuten lang weiter. Die Hundekinder befriedigen auf diese Weise ihr stark ausgeprägtes Saugbedürfnis, nicht ein Hungergefühl. Außerdem wird dadurch die weitere Milchbildung angeregt. Spätestens alle vier Stunden sollten Welpen die Gelegenheit zum Saugen haben – sonst fangen sie an, sich gegenseitig zu besaugen; und bei mutterloser Aufzucht ist es wichtig, sie nicht nur mit ausreichender Nahrungsmenge zu versorgen, sondern auch den starken Saugtrieb zu befriedigen. Daher empfiehlt es sich, die Welpen über die natürliche Zeitspanne des Säugens aus Flaschen und nicht aus dem Napf zu füttern.

> Zu den angeborenen Reflexen bei allen Säugetieren gehört der Saugreflex bzw. Saugtrieb. Bei der Welpenaufzucht sollte deshalb darauf geachtet werden, dass nicht nur der Energiebedarf gedeckt ist, sondern auch das Bedürfnis zu saugen befriedigt wird.

Ab der vierten Lebenswoche kann dann auch aus Schälchen zugefüttert werden. Welpen nehmen dabei bis zur Hälfte mehr auf, wenn sie in der Gruppe, statt einzeln gefüttert werden. Verantwortlich dafür ist starke Stimmungsübertragung und Futterneid. Besonders bei schlechten Fressern und Kümmerern sollte man dies ausnützen und die Tiere immer im Sozialverband füttern.

Unter natürlichen Bedingungen, im Hunderudel, erfolgt die Umstellung von flüssiger auf feste Nahrung stufenweise. Die Entwöhnung wird dadurch erleichtert, dass das Muttertier, aber auch andere Rudelmitglieder vorverdaute Nahrung vorbrechen. Das Futtervorwürgen wird durch das Bettelverhalten der Welpen ausgelöst: Sie pfoteln und stoßen mit der Schnauze in Richtung Maulwinkel der erwachsenen Tiere. Insbesondere heimkehrende Tiere werden so begrüßt und angebettelt. Das Muttertier beginnt das Vorbrechen, wenn die Welpen etwa vier Wochen alt sind. Um andere Rudelmitglieder als die Mutter zum Vorwürgen zu veranlassen, müssen die Welpen deutlich stärker betteln. Das Bettelverhalten tritt auch dann häufig auf, wenn früh festes Futter zugefüttert

Verhaltensmuster/Ethogramm

wird. Nicht alle Rassen und nicht alle Individuen verfügen jedoch noch über dieses natürliche und ursprüngliche Verhaltenselement: Hundezüchter in Schweden haben es bei nur etwa 60 Prozent ihrer Tiere beobachtet (Malm 1995).

Mit dem sogenannten „Milchtritt", einer stoßenden Bewegung der Vorderbeine ins Gesäuge, regen diese Huskywelpen den Milchfluss an.

Die Aufnahme von Muttermilch und von fester Nahrung steht in einem negativen Zusammenhang: Hunde die weniger trinken, nehmen dafür mehr feste Nahrung auf. Infolgedessen gewinnen sie im Durchschnitt zwischen der dritten und siebten Lebenswoche auch deutlich schneller an Gewicht. Dabei darf aber nicht vergessen werden, dass das Säugen nicht nur der Ernährung dient, sondern auch psychische und soziale Bedürfnisse befriedigt. Haben sie die Wahl, ziehen Welpen von anderen Hunden hervorgewürgtes Futter dem vom Menschen gereichten Futter vor, ein klares Indiz dafür, dass durch die Fütterungsmethode auch soziale Bedürfnisse des Rudeltieres Hund befriedigt werden. Die Entwöhnung erfolgt schrittweise und wird vom Rudel unterstützt durch

Das Fressen aus dem Schälchen muss erst noch geübt werden, bis der richtige Abstand gefunden ist.

Besonderheiten des Hundeverhaltens

Das Futtervorwürgen ist typisch für die Phase der Entwöhnung von der Mutter. Es wird durch Futterbetteln der Welpen angeregt.

Vorbrechen und Heranschleppen von Nahrung. Der Prozess wird erheblich beeinflusst, wenn Welpen einzeln oder ohne Hunderudel aufwachsen und vielleicht von einer Mutter aufgezogen werden, die nicht vorbrechen oder gar den Wurf zwischendurch überhaupt nicht verlassen kann (siehe Malm und Jensen 1996).

Rangordnung bei der Nahrungsaufnahme

In welcher Reihenfolge Futter aufgenommen wird, richtet sich nach der sozialen Rangstellung der Tiere. Welpen bis zur zwölften Lebenswoche werden von den erwachsenen Tieren aber in der Regel vorgelassen. Später fressen sie als Letzte, allerdings gemeinsam mit ihren Wurfgeschwistern. Allmählich bildet sich aber auch unter ihnen eine Futterrangordnung. Dabei besteht die Gefahr, dass der Ranghöchste sich mit Futter vollschlägt, während der Rangtiefste nicht ausreichend fressen kann. Bei Rudelhaltung empfiehlt sich daher, die Fütterung zu kontrollieren oder die Tiere zur Futteraufnahme zeitweilig zu trennen.

Wurfgeschwister fressen gemeinsam. Die Wirkung des Futterneides: Die Futteraufnahme in der Gruppe ist höher als allein. Jedes Tier braucht einen eigenen Napf, um Streitereien vorzubeugen.

Fressdauer

Die Fressdauer ist unter anderem altersabhängig. Sie schwankt zwischen fünf bis zwanzig Minuten für eine Tagesration. Manche der älteren Tiere benötigen zum Fressen noch länger. Individuelle Neigungen, Art und

Struktur des Futters spielen selbstverständlich eine Rolle. Haben die Tiere die Futteraufnahme beendet, schließen sie in der Regel eine längere Ruhepause an.

Futterbedarf
Der Futterbedarf ist abhängig von Rasse, Geschlecht, Alter, Bewegungsausmaß und zeigt auch starke individuelle Unterschiede. Erik Zimen (1971) hat Wölfe und Königspudel unter gleichen Haltungsbedingungen beobachtet. Unter anderem stellte er dabei fest, dass der Futterbedarf von Pudeln um die Hälfte geringer ist als der von Wölfen. Die Hunderassen unterscheiden sich auch hinsichtlich der Futterverwertung. So gibt es Rassen, die eher zur Fettsucht neigen als andere. Auch Sexualhormone beeinflussen Appetit und Futterbedarf. Bei Hündinnen ist die aufgenommene Nahrungsmenge zyklusabhängig. Sie ist im Anöstrus, der nicht geschlechtsaktiven Phase zwischen den Läufigkeiten, am größten. Im Östrus, der fruchtbaren, deckbereiten Phase, dagegen am geringsten. Bei kastrierten Rüden liegt das Körpergewicht im Durchschnitt um 32 Prozent höher als bei nicht kastrierten Tieren derselben Rasse. Kastrierte (ovariohysterektomierte) Hündinnen wiegen im Schnitt um 12 Prozent mehr als Tiere derselben Rasse ohne diesen Eingriff. Ursache für diese Gewichtszunahmen ist, dass nach der Kastration das Futter besser verwertet wird. Werden nach der Operation die gewohnten Rationen weitergefüttert, so besteht ein energetischer Überschuss, der in Fettgewebe angelegt wird. Mit Futterreduktion und mehr Bewegung kann dies verhindert werden.

> Die Futtermenge sollte immer den individuellen Bedürfnissen des Tieres angepasst werden. Nicht nur zu wenig, auch zu viel Futter beeinträchtigt das Tier langfristig in seiner Lebensqualität. Vor allem nach Kastration muss die Futterration verringert werden.

Nahrungsvorlieben
Was die Art der Nahrung betrifft, so haben Hunde bestimmte Vorlieben und Abneigungen. Können die Tiere wählen, geben sie Leber den Vorzug vor Muskelfleisch. Rindfleisch wird im Allgemeinen lieber genommen als andere Fleischsorten. Ganze Beutetiere, wie Mäuse, Hasen, Kaninchen und Vögel, werden bei Gelegenheit durchaus auf- oder zumindest angefressen; erlegte Kleintiere wie Ratten, Igel und Maulwürfe dagegen meist nicht angerührt. Zuckerhaltige Nahrung wird gegenüber einer zuckerfreien Diät bevorzugt. Frisch riechende

Besonderheiten des Hundeverhaltens

Nahrungsmittel werden 72 Stunden alten, angegammelten vorgezogen. Ferner fressen Hunde lieber gekochtes als rohes Fleisch.

Die meisten Hunde fressen gelegentlich Gras. Sie bevorzugen dabei junge Pflanzen. Nur wenige erbrechen sich anschließend. Als mögliche Ursachen dieses Verhaltens werden Ballaststoffmangel, ungenügende Sättigung und Vitaminmangel vermutet. Das Gras erleichtert außerdem das Herausbrechen oder die Darmpassage von Knochen. Diese Verhaltensweise wird auch als funktionsloses Relikt eines arttypischen wölfischen Ernährungsverhaltens betrachtet, das nur zeitweise und willkürlich auftritt.

Der Futtertransport ist ein Element des Ernährungsverhaltens: Besonders Knochen werden gerne aufgenommen und zum Verzehr an einen ungestörten Ort geschleppt oder auch vergraben.

Nahrungstransport

Zum Funktionskreis des Ernährungsverhaltens gehören auch der Nahrungstransport und die Aufbewahrung. Futterteile und Knochen werden mit dem Maul aufgenommen und zum Verzehr an einen ungestörten Ort geschleppt. Der Transport kann auch durch Abschlucken des Futters erfolgen. Vor allem Hundemütter fressen Nahrung in großen Mengen, um sie im Wurflager ihren Welpen wieder vorzubrechen. Würgen und Erbrechen kann aber auch beim Futterverstecken, nach Aufnahme zu großer Brocken oder Mengen, Fressen von spitzen Gegenständen, bei der Flucht, sozialem Stress oder beim Autofahren auftreten.

Die Handlungskette des Futterversteckens läuft eigentlich nur beim Wolf noch vollständig ab, wie Zimen beobachtet hat: Suchlaufen – Scharren – Ablegen oder Erbrechen – Stoßen – Schieben, bis das Objekt vollständig bedeckt ist – zeitweiliges Beriechen. Bei Hunden sind die einzelnen Elemente häufig nicht mehr geordnet hintereinander gereiht.

Verhaltensmuster/Ethogramm

Trinkverhalten
Auch das Trinkverhalten kann als ein Teil des Ernährungsverhaltens betrachtet werden. Mittelgroße Hunde von durchschnittlichem Körpergewicht nehmen pro Tag etwa einen Liter Flüssigkeit auf. Nur etwa die Hälfte davon wird getrunken, die andere Hälfte über den Flüssigkeitsgehalt der Nahrung aufgenommen. Flüssigkeitsverlust entsteht durch Verdunstung bei der Atmung und durch die Ausscheidung von Urin und Kot. Nach einer Durstperiode wird innerhalb kürzester Zeit genau die fehlende Wassermenge wieder aufgenommen. Die Hunde hören auf, Wasser aufzunehmen, lange bevor sich die Flüssigkeit auf die Gewebe verteilt haben kann. Hieraus schließen Fox und Bekoff (1975), dass der Trinkvorgang selbst, nicht aber die aufgenommene Wassermenge, die Sättigung auslöst.

Ausscheidungsverhalten

Verhaltenselemente des Funktionskreises Ausscheidung sind: Suchen nach einem geeigneten Ort mit gesenktem Kopf, Riechen, Kreisgehen, Koten und Urinieren in verschiedenen Haltungen und abschließendes Scharren.

Stubenreinheit
Welpen können in den ersten Lebenswochen noch nicht selbstständig Kot und Urin absetzen. Die Ausscheidungsvorgänge werden durch eine Massage in der Bauch- und Leistengegend durch die Zunge der Hundemutter ausgelöst. Ab etwa der dritten Lebenswoche verlassen die Welpen selbstständig das Wurflager zum Koten und Urinieren. Die Tendenz zur Stubenreinheit ist angeboren und reift mit zunehmendem Alter zum vollständigen Sauberhalten des Heimreviers. Die Tiere hören zunächst auf,

Ausscheidungsverhalten: Beim Spritzharnen werden Geruchsmarken als Botschaften für Artgenossen an möglichst auffälligen Orten hinterlassen.

ihren Schlafplatz zu verunreinigen und gewöhnen sich stattdessen an Orte, die vom Wurflager weiter entfernt liegen. Diese werden später bevorzugt für das Absetzen der Ausscheidungen aufgesucht. Bei Zwingerhaltung und in geschlossenen Räumen sind die Kotplätze in der Regel die Ecken, die vom Liegeplatz am weitesten entfernt sind.

Körperhaltung beim Harnabsatz
Beim Urinieren nehmen männliche und weibliche Tiere unterschiedliche Körperhaltung ein. Die Hündin setzt Harn meist in der Hocke ab, wie auch Welpen und Junghunde. Der geschlechtsreife Rüde dagegen steht beim Harnen und hebt ein Hinterbein an, um so den Urin seitlich und erhöht abzusetzen. Dieses Verhalten steht in direktem Zusammenhang mit der Produktion des männlichen Sexualhormons Testosteron.

> Welche Position und Körperhaltung ein Hund einnimmt, um Harn abzusetzen hängt von Alter, Geschlecht und Rangordnung des Tieres ab: Rangtiefe, junge Tiere und Hündinnen kauern eher; ältere, selbstbewusste Tiere und Rüden heben das Bein.

Dennoch tritt dieses so genannte Spritzharnen ab der Geschlechtsreife nicht nur bei Rüden, sondern auch bei Hündinnen auf. Bei Hündinnen ist es jedoch wesentlich seltener und vor allem während der Läufigkeit zu sehen. Die Hündin hebt dabei ein Hinterbein schräg nach vorne, uriniert so höher und auch häufiger. Werden Hunde im Rudel und im Zwinger gehalten, zeigen nur Leittiere dieses Verhalten. Zimen beobachtete dieses Verhalten bei Königspudeln nur während der Läufigkeit. Bei Beagle in Zwingerhaltung dagegen urinieren auch Hündinnen in der unfruchtbaren Phase häufig mit Beinheben gegen senkrechte Objekte. Einige (13 Prozent) nahmen zum Urinieren sogar nie eine kauernde Position ein. Umgekehrt setzen auch manche Rüden auf ebenem Boden Harn in kauernder Position ab. Dies ist besonders bei ängstlichen, rangtiefen oder jüngeren Tieren zu beobachten. Hündinnen leeren ihre Blase in der Regel mit ein- oder zweimaligem Urinieren, Rüden urinieren häufiger. Sie zeigen die Bewegungen des Harnabsatzens auch als Leerlaufhandlung, ohne dabei Urin abzugeben. Mit zunehmendem Alter tritt Spritzharnen häufiger auf.

Harnabsatz als Geruchsmarke
Dem Ausscheidungsverhalten geht ein mehr oder weniger langes Beschnüffeln der gewählten Stelle voraus. Mit dem Beinheben ist eine Ten-

Verhaltensmuster/Ethogramm

denz zu häufigerem Harnabsatz in kleineren Portionen verbunden, um so geruchliche Markierungen zu setzen. Angeborene auslösende Mechanismen für den Harnabsatz sind der Uringeruch anderer Hunde und besonders bei Rüden senkrechte Flächen oder Pfeiler. Ferner wird Ausscheidungsverhalten durch den Kontakt mit einem anderen Hund oder auch nur den Anblick eines anderen Hundes beim Koten oder Urinieren angeregt.

Kotabsatz

Beim Koten variieren Rüden ihre Körperhaltung stärker als Hündinnen. In der Regel wird am liebsten ein abgelegener, sichtgeschützter Ort aufgesucht. Aber beide Geschlechter setzen Kot gelegentlich auch als Markierung an senkrechten Objekten oder an auffälligen Plätzen, wie mitten auf dem Weg, ab.

Beim Kotabsatz werden gerne sichtgeschützte Plätze aufgesucht. Junghunde gewöhnen sich an bevorzugte Orte und Flächen zum Lösen.

Scharren

Scharren mit den Vorder- und/oder Hinterbeinen ist häufig nach Harn- oder Kotabsatz zu beobachten. Es kann verschieden gedeutet werden. Die Scharrbewegungen treten besonders häufig an der Territoriumsgrenze, nach Beriechen eines anderen Hundes und bei aufgestautem Bewegungsdrang auf. Die Ausscheidungen werden durch das Scharren nicht bedeckt, wie dies bei den Katzen die Regel ist. Dagegen wird durch das Aufwühlen des Untergrundes eine zusätzliche optische Markierung gesetzt und die Geruchsmarke verstärkt. Auch der individuelle Fußgeruch wird verteilt. Die aufrechte Imponierhaltung und der kurze Blickkontakt, insbesondere wenn die Handlung von anderen Hunden beobachtet wird, weist auf die soziale Bedeutung hin. Das Scharren besitzt eine ausgeprägte Mitteilungsfunktion. Ein besonders selbstbewusstes Tier tut so seine Anwesenheit im Revier kund. Nicht alle Hunderassen zeigen dieses Scharrverhalten, die Instinktbewegung ging als Folge der

Besonderheiten des Hundeverhaltens

Domestikation und Zucht bei einigen Rassen verloren. Insgesamt scharren etwa nur ein Drittel aller Hunde nach dem Harn- oder Kotabsatz oder bei Begegnungen mit fremden Hunden oder Personen, wobei Rüden die Bewegung deutlicher und häufiger zeigen. Bei Hündinnen tritt sie, wie das Spritzharnen, besonders bei ranghohen Tieren und während der Läufigkeit auf.

Sozialverhalten

Unter Sozialverhalten versteht man in der Ethologie ganz allgemein das Verhalten, das auf Artgenossen gerichtet ist. Alle Verhaltensweisen der innerartlichen Verständigung zählen zu dieser Kategorie. Ferner werden das Aufzuchtverhalten, kindliches Verhalten, Spiel, besondere Verhaltensweisen im Rudel und das Verhalten einander fremder Hunde in diesem Kapitel besprochen.

Die Verständigung der Tiere untereinander läuft über optische (= sichtbare), olfaktorische (= riechbare), akustische (= hörbare) und taktile (= spürbare) Wege. Hunde teilen sich in erster Linie über ihre deutliche Körpersprache mit, die durch Gerüche und Laute differenziert und durch Berührungen verstärkt wird. Nur wenn die Körpersignale in ihrer

Sozialverhalten: Gegenseitiges Beriechen in Form von Anal- und Genitalwittern gehört zur geruchlichen Verständigung und dem artgemäßen Kontaktverhalten von Hunden.

Gesamtheit betrachtet werden, kann richtig verstanden werden, was das Tier zum Ausdruck bringt. Die einzelnen Elemente beziehungsweise Körperteile können unterschiedliche Bedeutungen haben, je nachdem in welchem Zusammenhang sie gezeigt werden. So kann das Schwanzwedeln eines Hundes zu einer freundlichen Begrüßung gehören. Es kann aber auch die Erregung eines vor Jagdeifer fiebernden Tieres wiederspiegeln, das im nächsten Moment ein Beutetier packen und töten wird.

Die optische Kommunikation erfolgt über Körperhaltung und Mimik, durch die Stellung und Bewegung von Kopf und Körper, Beinen, Schwanz und Rückenhaaren, Gesichtsmimik, Nasenrücken, Ohren, Augen und Augenbrauen.

Kommunikation über den Geruch
Die geruchliche (olfaktorische) Verständigung basiert auf Schnauzenkontakt, Fellwittern, Anal- und Genitalwittern, Kot- und Urinbeschnuppern. Die verschiedenen Sekrete (Urin, Kot, Analdrüsen, Vaginalsekret, Speichel und Ohrenschmalz) werden berochen, wobei sich die Tiere für das Urinbeschnuppern die meiste Zeit nehmen. Der Urin läufiger Hündinnen wird am längsten untersucht, Analdrüsensekret, Speichel und Ohrenschmalz werden nur kurz beachtet.

> Hunde teilen sich ihren Artgenossen vor allem über ihre Körpersprache und Mimik mit. Und damit keine „Zweideutigkeiten" entstehen können, wird die Kommunikation über Reize, die Augen, Nase, Gehör und Tastsinn ansprechen, differenziert.

Kommunikation über Lautäußerung
Der akustischen Kommunikation dienen Lautäußerungen verschiedenster Art wie Winseln, Quärren und Schreien – besonders bei Welpen, wenn sie sich verlassen fühlen, Schmerzen oder Unwohlsein empfinden, oder zusätzlich als Ausdruck von Aufregung oder Unterwerfung. Heulen kommt außer bei Wölfen bei bestimmten, besonders ursprünglichen Rassen wie beispielsweise den Nordlandhunden häufiger vor, wobei die Tiere entweder allein oder – infolge starker Stimmungsübertragung – im Chor heulen. Knurren ist Teil des Drohverhaltens. Es erfolgt in verschiedenen Abstufungen mit der dazugehörigen Mimik, wie Nasenrückenrunzeln und Zähnezeigen. Schnaufen, Grunzlaute und Seufzer werden bei Zufriedenheit, Aufregung oder auch Unwohlsein ausgestoßen. Wuffen ist ein kurzes Bellen mit geschlossener Schnauze. Es ist meist ein Schreck- oder Warnlaut.

Besonderheiten des Hundeverhaltens

Bellen kann ganz unterschiedliche Bedeutungen haben. Es erfolgt in allen möglichen Situationen als unspezifischer Ausdruck von Erregung, Begrüßung, Unbehagen sowie als Warn- und Angriffslaut. Es ist auch eine unmittelbare Reaktion auf ungewöhnliche akustische oder optische Reize. Gebellt wird auch, um Artgenossen oder Rudelmitgliedern etwas mitzuteilen. Das warnende Bellen eines Hundes wird häufig von Nachbarshunden aufgegriffen und durch das ganze Wohngebiet weitergegeben. Bellspiele, Verbellen und Jagdbellen treten ferner in den entsprechenden Situationen auf. Wölfe, Dingos und einige Hunderassen, wie Basenjis, bellen nur selten oder so gut wie nie.

Kommunikation über Berührung

Im Zusammenhang mit der Geburt und Aufzucht von Welpen zeigen die Hündinnen ganz besondere Verhaltensweisen, die die Welpen schützen und ihre Entwicklung unterstützen sollen. Vor und während der Geburt sind dies: Graben einer Höhle oder Aufsuchen eines geeigneten Wurflagers, Geburtshilfe mit der Schnauze, Entfernung der Eihüllen, Abnabeln, Auflecken der Geburtsflüssigkeit und Trockenlegen. Typisch für die Aufzuchtphase sind: bei den Jungen Liegen, Säugen, Beschnuppern, Beknabbern, Belecken der Exkremente, Hantieren, Schieben, Tragen, Zutragen und Erbrechen von Futter. Beim Entwöhnen werden neben anderen Verhaltensweisen, wie Weglaufen, auch Schnauzenstoßen in Bauch und Flanken angewendet, um die Welpen abzuwehren.

Die Mutterhündin leistet selbst Geburtshilfe. Sie entfernt die Eihüllen, nabelt ab und leckt die Welpen trocken.

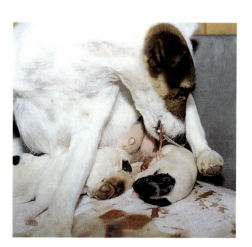

Kindliche Verhaltensweisen

Besondere infantile (= kindliche) Verhaltensweisen der Welpen sind festgelegt durch die ersten Bewegungen, die der noch unreife Fortbewegungsapparat ausführen kann. Sie dienen dem Nahrungserwerb und dem Schutz vor möglichen Gefahren: Kriechen, Rückwärtskriechen, Suchpendeln, Greifen, Fellbohren, Saugen, Pumpen, Milchtritt, Nachstemmen, Tragstarre, Urinieren bei der Bauchmassage, Kontaktliegen, Zucken, Mundwinkellecken und Kopfverstecken. Bei letzterem wird der Kopf bei Gefahr unter den Geschwistern versteckt.

Verhaltensmuster/Ethogramm

Spielverhalten

Spiel ist Verhalten ohne unmittelbaren ernsthaften Zweck. Dabei werden Bruchstücke von Handlungsketten ohne übergeordneten Zusammenhang gezeigt. Während des spielerischen Ausübens werden später benötigte Verhaltensweisen eingeübt. So lernen Welpen im Spiel, den Druck beim Zubeißen richtig zu dosieren. Die Bereitschaft zu spielen ist umso größer, je jünger und häufig auch je rangtiefer ein Hund ist. Typische Spielbewegungen, Spielhaltungen oder Gesten machen allen Beteiligten deutlich, dass keine ernsten Absichten verfolgt werden. Es werden Bewegungen aus allen Sozialbereichen in übertriebener Form gezeigt. Elemente aus verschiedenen Funktionskreisen werden frei miteinander kombiniert. Typisch für spielerische Bewegungen ist das Übertriebene im Ausdruck. Das Spielgesicht ist glatt und entspannt. Spielbewegungen sind: Hopsen, Vorne-Hochschleudern, Vorne-Hochspringen, Kreis-Springen, Kopfschleudern, Körperschleudern, Kopfhochwerfen, Vorderbein-Stoßen und plötzliches Losrennen.

In der Neugeborenenphase gibt das Kontaktliegen den Welpen soziale Sicherheit und Wärme.

Verschiedene Spielformen können unterschieden werden. Beim Initialspiel sind die Bewegungen auf den Spielpartner gerichtet und haben Aufforderungscharakter: Imitieren von Flucht und Unterwerfung oder Aggressivität und Imponieren, Vorne-Niedergehen, Aufforderungslaufen, Pfoteln, Bellen, Schnauzenstoß, spielerisches Hinwerfen, Über-den-Rücken-Beißen, Spieltragen, Vorstoßen und Scharren. Ein spielerischer Überfall besteht aus Lauern – Anschleichen – Anspringen – Beißen – Verfolgen.

Im Kontaktspiel mit einem Partner werden vor allem Beißspiele durchgeführt: Dabei erfolgt das Spielbeißen ohne Drohmimik, mit weit geöff-

Besonderheiten des Hundeverhaltens

netem Maul und unter starker Beißhemmung. Typisch ist weiterhin frontales Gegenüberstehen, Heben des Kopfes, der Vorderpfote, Unten-Herumbeißen, Überrollen, Hochspringen, Umklammern, spielerisches Niederdrücken, Aufreiten, Abwehr auf dem Rücken, Schieben, Hinterteil-Zudrehen, am Fell Ziehen und Beißschütteln. Bei Rüden sind Sexualspiele mit Aufreiten und Beckenstößen zu sehen.

Vorne-Niedergehen, Blickkontakt und Wedeln sind Bewegungen, mit denen der Hund zum Mitspielen auffordert. Das typische Spielgesicht ist entspannt, „lachend", mit weit geöffnetem Maul.

Zu Rennspielen mit Hoppel-Galopp, Folgelaufen, Zickzack-Galopp, Rennen und Überspringen kommt es allgemein, wenn die Spielaktivität stark ausgeprägt ist. Sie werden zwischendurch immer wieder durch direkten Körperkontakt unterbrochen.

Solitär- oder Objektspiele sind spielerische Auseinandersetzungen mit einem Gegenstand. Verhaltenselemente sind spielerisches Fixieren, Stoßen, Knabbern, Abreißen, Tragen, Zerren, Springen, Schleudern, Werfen, Schütteln und Pfotenschlagen mit typischem Spielgesicht und immer auf ein Objekt bezogen. Durch starke Stimmungsübertragung werden andere Tiere zum Mitmachen angeregt.

Welche Spielarten bevorzugt werden, ist von Rasse zu Rasse verschieden. Deutscher Boxer und Deutsch-Kurzhaar bevorzugen beispielsweise Kampfspiele, während bei Windhunden mehr Laufspiele beobachtet werden. Sicherlich schlagen sich in den jeweiligen Spielvorlieben bestimmte rassetypische Eigenschaften nieder, die durch generationenlange Selektion erfolgreich herausgezüchtet wurden.

Neutrales Verhalten im Rudel

Besondere Verhaltensweisen im Rudel dienen vor allem dem Gruppenzusammenhalt. Verhaltensweisen bei neutraler Stimmung sind: Vorlaufen mit Zurückschauen als Aufforderung zum Mitlaufen und Folgelaufen

Verhaltensmuster/Ethogramm

als Nach- und dichtes Beieinanderlaufen im Gelände. Weitere soziale Verhaltenselemente sind Schnauzenkontakt, Fellbeißen, Felllecken, Beknabbern, Beschnuppern von Kot und Urin, Analwittern, Fellwittern, Ins-Fell-Stoßen und Genitalwittern, -lecken und -beißen. Die Weibchen werden in der Regel im Stehen von hinten und die Rüden von der Seite untersucht. Gelegentlich rollt sich ein Tier, das berochen wird, auch auf den Rücken. Besonders ängstliche rangtiefe oder angegriffene Hunde entziehen sich der Geruchskontrolle. Beim so genannten Violwittern werden Duftdrüsen an der Oberseite der Schwanzwurzel berochen.

Objektspiele sind spielerische Auseinandersetzungen mit einem Gegenstand, der herumgetragen und vielfältig bearbeitet wird. Durch Blickkontakt und Stimmungsübertragung werden andere zum Mitmachen angeregt.

Freundliches Verhalten

Freundliche Verhaltensweisen ohne Demutscharakter sind Drängeln, Sich-aneinander-Reiben und Umeinanderlaufen. Bei Letzterem erfolgt eine freundliche soziale Kontaktaufnahme ohne Rangunterschiede, nach dem Motto jeder mit jedem. Die Gruppenzugehörigkeit wird dadurch bestätigt und der Zusammenhalt gefestigt.

Demutsverhalten

Demutsverhalten dient der Besänftigung ranghöherer Tiere. Ein weniger aktives Tier zeigt passives Unterwerfungsverhalten als Reaktion auf Imponieren, Drohen oder Angriff eines Artgenossen. Zeichen der Unterwerfung in Haltung und Mimik sind abgewandter Blick, angelegte Ohren, zurückgezogene Lippenwinkel, Lecken, Unbeweglichkeit, Kleinermachen bis hin zum Niederlegen und Auf-den-Rücken-Rollen, niedrige Schwanzhaltung, Wedeln, Pfote-Heben und Urinieren.

Eine andere Form des Demutsverhaltens ist die aktive Unterwerfung. Sie tritt zum Beispiel bei der Begrüßung ranghoher Rudelmitglieder auf. Der Hund verhält sich aktiv. Er läuft dem zu Begrüßenden entge-

Besonderheiten des Hundeverhaltens

Demutsverhalten dient der Aggressionshemmung eines Ranghöheren: Der irische Wolfshund zeigt gesenkten Kopf, abgewandten Blick, zurückgelegte Ohren, macht sich klein, hält den Schwanz tief und leckt die eigene Schnauze.

gen und zeigt eine Kombination aus verschiedenen lebhaften Demutsgesten: mit eingeknickten Beinen Trampeln, Wedeln, Drängeln, Schnauzenstoßen, Mundwinkel- und-Schnauze-Lecken, Pfoteln und Vorne-Hochspringen. Die eigene Schnauze wird dann geleckt, wenn der Partner nicht erreichbar ist. Das Heben einer Vorderpfote ist ein Ausdruck sozialer Unterordnung. Diese Geste wird häufig zur Bettelbewegung umfunktioniert. Auch der Mensch wird mit dem freundlich gemeinten Hochspringen ins Gesicht begrüßt. Wird dies nicht geduldet, dann ersetzt die Hand des Menschen sein Gesicht und die Begrüßungsbewegungen werden darauf gerichtet. Einige Hunde, wie etwa viele Dalmatiner, begrüßen Menschen mit einem Lachen oder Grinsen. Dabei werden die Mundwinkel bei geöffnetem oder geschlossenem Maul nach hinten gezogen, sodass die Zähne zu sehen sind. Leider wird diese Form der freudigen und unterwürfigen Begrüßung von Personen, die mit den Tieren nicht vertraut sind, häufig missverstanden und als aggressives Zähneblecken gedeutet. Die Personen schrecken dann unnötigerweise zurück, was wiederum die Tiere irritieren kann. Diese Begrüßungsform ist nicht bei allen Hunderassen zu beobachten und kommt bei Wölfen überhaupt nicht vor, sodass sie wohl als ein Ergebnis der Domestikation betrachtet werden muss. Die Tiere setzen sie auch nur zur Begrüßung von Menschen ein, gegenüber Artgenossen wird sie in der Regel nicht beobachtet.

Imponierverhalten

Imponierverhalten heißt in erster Linie, die eigene Stärke nach außen zu demonstrieren. Dabei wird die Individualdistanz des Gegenübers respektiert, er wird nicht angetastet. Im Gegensatz zum Drohverhalten wird der Blick am Gegner vorbei gerichtet. Typisch ist der Versuch, sich möglichst groß zu machen: mit nach oben gebogenem Schwanz, stei-

Verhaltensmuster/Ethogramm

fem Wedeln, aufrechter Haltung von Körper und Kopf, durchgestreckten Beinen und langsamen, steifen Bewegungen. Übergänge zu Angriffs-, Droh- oder auch Demutsverhalten sind fließend. Weitere Elemente des Imponierverhaltens sind: Imponierschieben, -jagen, -tragen, Scharren, Abdrängeln, Halsdarbieten, Aufreiten, Spritzharnen und die Pfote auf den Rücken des Gegners legen.

Defensives Verhalten

Defensives Verhalten wird von rangniedrigen Tieren gezeigt. Sie verringern dadurch aggressive Reaktionen der Stärkeren. Rangtiefe Tiere halten einen größeren Individualabstand. Defensives Drohen wird bei Verteidigung oder Unsicherheit gezeigt. Dabei ist der Lippenspalt lang, mit gebleckten Zähnen, die Ohren angelegt, der Körper geduckt und der Schwanz eingezogen. Mit zunehmender Abwehrbereitschaft wird geknurrt, der Nasenrücken gerunzelt und die Rückenhaare gesträubt, wobei die Ohren nach vorne gerichtet werden. Weitere defensive Verhaltensweisen sind: Abwehrschnappen,- beißen, -stoßen, -kreisen, Flucht, Vorne-Niedergehen, Hinterteil-Zukehren und Abwehr mit gekrümmtem Hals.

Beim Imponieren demonstrieren Hunde ihre Stärke. Sie umkreisen sich langsam, ganz aufgerichtet, mit erhobenem Schwanz und beriechen sich.

Aggressives Verhalten

Droh- und Angriffsverhalten ist aggressives Verhalten. Es wird zwischen Aggression innerhalb einer Tierart (intraspezifische Aggression) und Aggression zwischen verschiedenen Arten (interspezifische Aggression) unterschieden. Unter Aggressivität versteht man das Ausmaß der Angriffsbereitschaft eines Individuums oder einer Art. Die Entwicklung von Aggressivität und die Fähigkeit, eine soziale, funktionstüchtige Gruppe zu bilden, gehen Hand in Hand. Schon Konrad Lorenz hat in seinem Buch „Das sogenannte Böse" (1963) festgestellt, dass Freundschaft zwischen einzelnen Individuen nur bei Tieren möglich ist, die

Besonderheiten des Hundeverhaltens

Ein typisches Drohgesicht: Die Zähne werden gebleckt, die Nase gerunzelt und starrer Blickkontakt aufgenommen. Gleichzeitig werden die Rückenhaare aufgerichtet und tiefes Knurren ist zu hören.

sich gleichzeitig durch eine hochentwickelte intraspezifische Aggression auszeichnen. Man könnte es so ausdrücken, dass bindende, liebesähnliche Gefühle als Gegenpol der innerartlichen Aggression entstehen.

Anhand der auslösenden Reize kann man verschiedene Grundformen der Aggressivität unterscheiden (Moyer 1968). So wird Jagdverhalten durch die Gegenwart eines Beutetieres ausgelöst und Aggressivität zwischen männlichen Tieren durch einen männlichen Artgenossen. Angstbedingte Aggressivität ist immer von Versuchen begleitet, der Situation zu entkommen. Zornreaktionen liegt – unabhängig von der Umgebung – eine niedrige Reizschwelle zu Grunde. Ein Territorium wird gegen Eindringlinge, vor allem gegen Artgenossen, verteidigt. Mütterliche Aggressivität tritt auf, wenn ein Weibchen Junge hat und diese bedroht glaubt. Erlernte Aggressivität kann durch verschiedene antrainierte Reize ausgelöst werden und wird immer häufiger auftreten, je öfter sie ausgelöst wird. Diese Grundkategorien der Aggressivität wurden für den Hund – aber auch für andere Tierarten – durch weitere Formen ergänzt, auf die im zweiten Teil des Buches im Kapitel über Verhaltensprobleme durch Aggression ausführlich eingegangen wird.

Beim Drohen wird eine Angriffsstellung eingenommen, aber nicht tatsächlich angegriffen. Folgende Elemente gehören zum aggressiven Drohverhalten des Hundes: den Gegner fixieren, Bellen, Knurren, Zähneblecken, gerundete Mundwinkel, gerunzelter Nasenrücken, gesträubte Haare, angehobener Schwanz, Über-dem-Gegner-Stehen, Überfalldrohung und Anschleichen.

Verhaltensmuster/Ethogramm

Aggressives Verhalten zeigt sich weiter als Anspringen, Vorstoßen, Vorderbeinstoßen, Queraufreiten, Runterdrücken, Schieben, Anrempeln und Umstellen des Gegners. Ein Ringkampf wird auf den Hinterbeinen ausgetragen. Beißen erfolgt gegenüber Artgenossen stets unter einer mehr oder weniger starken Hemmung. Das Über-die-Schnauze-Beißen erfolgt bei aktiver Unterwerfung, Aufregung, im Spiel und gegenüber Welpen. Hier ist die Beißhemmung besonders ausgeprägt. Diese Festhalte-Bewegung bewirkt ganz generell, dass jegliche Art der Aktivität gehemmt ist. Bei einer Beißerei werden kurze Bisse unter lautstarkem, heftigem Knurren und Zähneblecken auf den Gegner gerichtet. Sie ist die häufigste Form des aggressiven Verhaltens unter gleichrangigen Tieren und entspricht eher einem Schaukampf (Kommentkampf), bei dem sich die Kontrahenten in der Regel keine ernsthaften Verletzungen zufügen.

Ein Überfall gleicht einem Angriff in Imponierhaltung. Er kann in spielerisches, gehemmt aggressives Imponierverhalten oder ernsthaften Kampf übergehen. Ein wirklicher Angriff erfolgt unter starrem Blickkontakt und mit nach vorne gestrecktem Kopf, gesträubten Rückenhaaren und ohne Drohmimik. Der Gegner wird angesprungen. Es kommt zu einem Beschädigungsbeißen mit Beißschütteln, Verfolgen und Über-den-Rücken-Beißen. In der Regel erfolgt der Ernstkampf ohne Beißhemmung innerhalb eines Rudels nur um die Alpha-Position, also um die Position des Rudelführers. Beide Tiere versuchen, sich möglichst schwere Wunden zuzufügen, um den anderen zum Aufgeben zu zwingen und so die Rangfolge zu regeln. Der Verlierer eines Ernstkampfes zeigt in der Regel kein Demutsverhalten. Er muss fliehen oder seinen Rückzug intensiv verteidigen – oder er wird getötet. Werden Hunde im Rudel und im Zwinger gehalten, können derartige Situationen durchaus zu Todesfällen führen. Gegenüber gruppenfremden Artgenossen besteht bei in Rudeln lebenden Raubtieren keine verlässliche Tötungshemmung; fremde Tiere können zwar durchaus in eine Hundegruppe aufgenommen werden, es kann dabei aber auch zu lebensgefährlichen Auseinandersetzungen kommen. Die Eingewöhnung neuer Hunde in ein Rudel muss daher sorgfältig beobachtet werden.

> **Bei den meisten Kämpfen besteht gegenüber dem Rivalen eine Beißhemmung, die ernsthafte Verletzung verhindert. Kämpfen zwei Tiere jedoch um die Position des Rudelführers, ist die Beißhemmung aufgehoben, und das schwächere Tier ist in Gefahr, verletzt zu werden.**

Besonderheiten des Hundeverhaltens

Kontaktaufnahme zu fremden Hunden

Das Kontaktverhalten einander fremder Hunde ist daher von besonderem Interesse. Begegnen sich fremde Hunde, so werden vor allem die Verhaltensweisen Anal- und Inguinal-Beriechen, Harn- und Kotabsatz und Scharren gezeigt. Dabei bestehen deutliche individuelle, rasse- und geschlechtsbedingte Unterschiede. Hunde können das Geschlecht eines Artgenossen bereits auf einige Entfernung unterscheiden. Die Annäherung an eine Hündin erfolgt meist ohne Zögern und schnell. Rüden nähern sich einander langsamer, halten inne, starren sich an und umkreisen sich in aufrechter Haltung. Hündinnen werden länger berochen und dabei wird vor allem die Anogenitalregion untersucht.

Einander fremde Hunde beriechen sich in der Leistengegend. Der Selbstbewußtere legt mit nach oben gestellter Rute dominant seinen Kopf auf die Schultern des kleineren, der unsicher den Schwanz einklemmt.

Sexualverhalten

Werbeverhalten der Rüden

Zum Werbeverhalten des Rüden gehören folgende Elemente: Folgelaufen, Urinschlecken, Ohren-, Flanken- und Genitallecken und -riechen, Herandrängen, Pfote oder Kopf auf den Rücken der Hündin legen und Aufsprungintension. Das Vaginalsekret der läufigen Hündin enthält ein Sexualhormon (Pheromon), das die Rüden noch über weite Distanzen

Verhaltensmuster/Ethogramm

mit ihrem feinen Nase wahrnehmen können und das sie schon in geringsten Konzentrationen sexuell erregt. Ohne dass ein direkter Kontakt stattgefunden hätte, sind die Rüden genau informiert und sammeln sich unter Umständen aus der ganzen Nachbarschaft vor dem Haus einer läufigen Hündin.

Verhalten der Hündin
Bereits im Proöstrus – dem Beginn der Läufigkeit, aber noch vor der fruchtbaren Phase – ist die Hündin sehr attraktiv für Rüden. Sie wehrt diese aber noch durch schnelles Wegdrehen und Drohen ab. Sie zeigt aber auch immer wieder lockendes Verhalten durch Spielaufforderungen, mit den Rüden laufen, Pfoteln, Herandrängen und häufiges Urinieren, das zum Teil als Spritzharnen erfolgt.

Die Hündin zeigt ihre Deckbereitschaft und damit ihre fruchtbare Phase (Östrus) durch unbewegliches Stehenbleiben mit deutlich zur Seite gebogenem Schwanz an. Ranghohe Hündinnen springen auch selbst auf andere Tiere auf. Sie fordern Rüden aktiv durch Genitallecken, Anrempeln, Hinterteil-Präsentieren und Pfote-auf-den-Rücken-Legen zur Paarung auf.

Die Sexualhormone der Eierstöcke bewirken zwar, dass die Hündin körperlich deckbereit ist, garantieren aber nicht eine genügende Duldungsbereitschaft. Hündinnen bevorzugen, auch im Östrus, bestimmte Rüden und lehnen andere ab, wobei ihr Verhalten dabei vom einfachen Meiden bis hin zum aktiven Angriff reichen kann. Die Einzeltiere sind dabei unterschiedlich wählerisch. Bestimmte Rüden werden von allen akzeptiert, andere sind allgemein unbeliebt. Viele Hündinnen lassen sich aber, wenn die Möglichkeit besteht, im Laufe einer Läufigkeit von verschiedenen Rüden decken. Manchmal werden aber auch eindeutige, lebenslange Zweierbeziehungen eingegangen. Der bevorzugte Rüde darf die Hündin zu einem früheren Zeitpunkt innerhalb der Läufigkeit und häufiger am Tag decken. Die Hündin sucht seine Nähe. Sie wehrt seine Annäherungsversuche seltener durch Knurren und Beißen, wie bei den anderen, ab. Die sexuellen Vorlieben und Aversionen zwischen den einzelnen Hündinnen

> Während ihrer Läufigkeit sind Hündinnen zwar grundsätzlich zum Deckakt bereit; welcher Freier aber letztendlich zum Zug kommt, darin sind sie mitunter sehr wählerisch, schließlich sollen die Nachkommen nur mit den besten Genen ausgestattet sein.

Besonderheiten des Hundeverhaltens

und Rüden während der Läufigkeit spiegeln dabei nicht unbedingt ihre sozialen Beziehungen während der unfruchtbaren Phase des Anöstrus wider. Sie bestehen häufig nur während der sexuell aktiven Phase.

Beim Deckakt reitet der Rüde auf und umklammert dabei die Hündin mit den Vorderbeinen und zieht sie zu sich heran. Es folgen Friktionsbewegungen des Beckens, Intromission und Trippeln mit den Hinterbeinen während der Ejakulation. Anschließend steigt der Rüde ab und bleibt häufig in verkehrt paralleler Stellung stehen. Die beiden Tiere hängen durch die starke Schwellung des Penis für etwa 10–30 Minuten aneinander und dürfen auf keinen Fall gewaltsam getrennt werden, da das zu erheblichen Verletzungen führen könnte.

Ausruhverhalten

Während der Suche nach einem Ruheplatz, im Sitzen oder Liegen, ist Gähnen zu beobachten. Es tritt aber auch sehr häufig als leicht aktivierbare Übersprungsbewegung in Konfliktsituationen auf. Im Freien lebende Hunde graben gerne an Stellen mit lockerem Untergrund eine flache Grube als Ruheplatz. Besonders tagsüber werden auch erhöht liegende Plätze, wie das Dach der Hundehütte, als Liegeplatz benutzt. Bevor sich die Tiere zu längeren Ruhephasen niederlegen, kann man Scharren und Kreistreten beobachten. Ruhig Stehen ist nicht nur ein Verhaltenselement, das zwei Bewegungen überbrückt, sondern tritt auch als Orientierungsstehen auf, wenn das Tier nur wenig aktiv ist. Sitzen kommt bei den meisten Rassen meist nur kurz als Übergang zwischen Stehen und Liegen vor. Das Niederlegen erfolgt, indem das Tier in der Hinterhand einknickt und sich seitlich abrollt oder sich aus dem

Gähnen zeugt von Müdigkeit und Sauerstoffmangel. Es tritt vor einer Ruhepause auf.

Verhaltensmuster / Ethogramm

Sitzen nach vorne streckt oder sich einfach zur Seite auf den Boden wirft. Die Liegepositionen können stark variieren. Hunde liegen auf dem Bauch, der Seite, dem Rücken, eingerollt oder gestreckt, im Kontakt mit Artgenossen oder ohne. Welche Position das Tier wählt, hängt unter anderem von der Umgebungstemperatur ab und davon, wie lange im Liegen geruht wird. So rollen sich Hunde bei kalten Temperaturen ein, um ihre Körperwärme zu halten. Schlittenhunde können auf diese Weise problemlos im Schnee übernachten. Bei heißen Außentemperaturen dagegen werden gestreckte Körperhaltungen eingenommen und ein kalter Untergrund aufgesucht, um möglichst viel Wärme über die Körperoberfläche abzugeben. Hunde eines Rudels schlafen gerne nahe beieinander und so nah wie möglich bei ihrem Besitzer.

> In ungestörter Umgebung hat der Hund eine hohe Entspannungsfähigkeit. Bei warmen Umgebungstemperaturen liegt er bevorzugt in ausgestreckter Körperhaltung auf kühlem Untergrund.

Indikatoren des Wohlbefindens

Aus dem Aktivitäts- und Ruheverhalten der Hunde lassen sich Indikatoren für ihr Wohlbefinden ableiten. Die Wissenschaftler Sigg und Weihe (1986) suchten nach objektiven, meßbaren Kriterien, mittels derer verschiedene Haltungsbedingungen miteinander verglichen werden konnten. Herzfrequenz und Körperbewegungen wurden in verschiedenen Situationen kontinuierlich gemessen und beobachtet. Alltägliche Situationen wurden mit Situationen verglichen, in denen das Wohlbefinden beeinträchtigt ist, wie Eingewöhnung, Ortswechsel und medizinische Behandlung. Ihren Ergebnissen zufolge definieren die Autoren Wohlbefinden für den Hund folgendermaßen: Ein Hund, der sich wohl befindet, ist fähig, sich zu erregen und rasch zu beruhigen.

In ungestörter Umgebung tritt eine hohe Entspannungsfähigkeit auf, die gekennzeichnet ist durch eine niedrige Herzfrequenz und geringe Bewegungsaktivität.

Besonderheiten des Hundeverhaltens

Die Hunde zeigen einen harmonischen, tageszeitabhängigen Wechsel zwischen Ruhe und Aktivität mit langen ungestörten Liegephasen. Unterbrechungen mit Drehen, Kratzen und Platzwechsel sind selten. Ein Hund, der sich wohl befindet, nutzt verschiedene Stellen im Raum nicht nur zeitlich, sondern auch hinsichtlich des Zwecks unterschiedlich.

Schlafverhalten

Das Schlafverhalten von Haushunden in städtischer Umgebung zeigt von diesem Idealfall einige Abweichungen. Die Autoren Adams und Johnson (1993, 1994 und 1995) untersuchten diesen Sachverhalt ausführlich in Australien. Sie fanden während der Nachtruhe erstaunlich viele kurze Schlaf- und Wachperioden. Im Mittel ergaben sich drei Schlaf-Wachperioden pro Stunde mit einer Länge von nur etwa 16 Minuten Schlaf und fünf Minuten Wachsein. Im Schlaf wechseln sich ruhige Phasen mit völliger körperlicher Entspannung mit aktiven Schlafphasen ab. Letztere sind an der entspannten Nackenmuskulatur bei gleichzeitiger Bewegung der Augen oder/und der Beine, Ohren, Schwanz und Lautgebung, wie Winseln, Fiepen und Bellen, zu erkennen. Diese aktiven Schlafphasen entsprechen wohl der so genannten REM-Phase (Rapid Eye Movement) beim Menschen. Gewöhnlich wachen Hunde nach einer aktiven Schlafphase auf und sind sofort für einige Minuten bei vollem Bewusstsein. Nach längeren Schlaf- oder Ruhephasen stehen die Hunde häufig auf und schütteln deutlich hörbar ihre Ohren. Die Dauer der einzelnen Schlafperioden ist abhängig davon, wie die Hunde gehalten werden. Sie sind bei Hunden, die in ihrem Bewegungsspielraum eingeschränkt sind, länger als bei Tieren, die im Freien und ohne Zaun gehalten werden. Werden Hunde in eine neue Umgebung gebracht, so wird der aktive Schlaf in der ersten Nacht unterdrückt, tritt aber in den folgenden Nächten wieder auf.

> Das Schlaf- und Ruheverhalten des Hundes kann als Indikator dafür genutzt werden, inwiefern für die tiergerechte Haltung des Hundes gesorgt und er ausgeglichen ist und sich wohlfühlt. Sind die Haltungsbedingungen unzureichend und der Hund hat beispielsweise zu wenig Auslauf, kann er darauf mit verlängerten Schlaf- und Ruheperioden reagieren.

Hunde, die als Diensthunde in der Drogenfahndung oder im Rettungsdienst arbeiten, zeigen ebenfalls den typischen Wechsel von kurzen Schlaf- und Wachphasen. Auch durch wechselnde Tag- und Nachtschichten wird dies nicht beeinflusst. Unabhängig davon, ob Drogenhunde ihre

Arbeit tagsüber oder nachts leisten müssen, wirken sie immer ausgeruht und einsatzbereit. Aufgrund ihrer natürlichen kurzen Schlaf-Wachzyklen können sich Hunde hervorragend an wechselnde Arbeitszeiten anpassen, ohne dass es zu Schlafmangel kommt.

Werden mehrere Hunde zusammen gehalten, so sind ihre Schlaf-Wachphasen nicht synchron. Sie werden also zu unterschiedlichen Zeiten wach und aufnahmebereit für Umweltreize. Für ein wildlebendes Hunderudel bedeuten diese Schlafcharakteristika höhere Sicherheit und damit einen Selektionsvorteil. Nur auf starke äußere Reize werden alle Tiere einer Gruppe gleichzeitig wach und reagieren gemeinsam mit Bellen. Hunde, die in größeren Gruppen gehalten werden, werden allerdings häufiger durch Einzeltiere geweckt und bellen deshalb insgesamt häufiger.

> Um in freier Wildbahn die Sicherheit des Rudels zu gewährleisten, haben Hunde asynchrones Schlafverhalten entwickelt: Die Tiere schlafen in unterschiedlichen Schlaf- und Wachphasen, so dass immer abwechselnd andere Einzeltiere wach sind.

Adams und Johnson (1994) untersuchten die Wahrnehmungsfähigkeit von Hunden für verschiedene nächtliche Geräusche während der verschiedenen Schafphasen. Die Reaktionen von zwölf Hunden in ihrer gewohnten städtischen Umgebung auf Geräusche unterschiedlichsten Ursprungs, aber gleicher Lautstärke wurden gefilmt. Es wurden anhaltendes Bellen, einzelnes Lautgeben, ein Motorrad, einen Einbruch beratschlagende Rowdies und splitterndes Glas vom Tonband abgespielt. Wie erwartet reagierten die Hunde während der kurzen Wachphasen deutlich empfindlicher als während der Schlafphasen. Dabei verhielten sie sich während des aktiven und während des passiven Schlafes gleich. Darin besteht ein Unterschied zum Menschen, der in den REM-Phasen deutlich empfindlicher für Geräusche ist. Insgesamt wachten die Hunde bei 29 Prozent der Geräusche auf und schlugen an. Am häufigsten reagierten die Hunde auf das Bellen anderer Hunde. Bestimmte einzelne Individuen innerhalb von Hundegruppen neigen häufiger dazu zu bellen als andere. Generell bellen einzeln gehaltene Hunde seltener. Hunde reagieren auf die Laute der Artgenossen stärker als auf Geräusche, bei denen sich eigentlich der Besitzer ein Anschlagen seines Hundes wünschen würde: Mögliche Einbrecher können also durchaus überhört werden, während gleichzeitig des Nachbars Nachtruhe durch anhaltendes Kläffen gestört wird. Die

Besonderheiten des Hundeverhaltens

Hunde haben möglicherweise nicht gelernt oder verlernt, auf unbekannte Geräusche zu reagieren. Eventuell wurden sie in ähnlichen Situationen, wie bei abendlichen Besuchern, für ihr Bellen getadelt.

Komfortverhalten

Verhaltenselemente des Komfort- oder Körperpflegeverhaltens sind: Gähnen, sich Kratzen, Beknabbern, Reiben, Beriechen, Wälzen, Rutschen, Kopfschlenkern, Ekelbewegungen, Wärmehecheln, Niesen, Schnaufen, Lecken, mit den Pfoten wischen und die Schnauze reiben. Auch Rekelbewegungen, wie sich strecken, einen Buckel stemmen und die Zehen strecken gehören hierzu.

Körperpflege des Einzeltieres

Solitäre Körperpflege ist die allein durchgeführte Körperpflege. Am häufigsten ist das Sich-Lecken, besonders nach dem Fressen und vor dem Ruhen. Das Lecken über die eigenen Lippen ist auch eine häufige Übersprungshandlung. Die Zähne werden zum Beknabbern und Entfernen von Fremdkörpern aus dem Fell eingesetzt.

Hecheln bei Hitze dient dem Temperaturausgleich durch Verdunstungskälte.

Unter Aaswälzen versteht man das Wälzen in übelriechenden Substanzen, die aber nicht gefressen werden. Es tritt häufig im Zusammenhang mit Jagdverhalten und Stöbern nach Beutetieren auf und wird als Versuch der Tiere interpretiert, sich geruchlich zu maskieren. Diese Erklärung ist jedoch nicht ganz schlüssig, da die Hunde danach sehr viel deutlicher und auf größere Entfernungen geruchlich wahrzunehmen sind.

Rekelbewegungen und Sich-Wälzen dient der eigenen Körperpflege.

Gegenseitige Körperpflege
Soziale, also gegenseitige Körperpflege betreiben vor allem Hunde, die eng miteinander verbunden sind, sich gut kennen oder Mitglieder eines Rudels sind. Sie konzentriert sich auf Ohren, Kopf und Nackenbereich und besteht vor allem aus sich gegenseitig belecken und beknabbern.

Erkundungsverhalten und Feindvermeidung

Nahorientierung
Besondere Verhaltensweisen der Nahorientierung sind: Bodenwittern und Objektorientierung durch Beschnuppern, Stoßen, Beißen, Betasten, Belecken und Langhals-machen.

Wright (1983) beobachtet zum einen Welpen, die mit der Hand aufgezogen wurden, und zum anderen Welpen, die bei der Mutter aufwuchsen, und verglich die beiden Gruppen hinsichtlich ihrer Entwicklung. Im Alter von etwa acht Lebenswochen zeigten die beiden Gruppen klare Unterschiede in ihrem Erkundungsverhalten: handaufgezogene Welpen zeigen sich neugieriger und verbringen deutlich mehr Zeit damit, unbekannte Objekte zu untersuchen.

Fernorientierung
Die sogenannte Fernorientierung besteht aus Beobachtungsliegen, -stehen, -laufen, -sprung mit aktivem Sehen, Hören, Riechen, Fixie-

Besonderheiten des Hundeverhaltens

Fernorientierung: Dieser Mischling hat sich einen Platz auf den Fischernetzen gesichert. Zum Beobachtungsliegen werden gerne erhöhte Liegeplätze eingenommen.

ren, Kopf-schräg-halten, Ohren spitzen, Vorstehen und Lautgeben bei ungewohnten Eindrücken. Orientierungsverhalten wird vermehrt von Rüden, Mutterhündinnen mit Jungen, ranghohen und älteren Hunden gezeigt.

Flucht- und Meideverhalten

Unter der Kategorie Flucht- und Meideverhalten werden folgende Verhaltenselemente zusammengefasst: Zusammenschrecken, Zurückschrecken, Rückwärtsgehen, Zurückspringen, Abstand halten, Fortlaufen, Flucht, Fluchtharnen, -koten und -erbrechen. Starke Einschüchterung führt zu Bewegungshemmung und Drücken in Gruben, Dickicht oder Ecken.

Angstreaktionen können auch in gewohnter Umgebung allein durch den Anblick unbekannter Gegenstände oder Personen ausgelöst werden. Bewegliche Dinge wirken dabei furchterregender als stationäre Objekte. Mahut (1958) untersuchte zehn verschiedene Hunderassen auf ihre typischen Reaktionen auf ungewohnte Objekte. Sie stellte deutliche Unterschiede zwischen den verschiedenen Rassen fest. So zeigen Deutsche Schäferhunde, Collies, Zwerg- und Mittelpudel, Corgie und Dackel insgesamt häufiger Meide- und Angstreaktionen als die Hunde der anderen Rassen. Deutlich furchtloser sind Boxer, Bedlington-, Boston- und Scottish Terrier. Die Haltungsbedingungen, insbesondere in den ersten Lebenswochen, beeinflussen bei allen Tieren die spätere emotionale Verfassung. So zeigen Boxer und Scottish Terrier, die im Zwinger aufgezogen wurden und deshalb wesentlich weniger Erfahrungen sammeln konnten, im Vergleich zu Tieren, die als Familienhunde aufwuchsen, deutlich häufiger Angst- und Meidereaktionen.

Über das typische Fluchtverhalten von Hunden berichtete der Tierarzt H. Brummer (1967). Er beobachtete Hunde, die aus einer Tierklinik entlaufen waren. Ein Hund auf der Flucht läuft zunächst in hoher Geschwindigkeit zielstrebig auf einen Ausgang zu. Nach einiger Zeit wird er langsamer, meidet Straßen und freie Plätze und läuft typischerweise am Rand an einer Häuserfront entlang. Er zeigt unter Umständen wildtierähnliches Verhalten, indem er eine Flucht- und Wehrdistanz gegenüber fremden Menschen aufbaut. Viele Hunde finden über kilometerlange Strecken nach Hause zurück.

Besondere Sinnesleistungen

Geruchssinn

Der erstaunlich gute Geruchsinn des Hundes ist sprichwörtlich. Hunde sind in der Lage, selbst sehr alte Gerüche noch zu erkennen und zu unterscheiden. Gut trainierte Spürhunde vollbringen unglaubliche Leistungen und werden in vielen Bereichen erfolgreich und effektiv als Gebrauchshunde eingesetzt. Nicht nur als Jagd- oder Polizeihunde, sondern auch als hochspezialisierte Drogen- oder Sprengstoffhunde, als Rettungs- und Lawinensuchhunde retten sie durch ihre erstaunlichen Sinnesleistungen Menschenleben. Dem Hund genügt ein Kontakt von wenigen Sekunden, um den Geruch eines Menschen aufzunehmen, und er kann Gegenstände, die von der betreffenden Person berührt wurden, selbst dann auch erkennen, wenn diese noch Geruchsspuren anderer Personen tragen.

Der außerordentliche Geruchssinn basiert auf zwei verschiedenen Fähigkeiten: Zum einen ist der Hund in der Lage, extrem geringe Konzentrationen eines Geruchs wahrzunehmen. Zum anderen kann er zwischen den Gerüchen verschiedener Individuen und Substanzen genau und fein unterscheiden. Schon in den dreißiger Jahren

Geruchssinn: Mit der Nase voraus werden interessante nahe Objekte erkundet – und was für einen interessant ist, muss natürlich auch von den anderen Wurfgeschwistern genauer untersucht werden.

Besonderheiten des Hundeverhaltens

wurde festgestellt, dass Hunde organische Säuren in einer Verdünnung von eins zu einer Million und Schwefelsäure sogar bei der Verdünnung von 1:10 Millionen erkennen können. Geübte Spürhunde lesen das Alter und die Richtung einer Spur anhand der verschiedenen Geruchskonzentrationen. Das befähigt Fährtenhunde, die jeweils jüngste Spur in ihrer korrekten Richtung zu verfolgen. Eine erfolgreiche Suche kann aber durch schlechte Witterungsbedingungen, Feuchtigkeit, ablenkende Gerüche und ungünstigen Untergrund beeinträchtigt sein.

> Wie leistungsfähig Sinnesorgane sind, hängt von drei Faktoren ab: der Anzahl der Sinneszellen im jeweiligen Sinnesorgan, der Empfindlichkeit der einzelnen Sinneszelle und der Größe des Gehirnareals, in dem die Sinneseindrücke verarbeitet werden.

Vergleiche des menschlichen Geruchssinns mit dem des Hundes lieferten unterschiedliche Ergebnisse. Manche weisen auf einen bis zu 100-millionenfach empfindlicheren des Hundes hin. Andere Ergebnisse sprechen von „nur" 100-mal empfindlicheren Sinneszellen für Geruch. Beim Hund ist die Fläche mit Sinneszellen für Gerüche wesentlich größer als beim Menschen. Zudem werden die Sinneseindrücke in einem wesentlich größeren Gehirnbereich verarbeitet, wodurch die Umsetzung des Wahrgenommenen weiter differenziert wird. So bedeckt das Riechhirn beim Menschen etwa 500 mm^2, während einem großen Hund ca. 7000 mm^2 zur Verfügung stehen.

Gehör

Grenzbereiche der akustischen Wahrnehmung

Auch das Gehör ist bei Hunden sehr gut entwickelt. Unterhalb einer Frequenz von 250 Hertz haben Hunde und Menschen annähernd die gleichen Hörfähigkeiten. In tiefen Bereichen unter 67 Hz hören Hunde nichts mehr, die unterste Grenze des Menschen dagegen liegt erst bei etwa 31 Hz. Die optimale Frequenz für die beste Wahrnehmung, liegt bei Hunden bei etwa 8000 Hz, der optimale Frequenzbereich des Menschen bei etwa 4000 Hz. Bei hohen Frequenzen übertrifft das Wahrnehmungsvermögen des Hundes das des Menschen bei weitem. Die obere Hörgrenze liegt beim Hund im Durchschnitt bei 44.000 Hz und beim Menschen bei 17.600 Hz. Angewendet wird dieses Wissen bei Hundepfeifen, deren Ton im Hochfrequenzbereich liegt und vom Menschen nicht wahrgenommen werden kann. Wer mit Hundepfeifen arbeitet, sollte bedenken, dass menschliche Säuglinge noch ein wesentlich besseres Hörvermögen im höher frequenten Bereich haben und die Pfeifentöne zum Teil hören können; sie können dadurch leicht irritiert, geweckt und zum Weinen gebracht werden.

Wahrnehmung und Verständnis
Man muss zwischen der reinen Geräuschwahrnehmung und dem, was das Gehirn aus der Wahrnehmung macht, dem Verständnis, unterscheiden. Es handelt sich dabei um zwei neurologisch verschiedene Vorgänge. Hunde können einzelne Geräusche sehr genau differenzieren und zuordnen. So ist es für sie kein Problem, bekannte und unbekannte Personen nur am Schritt oder sogar nur am Geräusch des vorfahrenden Autos zu erkennen.

Die Fähigkeit des Hundes, eine gewisse Anzahl gesprochener Wörter inhaltlich verstehen zu lernen, ist erstaunlich. In der herkömmlichen Hundeausbildung werden die gesprochenen Kommandos meist von deutlichen Gesten begleitet. Es ist daher schwer zu unterscheiden, worauf das eigentliche Verstehen beruht. Die Körpersprache erleichtert dem Hund das Verstehen. Im täglichen Umgang spielen eher der Tonfall und die Körpersprache des Menschen die entscheidende Rolle als der Inhalt der gesprochenen Wörter.

Nichtsdestotrotz erkennen Hunde tatsächlich auch die Bedeutung einzelner Wörter. Dies wurde unter kontrollierten, experimentellen Bedingungen bewiesen (Young, 1991). Hierfür hat man Hunden Begriffe für bestimmte Gebrauchsgegenstände beigebracht. Die Hunde lernten diese zu unterscheiden und auf Zuruf zu apportieren, ohne dass sie dabei die Befehl gebende Person oder Gesten, die das Kommando unterstrichen, sehen konnten. Für Tiere, die als Behindertenhunde eingesetzt werden sollen, ist diese Fähigkeit von entscheidender Bedeutung. In Versuchen lernten Retriever drei Gegenstände nach rein verbal gesprochenen Kommandos zu unterscheiden. Sie apportierten sie zu 83–92 Prozent erfolgreich. Sie stehen damit in der Differenzierungsfähigkeit und Irrtumshäufigkeit mit Kapuzineräffchen und Delfinen auf einer Stufe. War der geforderte Gegenstand nicht vorhanden, so brach-

> Das Gehör von Mensch und Hund ist unterschiedlich empfindlich: Der Hund ist dem Menschen im hoch frequenten Schallwellenbereich bei weitem überlegen, während das menschliche Gehör im tief frequenten Bereich etwas leistungsfähiger ist.

Besonderheiten des Hundeverhaltens

ten die Hunde von sich aus einen möglichst Ähnlichen. Damit bewiesen sie ein gewisses Abstraktionsvermögen. Zwischen einzelnen Individuen bestehen allerdings deutlich unterschiedliche Begabungen hinsichtlich der Lerngeschwindigkeit und Fehlerhäufigkeit. Es gibt eben auch bei Hunden unterschiedlich intelligente und begabte Persönlichkeiten.

Sehvermögen

Die Bedeutung und Fähigkeiten des Sehvermögens variieren bei Hunden sehr stark mit der Rasse. Manche Hunde sehen sehr gut, andere vergleichsweise schlecht und müssen sich eher auf ihren Geruchssinn verlassen. Entsprechend hetzen Windhunde und manche Jagdhunde ihre Beute vor allem auf Sicht, während andere reine Fährtenleser sind. Insgesamt liegen die Augen beim Hund seitlicher am Kopf als beim Menschen. So ermöglichen sie dem Tier ein größeres Gesichtsfeld, eine bessere Rundumsicht und Kontrolle der Umgebung. Allerdings geht dies zu Lasten des räumlichen Sehvermögens, das beim Hund einen kleineren Bereich erschließt als beim Menschen. Besonders Bewegungen wecken

Sehvermögen: Alle Sinne sind wach und aufmerksam. Um das Geschehen in der Ferne auch mit den Augen verfolgen zu können, macht sich der junge Husky so groß wie nur möglich.

schnell die Aufmerksamkeit. Hunde sind besonders gute Bewegungsseher. Selbst kleinste Bewegungen, wie ein Fingerzeig oder ein rennendes kleines Beutetier, können auf große Entfernungen wahrgenommen und richtig zugeordnet werden.

Die Fähigkeit des Hundes, scharf zu sehen und verschiedene Helligkeitsstufen zu unterscheiden, entspricht etwa der des Menschen, während die Fähigkeit, Muster und Strukturen zu differenzieren, jedoch deutlich geringer ist. Vor allem fremdartige Objekte erregen die Aufmerksamkeit. Eine Farbwahrnehmung erfolgt dagegen nur abgeschwächt in Pastelltönen. Das Sehvermögen von Hunden ist auf jeden Fall so leistungsfähig, dass sie der Mensch beispielsweise als Blindenhunde einsetzen kann. Auch Jagd- oder Hütehunde werden über große Distanzen ausschließlich über Sichtkommandos dirigiert, und Hunde, die von Geburt an taub sind, können allein durch optische Signale gut geführt werden.

> Hunde sind hervorragende Bewegungsseher, auch auf große Distanzen entgeht ihnen nicht die kleinste Bewegung. Auch ihr Gesichtsfeld ist größer als das des Menschen. Dafür ist ihre Farbwahrnehmung und ihr räumliches Sehvermögen schwächer.

Rassebesonderheiten und Geschlechtsunterschiede

Rassenentstehung durch Zuchtwahl

Aus dem Wolf sind im Lauf der Jahrtausende zunächst verschiedene Urhundetypen entstanden. In der freien Natur entstehen Rassen vor allem durch geografische Isolation, wie beispielsweise der Dingo Australiens. In der Haustierhaltung steuert der Mensch durch künstliche Selektion die Entstehung von Rassen. Seinen Bedürfnissen entsprechend entwickelte er durch gezielte Zuchtwahl zahlreiche Hunderassen. Viele Rassen entstanden erst während der letzten Jahrhunderte. Dabei wurde je nach Intention und Zweck auf ganz verschiedene Merkmale Wert gelegt. Schon der Urmensch suchte vor tausenden von Jahren Jagdgefährten und Helfer. Er nahm Jungtiere zu sich und zähmte sie. Er vermehrte die für seine Zwecke geeigneten Exemplare und domestizierte so über Generationen die Vorfahren unserer heutigen Haushunde. Immer wieder wurden Hunde mit entsprechend freundlichen Eigenschaften auch als Gesellschafter und Spielgefährten für Kinder ausgewählt. Zum

Besonderheiten des Hundeverhaltens

Schutz der Häuser und Dörfer wurden aus den Urhunden andere Tiere, mit stärkerer Aggressionsbereitschaft ausgesucht. Wieder andere wurden zu Hütehunden mit entsprechenden Eigenschaften herangezüchtet, um Tierherden zu bewachen. Selektiert wurde vor allem auch nach äußeren Merkmalen, was sich dann in der verschiedenen Ausformung der Rassen niederschlug. Bis heute entstanden auf der ganzen Welt über 400 verschiedene Hunderassen.

Durch generationenlange gezielte Zuchtwahl auf bestimmte Verwendungszwecke hin sind die Anlagen entsprechender typischer Eigenschaften in den Rassen genetisch verankert. Dennoch gehören alle Hunde derselben Tierart an und teilen das typische Verhalten der Hunde; sie erkennen einander trotz unterschiedlichster äußerer Merkmale als Artgenossen.

Im Rahmen dieses Buches kann nicht auf alle Rassen im Detail eingegangen werden. Um einen Überblick zu geben, werden im Folgenden einige der in Deutschland verbreiteten Rassen beispielhaft beschrieben. Sie bilden zusammen mit den Mischlingen die Mehrheit der Hunde, die uns auf unseren Straßen begegnen, wobei es natürlich zu regional unterschiedlichen Verteilungen kommt. So findet man in Bayern häufiger Dackel als in Norddeutschland. Dort wiederum sind kleine Terrier und Pudel – in einigen Großstädten auch Bullterrier – etwas häufiger anzutreffen.

Durch die gezielte Zuchtwahl des Menschen haben sich im Laufe der Zeit definierte Rassen mit typischen äußerlichen und auch charakterlichen Eigenschaften entwickelt. Trotz der Unterschiede zeigen aber alle Rassen noch ihr arttypisches Verhalten.

Auch die Popularität bestimmter Rassen ist „modischen" Trends unterworfen, und so kommt es, dass alle paar Jahre eine andere Rasse vermehrt gezüchtet wird: zum Beispiel Collies als „Lassie" in den 60er Jahren, Dackel Anfang der 70er Jahre als Olympiatier in München, West Highland White Terrier in den 80er und Dalmatiner in den 90er Jahren als Folge von entsprechenden Filmen. In den letzten Jahren erfreut sich besonders der Labrador Retriever steigender Beliebtheit. Er wird auch zunehmend als Dienst- und Rettungshund eingesetzt. Über den jüngsten Stand der geborenen und im VDH registrierten Welpen gibt die Tabelle auf Seite 85 am Ende dieses Kapitels Auskunft. In der sprunghaft gestiegenen Nachfrage nach einer

Rassebesonderheiten und Geschlechtsunterschiede

bestimmten Rasse liegt immer die Gefahr, dass dann auch Tiere in der Zucht verbleiben, die bei geringerem Bedarf aufgrund gesundheitlicher oder charakterlicher Mängel nicht als Zuchttiere zugelassen worden wären. Das Erscheinungsbild der Rasse kann sich dadurch schnell negativ verändern.

Nach ihrer Herkunft aus bestimmten Ursprungsrassen, Einsatzmöglichkeiten, gemeinsamen Charaktereigenschaften und äußeren Merkmalen werden die Hunderassen in verschiedene Rassegruppen geordnet. Leider verwenden Zuchtverbände weltweit unterschiedliche Einteilungen. Die meisten Bücher über Hunderassen folgen der Einteilung des Kynologischen Verbandes FCI (Fédération Cynologique International). Um bestimmte Verwandtschaften und damit Entwicklungslinien deutlich zu machen, wird hier bewusst davon abgewichen und im Folgenden eine Einteilung nach der Entstehung aus den Ursprungsrassen vorgenommen. Diese Rassegruppen zeigen übereinstimmende Merkmale nicht nur im Knochenbau, sondern auch im Verhalten. Kleinere Typen sind oft durch Zwergwüchsigkeit ihrer großen Verwandten entstanden. Der hier gewählten Art der Kategorisierung liegt die historische Entwicklung der Rassen zu Grunde (siehe Seiferle 1960, Brunner 1994).

> Einzelne Rassen lassen sich zu einer gemeinsamen Rassegruppe zusammenfassen. Als Einteilungskriterien werden dazu die Ursprungsrasse, gemeinsame äußerliche und charakterliche Eigenschaften sowie Einsatzmöglichkeiten herangezogen.

Um den Rahmen dieses Buches nicht zu sprengen, folgt nur ein kurzer Überblick und eine beispielhafte Zuordnung der verbreitetsten Hunderassen. Da hier nicht alle Rassestandards aufgelistet werden können, soll stattdessen auf die typischen Gemeinsamkeiten der Gruppe und auf besondere Verhaltensmerkmale abgehoben werden.

Spitze

Die erste Gruppe bilden die Spitze, mit den Rassen Wolfsspitz, Keeshond, Großer Spitz und Zwergspitz. Sie sind ein sehr alter Hundetyp, der schon in Hundedarstellungen alter Hochkulturen zu entdecken ist. Typisch ist der mittelgroße, quadratische Körperbau mit dem über dem Rücken getragenen, buschigen Ringelschwanz. Sie sind lebhafte, wachsame und leider zum Kläffen neigende Tiere. Die Jagdleidenschaft und der Hang zum Streunen ist bei ihnen weitgehend verschwunden. Die

Besonderheiten des Hundeverhaltens

großen Rassen eignen sich auch zum Wachhund. Alle Formen sind sehr anhängliche, gute Haus- und Familienhunde.

Pinscher

Die Gruppe der Pinscher ist im Gegensatz zu den Spitzen erst in den 30er Jahren des vorigen Jahrhunderts entstanden. Zu ihnen gehören Dobermann, Glatthaarpinscher, Zwergpinscher und die rauhhaarigen Formen Riesenschnauzer, Mittelschnauzer, Zwergschnauzer, Affenpinscher und Zwerg-Griffon. Sie sind temperamentvoll, mit großer Gelehrigkeit, aber einer gewissen Eigenwilligkeit. Ursprünglich wurden sie als Mäuse- und Rattenfänger verwendet. Ein starker Jagdtrieb ist aber nicht mehr vorhanden.

Der Dobermann ist ein lebhafter Gebrauchshund mit hoher Aggressionsbereitschaft. Durch sein Temperament stellt er besondere Anforderungen an die Zeit und die Führungsqualitäten seiner Besitzer. Bei entsprechender Ausbildung wird er erfolgreich als Wach- und Schutzhund eingesetzt. Der Riesenschnauzer dagegen, ebenfalls sehr temperamentvoll, ist robuster, ruhiger und von zäher Ausdauer. Er ist ein hervorragender Schutzhund, der aber auch eigenwillig sein kann.

Die kleineren Pinscher und Schnauzer eignen sich mit ihren freundlichen Charaktereigenschaften gut als Familienhunde. Sie sind im Regelfall sehr lern- und anpassungsfähig, anhänglich und furchtlos. Sie

Verschiedene Hunderassen zeigen eine große Vielfalt an Formen, Farben, Haartypen, Größen und Charakteren. Zu der Gruppe der Pinscher gehören unter anderem der glatthaarige Deutsche Pinscher unten links, der Riesenschnauzer (unten rechts) als robuster Gebrauchshund, . . .

gelten als ruhig und aufmerksam, verträglich und kinderlieb. Affenpinscher, Zwerg-Griffons und Brabancon wurden besonders als Schoßhunde gezüchtet. Die extrem kurzen runden Köpfe mit den großen Augen entsprechen dem Kindchenschema und machen die „Niedlichkeit" dieser Rassen aus.

... und der Mittelschnauzer, ein beliebter Gesellschaftshund.

Terrier

Terrier gibt es in England schon seit dem späten Mittelalter. Ursprünglich wurden sie als Jagdhunde auch zum Einsatz unter der Erde gegen Fuchs und Dachs gezüchtet. Es können hochläufige und kurzläufige Rassen unterschieden werden. Zu den hochläufigen Terriern gehören unter anderem der Airedale, Bullterrier, Deutscher Jagdterrier, Kerry Blue, Bedlington und der Foxterrier mit Schulterhöhen von 35 bis 62 cm. Ihr Charakter zeichnet sich durch Temperament und Eigenwilligkeit aus. Der Airedale Terrier als größter Terrier, gilt als besonders zuverlässiger Dienst- und Gebrauchshund.

Der Deutsche Jagdterrier zeichnet sich durch besondere Raubzeugschärfe und Lebhaftigkeit aus. Er wird als reiner Jagdgebrauchshund verwendet. Dem Bullterrier werden unterschiedlichste Eigenschaften nachgesagt. Sicher ist er ein ungewöhn-

Der hochläufige Airedale Terrier ist ein zuverlässiger Gebrauchshund.

Besonderheiten des Hundeverhaltens

Der durch seine ausgeprägte Nasenform auffallende Bullterrier hat entweder Freunde oder Feinde.

lich harter und schmerz-unempfindlicher Wachhund, der an seine Besitzer besondere Anforderungen hinsichtlich konsequenter Erziehung stellt, aber auch in der Familie gehalten wird.

Die kurzläufigen Terrier erreichen nur eine Schulterhöhe von 20 bis 34 cm. Zu ihnen gehören unter anderem Sealyham, Scottish, Cairn und West Highland White Terrier. Diese kleinen lebhaften Gesellen wurden ursprünglich ebenfalls zur Jagd eingesetzt. Sie sind heute aber typische Gesellschaftshunde.

Nordlandhunde

Von allen Hunden stehen die Nordlandhunde dem Wolf in Aussehen und Verhalten am nächsten. Zu ihnen gehören unter anderem Husky, Samojede und Chow-Chow. Es handelt sich um große, kräftig gebaute Tiere mit dichtem, wetterfestem Fell. Sie dienen auch heute noch besonders in nördlichen Gefilden als Schlittenhunde, Hüte- und Wachhunde. Bei uns dagegen werden sie als große Gesellschaftshunde immer beliebter. Ihr Hang zur Selbstständigkeit, die geringe Ausbildungseignung, eine gewisse Unnahbarkeit und Ursprünglichkeit ihres Verhaltensrepertoires zeugen von ihrer nahen Verwandtschaft mit dem

Yorkshire Terrier sind beliebte Gesellschafts- und Schoßhunde.

Rassebesonderheiten und Geschlechtsunterschiede

Der Husky ist ursprünglich ein Schlittenhund. Auch Samojede (rechts unten) und der Chow-Chow (links unten) sind Nordlandhunde.

Wolf. Typisch ist, dass sie für Hunde relativ selten und wenig bellen, dafür aber ausdauernd heulen können. Besonders der Chow-Chow ist ein reservierter ruhiger Wächter, der seiner Familie gegenüber liebenswürdig, aber abweisend gegenüber allen Fremden ist. Er gilt als ausgesprochener Einmannhund.

Besonderheiten des Hundeverhaltens

Doggen

Die Doggenartigen sind eine Gruppe überwiegend groß- und grobknochig gebauter (großrahmiger) Rassen. Zu ihr gehören unter anderem Deutsche Dogge, Hovawart, Deutscher Boxer, Bernhardiner, Neufundländer, Leonberger, Bordeaux-Dogge, aber auch Englische und Französische Bulldogge und der Mops. Sie gehen alle auf schon im Altertum bekannte Molosserhunde zurück, die zum Kampf und zur Großwildhatz eingesetzt wurden. Sie zeigen ausgeprägten Kampftrieb, Mut und Härte, verbunden mit einem gewissen Phlegma und Gutmütigkeit. Besonders Tiere der erstgenannten Rassen zeichnen sich durch gute Führigkeit aus. Sie werden daher gerne als Schutz- und Diensthunde ausgebildet. Sie gelten auch als kinderlieb und kontaktfreudig. Die kleineren Typen einschließlich Boxer sind temperamentvoller. Besonders der unkomplizierte Französische Bulli und der Mops haben ein angenehmes Wesen und sind auch für Hundeanfänger einfach zu halten.

Mit der Deutschen Dogge, hier mit einer Tigerscheckung, verwandt sind der Hovawarth, (links unten) und der Deutsche Boxer (rechts unten).

Hirtenhunde

Die Hirtenhunde, wie Kuvasz, Polnischer Hirtenhund, Pyrenäenberghund, Komondor und Kaukasischer Owtcharka, sind mit den Doggenartigen nahe verwandt. Es handelt sich um großrahmige, starkknochige Tiere mit üppigem Haarwuchs und Hängeohren. Sie sind vor allem zum aktiven Schutz von Viehherden gezüchtet worden. Daher sind ihnen neben einem starken Hüteinstinkt, besondere Schärfe und lebhaftes Temperament zu eigen. In einigen Fällen können diese Eigenschaften zusammen mit mangelnder Unterordnungsbereitschaft zu Problemen führen.

Sennen- und Treibhunde

Zu den Sennen- und Treibhunden werden unter anderem die Berner Sennenhunde, Rottweiler, Appenzeller und Entlebucher Sennhunde gerechnet. Die relativ junge Rassegruppe, hat sich im Laufe des letzten Jahrhunderts aus dem Metzgerhund entwickelt. Dieser hatte die Aufgabe, Vieh zusammenzuhalten und zu treiben. Gedrungener Körperbau mit kräftigen Muskeln, breiter Brust, Hängeohren, schwarze Grundfarbe mit hellen symmetrischen Abzeichen sind typisch für diese Rassegruppe. Es sind lebhafte, bewegliche Hunde, die sich leicht ausbilden lassen. Vor allem der Rottweiler erfreut sich wachsender Beliebtheit als Schutzhund.

Rottweiler (links) und der Berner Sennenhund gehören zu den muskulösen Sennen- und Treibhunden.

Besonderheiten des Hundeverhaltens

Schäferhunde

Die Schäferhunde haben landesabhängig typische Rassevertreter, wie den Deutschen Schäferhund, Belgischer Schäferhund, Tervueren, Berger de Brie, Collie, Bobtail, Sheltie, Puli, Pumi und Welsh Corgie. Sie sind leichter und dadurch beweglicher und ausdauernder als die mit ihnen verwandten Hirtenhunde. Sie zeichnen sich durch mittleres Temperament, große Intelligenz mit hoher Unterordnungsbereitschaft und dadurch sehr gute Ausbildungseignung aus. Besonders der Deutsche Schäferhund hat als der Diensthund par excellence weltweit Verbreitung gefunden. In Deutschland ist er der am häufigsten gehaltene Rassehund. Nicht vernachlässigt werden darf aber seine manchmal hohe Aggressionsbereitschaft und die damit verbundenen Ansprüche an eine konsequente Erziehung.

Der Deutsche Schäferhund ist hierzulande die mit Abstand beliebteste Hunderasse.

Bracken, Schweiß- und Laufhunde

Bei den Bracken, Schweiss- und Laufhunden werden wiederum hochläufige und kurzläufige Rassen unterschieden. Zu den hochläufigen Formen mit 40 bis 69 cm Schulterhöhe werden Bloodhound, Dalmatiner, Foxhound, Beagle, Deutsche Bracke und Bayerischer Gebirgsschweißhund gerechnet. Schon aus dem alten Ägypten gibt es Hundedarstellungen, die diesem Hundetypus des schnellen Jagdhundes entsprechen. Sowohl im Verhalten als auch im Erscheinungsbild sind die Hunde unterschiedlich. Mit Ausnahme des Dalmatiners handelt es sich um Jagdhunde, die mit deutlichem Spurlaut ihre Beute verfolgen. Sie wurden in früheren Jahrhunderten

Der Collie ist ein englischer Schäferhund.

Rassebesonderheiten und Geschlechtsunterschiede

zur Meutejagd eingesetzt. Da sie über Generationen hinweg in der Meute gehalten wurden, ist auch ihre Unterordnungsbereitschaft und soziale Verträglichkeit mit Artgenossen ausgeprägt. Seine teilweise extreme Duldungsbereitschaft hat den Beagle zu der Hunderasse gemacht, die am häufigsten zu Forschungszwecken als Laborhund gehalten wird.

Durch Einkreuzen anderer Rassen (Bullterrier und Greyhound) ist der ausgeprägte Jagdtrieb beim Dalmatiner verschwunden und mehr Wachsamkeit und Schnelligkeit erreicht worden. Er wurde als Wächter für Kutschen und als Reitbegleiter gezüchtet. Seine besonderen Eigenschaften sind die Freude an der Bewegung und die ausgesprochene Menschenfreundlichkeit. Hierdurch wird er zum idealen großen Gesellschaftshund, allerdings mit hohem Bewegungsbedarf.

Zu den kurzläufigen Brackenformen mit 20 bis 38 cm Schulterhöhe gehören Basset, Dachsbracke und Dackel mit seinen Zwergformen. Sie wurden ursprünglich auch zur Jagd auf Fuchs und Dachs entwickelt.

Zu den hochläufigen Bracken, Schweiss- und Laufhunden zählen der Dalmatiner (oben)

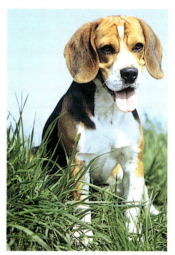

und der Beagle. (links)

Zur Gruppe der kurzläufigen Bracken gehört auch der Langhaardackel.

Besonderheiten des Hundeverhaltens

Typisch ist im Verhalten ein gewisser Hang zur Selbstständigkeit und Eigenwilligkeit. Vor allem der Dackel und seine Zwergformen sind zu beliebten Familienhunden geworden.

Vorstehhunde

Vorstehhunde sind mittelgroße Tiere von buntem Erscheinungsbild mit Hängeohren, die vor allem zur Jagd eingesetzt werden. In den verschiedenen Ländern Europas haben sich unterschiedliche Rassen entwickelt, wie Pointer, Irish Setter, English Setter, Gordon Setter, Deutsch Drahthaar und Kurzhaar, Weimaraner und Kleiner Münsterländer. Typisch für diese Rassegruppe ist ihr Verhalten auf der Jagd. Sie suchen mit gehobener Nase im Gelände nach Wild. Haben sie etwas gewittert, so weisen sie durch „Vorstehen" auf den Standort der Beute hin. Dabei bleiben sie wie erstarrt in angespannter Körperhaltung, mit angehobener Vorderpfote und gerade nach hinten weggestrecktem Schwanz stehen. Diese Verhaltensweise ist angeboren und beruht auf einem Instinktausfall in der Handlungskette des Jagdverhaltens. Die Hunde dieser Gruppe werden auch heute noch überwiegend als Jagdhunde eingesetzt. Sie sind aber auch als angenehme, große Begleit- und Gesellschaftshunde beliebt.

Als Vorstehhund ist der Deutsch Drahthaar der beliebteste Jagdgebrauchshund.

Der Kleine Münsterländer wird häufig auch als Gesellschaftshund gehalten.

Stöber- und Apportierhunde

Zu den Stöber- und Apportierhunden gehören Labrador und Golden Retriever, Springer und Cocker Spaniel, Zwergspaniel, Tibet-Spaniel, Papillon und Pekinese. Dieser Hunde-

Rassebesonderheiten und Geschlechtsunterschiede

gruppe ist ein starker Hang zum Stöbern und Apportieren angeboren. Vor allem die größeren Vertreter werden auch heute noch auf der Jagd zum Apportieren geschossener Vögel eingesetzt. Die Zwergformen wurden bereits seit dem 13. Jahrhundert als kleine Gesellschaftshunde gezüchtet. Man sagt ihnen ein angenehmes, unaufdringliches Temperament und anschmiegsames Wesen mit hoher Intelligenz nach.

Pudel

Die Pudel und Pudelartigen sind als Hundetyp schon seit dem Altertum bekannt. Schon Goethes Dr. Faust sah im Pudel den typischen, nach Gesellschaft des Menschen suchenden Gefährten. Zu den Pudelartigen gehören Groß-, Mittel- und Zwergpudel, Bologneser und Malteser. Ihnen gemeinsam ist krauses Wollhaar oder langes Seidenhaar und die Neigung zum Zwergwuchs. Sprichwörtlich ist ihre Intelligenz und Dressurfähigkeit. Sie binden sich eng an den Menschen und sind in der Regel von freundlichem, lebhaftem Temperament. Diese Eigenschaften ma-

Der Irisch Setter ist ebenfalls ein Vorstehhund (links). Ursprünglich Stöber- und Apportierhunde, aber auch als Gesellschaftshunde beliebt sind die Golden Retriever (rechts) und der Cocker Spaniel (unten links).

Schon seit dem Mittelalter ein beliebter Gefährte des Menschen ist der 'Papillon'...

Besonderheiten des Hundeverhaltens

... sowie der kleine Pudel.

chen sie zu idealen und sehr beliebten Familienhunden. Große Apportierfreudigkeit und gelegentliche Jagdlust zeugen allerdings auch von den Jagdhunden unter ihren Ahnen.

Windhunde

Bei den Windhunden werden je nach Abstammungsgebiet Südliche und Nördliche Windhunde unterschieden. Zu den Südlichen Windhunden zählen der russische Barsoi, Pharaonenhund, Afghane, der arabische Slughi, der persische Saluki und das italienische Windspiel. Vor allem in England entstanden die nördlichen Windhunde, wie Irischer Wolfshund, Deerhound, Greyhound und Whippet.

Die sehr alte Rassegruppe der Windhunde unterscheidet sich in Körperbau und Eigenschaften deutlich von anderen Hunderassen. Darstellungen des Pharaonenhundes können auf 2800 v. Chr. datiert werden. Er gilt damit als die älteste belegte Rassezüchtung. Windhunde wurden zur Hetzjagd gezüchtet. Sie jagen auf Sicht und entwickeln dabei Geschwindigkeiten von bis zu 69 km/Stunde. In Windhundrennen werden diese Fähigkeiten auch heute noch anschaulich zur Schau gestellt.

Südliche Windhunde sind Afghanen (unten links),
und die persischen Salukis (unten rechts).

Rassebesonderheiten und Geschlechtsunterschiede

Der Körperbau der Windhunde ist schmal und leicht mit ausgeprägter Muskulatur. Die Gliedmaßen sind lang und sehnig, mit kleinen geschlossenen Pfoten. Im Wesen sind die Tiere zurückhaltend, ruhig und von fast katzenhafter Unabhängigkeit.

Gibt es „gefährliche Rassen"?

Vor allem von der Regenbogenpresse werden immer wieder so genannte „Kampfhunde" als besonders gefährlich angeprangert. Der Begriff wird dabei willkürlich auf Hunde unterschiedlichster Herkunft angewendet. Unter dem Druck der Medien und der breiten Öffentlichkeit wurden in einigen Bundesländern Hunde bestimmter Rassen offiziell als gefährlich eingestuft und starken Haltungs- und Zuchtbeschränkungen unterworfen. In der bayerischen „Verordnung über Hunde mit gesteigerter Aggressivität und Gefährlichkeit" von 1992 werden hierzu folgende Rassen aufgeführt: American Staffordshire Terrier, Staffordshire Bullterrier, Tosa-Inu, Bullmastiff, Bullterrier, Dogo Argentino, Dogue de Bordeaux, Fila Brasileiro, Mastiff, Mastin Espanol, Mastino Napolitano und Rhodesian Ridgeback und die Kreuzungen Pit-Bull und Bandog. Zahlenmäßig sind diese Hunde bei den eher selteneren Rassen zu finden und in ihrem Auftreten (mit Ausnahme des Rhodesian Ridgeback) rückläufig.

Der Irische Wolfshund erreicht von allen Hunderassen die größte Schulterhöhe.

Einer Reihe von Gutachten nach ist es wissenschaftlich unhaltbar, alle Hunde einer Rasse pauschal als gefährlich zu kategorisieren (Eichelberg 1998, Feddersen-Petersen 1998, Hamann 1998, Unshelm 1998). Innerhalb einer Rasse bestehen zwar ererbte Verhaltensbereitschaften, die aber individuell stark schwanken. Das tatsächliche Verhalten eines Tieres setzt sich aus angeborenen Verhaltensweisen, Umweltreizen und erlerntem Verhalten zusammen. Der Mensch hat durch Aufzucht, Haltung und Dressur einen maßgeblichen Einfluss auf den einzelnen Hund.

Besonderheiten des Hundeverhaltens

Durch gewissenlosen Missbrauch dieser Möglichkeiten können fast alle Hunde so abgerichtet werden, dass sie zur Gefährdung für Menschen und Tier werden. Die Verantwortung dafür liegt beim Menschen und nicht beim Hund.

In groß angelegten wissenschaftlichen Studien wurden Hundefachleute (Tierärzte, Züchter und Trainer) nach den typischen Charaktereigenschaften der häufigsten Hunderassen befragt. In den Vereinigten Staaten führten das Ehepaar Hart 1985 und in England Bradshaw und Mitarbeiter 1996 diese Untersuchungen durch. Für den deutschsprachigen Raum fehlen vergleichbar breit angelegte Untersuchungen noch, werden aber in anderer Form immer öfter durchgeführt (s. Feddersen-Petersen 1998 u.a.). Durch die räumliche Trennung kann man damit rechnen, dass die Ergebnisse voneinander abweichen. In beiden Untersuchungen wurde nach der Ausprägung folgender Eigenschaften gefragt, die drei Kategorien zugeordnet wurden: 1. Aggressivität (bestehend aus Verteidigung des Territoriums, Wachsamkeit, Aggression gegenüber Hunden, Dominanz über Besitzer), 2. Reaktivität oder Temperament (Erregbarkeit, Zuwendungsbedürfnis, allgemeine Aktivität, Schnappen nach Kindern, Kläffen) und 3. Erziehbarkeit (Erziehbarkeit, Stubenreinheit und Unreife). Die Befragungen ergaben rasseabhängige Unterschiede hinsichtlich dieser Charaktereigenschaften. Auf Basis der Ergebnisse wurden die Rassen in Gruppen mit gleichen Eigenschaften geordnet. Diese Gruppierungen entsprechen nur teilweise den Einteilungssystemen der Zuchtverbände. In Bezug auf Aggressivität und Temperament bestehen Übereinstimmungen mit der Gruppierung nach FCI (Fédération Cynologique International) und nach der morphologischen Abstammungslinie. Die englische und die amerikanische Untersuchung lieferten einige abweichende Beurteilungen – eine Bestätigung dafür, dass abhängig vom Zuchtgebiet dieselbe Rasse unterschiedliche Eigenschaften aufweist.

> **Temperament und Aggressivität ist in gewissem Rahmen genetisch festgelegt und kann deshalb auch in verschiedenen Rassen unterschiedlich ausgeprägt sein. Allerdings ist auch erwiesen, dass Umfeld und Zuchtbedingungen einen gravierenden Einfluss ausüben.**

Die folgende Tabelle gibt einen Überblick über die Angriffsbereitschaft einiger Rassen. Sie zeigt die unterschiedliche Einschätzung der Aggressivität. Da in den verschiedenen Ländern die Verteilung der Rassen nicht identisch ist, konnten nicht exakt diesselben Rassen untersucht werden. Weitere Rassen wären in Deutschland von Interesse, wie zum Beispiel Berner Sennenhund, Riesenschnauzer, Altdeutscher Schäferhund, Hovawart und andere in den „Kampfhundelisten" genannte Rassen. Manche Rassen, wie Boxer und Dalmatiner, werden sehr unterschiedlich bewertet. So stehen diese in den USA in der aggressivsten Kategorie, während sie in England zu den friedlichsten Hunden gehören. Von 56 in USA und 49 in England untersuchten Rassen wurden nur 17 (weniger als ein Drittel) hinsichtlich der Aggressivität in beiden Ländern gleich bewertet.

Aggressivität der Hunde verschiedener Rassen (s. Hart u. Hart 1985, Bradshaw et.al. 1996)

Ausmaß der Aggressivität	in USA und UK gleich bewertete Rassen	in USA und United Kingdom unterschiedlich bewertet:	
		in USA	in UK
Rassen mit hoher oder deutlicher Aggressivität	Cairn Terrier, Deutscher Schäferhund, Dobermann, Foxterrier, Rottweiler, West Highland Terrier	Afghane, Airedale Terrier, Bernhardiner, Boxer, Chow-Chow, Chihuahua, Dackel, Dalmatiner, Dogge, Samojede, Scottish Terrier, Sibirian Husky, Zwergschnauzer	Border Collie, Bullterrier, Cocker Spaniel, Jack Russel Terrier, Welsh Corgie
Mittlere Aggressivität	Beagle, Lhasa Apso, Pekinese, Shi Tzu, Standard Pudel, Toy-Pudel, Yorkshire Terrier, Zwergpudel	Cocker Spaniel, Irish Setter, Malteser, Mops, Sheltie, Springer Spaniel, Spitz, Weimaraner, Welsh Corgie	Airedale Terrier, Bobtail, Chow-Chow, Chihuahua, Collie, Dackel, Dogge, Engl. Bulldogge, Papillon, Samojede, Scottish Terrier, Staffordshire Bullterrier, Zwergschnauzer
Geringe bis sehr geringe Aggressivität	Basset, Golden Retriever, Labrador Retriever	Bloodhound, Bobtail, Collie, Deutsch Kurzhaar, Englische Bulldogge, Neufundländer	Boxer, Dalmatiner, Greyhound, Irish Setter, King Charles Spaniel, Sheltie, Springer Spaniel

Besonderheiten des Hundeverhaltens

Die 50 häufigsten Hunderassen in Deutschland

Hunderasse	Tendenz	Welpen geb./ 1998	Welpen/Jahr Mittelwert (1995–1997)	Welpen/Jahr Mittelwert (1992–1994)	Welpen Summe 1992–1998
Dt. Schäferhund	⇓	27834	30144	28126	202643
Teckel	⇓⇓	10479	12219	13875	88760
Dt. Drahthaar	⇓⇓⇓	2849	3555	3450	23863
Pudel	⇓	2844	2981	3203	21397
Rottweiler	⇓⇓	2716	3261	2649	20445
Deutscher Boxer	⇓	2594	2726	2579	18509
Cocker Spaniel	⇓	2212	2390	2409	16608
West Highland White Terrier	⇓⇓⇓	2189	2737	2605	18215
Berner Sennenhund		1640	1682	1314	10628
Dt. Dogge	⇓⇓	1630	1828	1515	11660
Labrador Retriever	⇑⇑⇑⇑	1524	1033	783	6917
Collie	⇓⇓	1508	1754	1803	12178
Riesenschnauzer	⇓⇓⇓	1494	1908	1915	12962
Hovawart		1479	1520	1255	9805
Yorkshire Terrier	⇓⇓⇓	1467	1859	2008	13066
Golden Retriever	⇓⇓	1438	1663	1197	10018
Kl. Münsterländer	⇓	1320	1423	1315	9534
Dobermann	⇓	1312	1418	1329	9554
Deutsch Kurzhaar	⇓	1311	1373	1461	9813
Airedale Terrier	⇓⇓	1235	1467	1343	9663
Dalmatiner	⇓	1199	1273	984	7971
Zwergschnauzer	⇓⇓	1056	1284	1237	8617
Dt. Jagdterrier	⇓	1030	1084	1186	7841
Jack Russel Terrier	⇑⇑⇑	1023	880	282	4507
Neufundländer	⇑	953	894	880	6274
Cairn Terrier	⇓⇓	895	1026	912	6709
Foxterrier Drahthaar	⇓⇓	870	984	952	6678

Rassebesonderheiten und Geschlechtsunterschiede

Hunderasse	Tendenz	Welpen geb./ 1998	Welpen/Jahr Mittelwert (1995–1997)	Welpen/Jahr Mittelwert (1992–1994)	Welpen Summe 1992–1998
Bearded Collie	⇓⇓	838	972	826	6231
Chihuahua	⇓	826	902	1024	6606
King Charles Spaniel	⇑	804	744	593	4814
Leonberger	⇑	799	757	579	4807
Tibet Terrier	⇓⇓	778	960	767	5959
Schnauzer	⇓⇓⇓	732	986	1056	6858
Bernhardiner	⇓⇓	717	872	862	5921
Border Collie	⇑⇑⇑	705	637	400	3817
Sibirian Husky	⇓⇓⇓	665	959	959	6419
Rhodesian Ridgeback	⇑⇑⇑⇑	644	421	257	2731
Am. Staffordshire Terrier	⇓⇓⇓	641	846	620	5038
Berger de Brie		615	639	479	3967
Irish Red Setter	⇓⇓	606	713	730	4936
Deutsch Langhaar	⇑	604	570	667	4315
Beagle	⇑⇑⇑	572	491	375	3169
Shetland Sheepdog	⇓⇓	556	645	624	4364
Dt. Wachtelhund	⇓⇓⇓	545	801	826	5428
Weimaraner	⇑⇑⇑	541	460	334	2923
Welsh Terrier	⇓	533	565	711	4361
Bobtail	⇓⇓⇓	491	596	527	3861
Bullterrier	⇓⇓	476	622	489	3810
Eurasier	⇑⇑⇑	471	330	300	2363
Foxterrier (Glatthaar)	⇓⇓	464	543	533	3692

⇑ ⇓ *Pfeile symbolisieren Zunahme oder Abnahme der Rasse nach Vergleich mit Mittelwert (95–97)*

Im Zuge dieser Erhebungen wurde auch nach Geschlechtsunterschieden im allgemeinen Verhalten gefragt. Rüden und Hündinnen unterscheiden sich in der englischen Untersuchung in allen überprüften Eigenschaften deutlich. Hündinnen werden als unterordnungsbereiter, zuwendungsbedürftiger und leichter stubenrein beschrieben. Rüden werden als geringfügig verspielter bewertet. Alle anderen Eigenschaften, generelle Aktivität, Neigung zu Zerstörungen, Schnappen nach Kindern, Erregbarkeit, andauerndes Kläffen, Wachhundverhalten, territoriale Verteidigung, Dominanz gegenüber Besitzer und Aggression gegenüber anderen Hunden, sind bei Rüden ausgeprägter als bei Hündinnen. In der amerikanischen Untersuchung werden dagegen hinsichtlich Wachhundverhalten, Kläffen und Erregbarkeit keine Geschlechtsunterschiede festgestellt.

In der vorhergehenden tabellarischen Übersicht finden sich die 50 häufigsten Hunderassen in Deutschland. Die Liste wurde erstellt anhand der in den Jahren 1992 bis 1998 geborenen und dem Verband für Deutsches Hundewesen (VDH), dem größten Hundezuchtverband in Deutschland, gemeldeten Welpen. Um die Entwicklung der Popularität der verschiedenen Rassen zu veranschaulichen, wurden die Welpenzahlen des letzten verfügbaren Jahrganges (1998) mit dem Mittelwert der drei Jahre davor verglichen. Die Summe der in den letzten sieben Jahren geborenen Welpen einer Rasse gibt einen Hinweis auf die tatsächlich lebenden Hunde.

Literaturverzeichnis:
- Adams G. J.; K. G. Johnson: „Sleep-wake cycles and other night-time behaviours of the domestic dog Canis familiaris". Appl. Anim. Behav. Sci. **36**, 233–248 (1993).
  Adams G. J.; K. G. Johnson: „Behavioural responses to barking and other auditory stimuli during night-time sleeping and waking in the domestic dog (Canis familiaris)." Appl. Anim. Behav. Sci. **39**, 151–162 (1994).
- Adams G. J.; K. G. Johnson: „Sleep, work, and the effects of shift work in drug detector dogs Canis familiaris." Appl. Anim. Behav. Sci. **41**, 115–126 (1994).
- Aldington, E. H. W.: „Von der Seele des Hundes." Verlag Gollwitzer, Weiden 1986.

- Beach, F. A.: „Coital Behavior in Dogs: VIII. Social Affinity, Dominance and Sexual Preference in the Bitch". Behaviour **36**, 131–148 (1970).
- Beaver, B. V.: „Friendly Communication by the Dog". Vet. Med. Small Anim. Clin. **76**, 647–649 (1981).
- Brummer, H.: „Beobachtungen zum Fluchtverhalten des Hundes". Kleintierpraxis **12**, 82–86 (1967).
- Brunner, F.: „Vergleichende Untersuchung über Instinktverlust bei der Scharrbewegung bei verschiedenen Hunderassen." Kleintierpraxis **4**, 108! (1959).
- Brunner, F.: „Arttypisches und abnorm auftretendes Miktionsverhalten beim Großstadthund." Veterinärmed. Nachr. **1**, 43–47 (1970).
- Brunner, F.: „Der unverstandene Hund." Naturbuch Verlag, Augsburg, 1994, 5. Auflage.
- Dunbar I. F.: „Olfactory Preferences in Dogs: The Response of Male and Female Beagles to Conspecific Odors." Behavioral Biology **20**, 471–481 (1977).
- Eichelberg, H.: „Kampfhunde"? – Gefährliche Hunde?" – Neue wissenschaftliche Gutachten. 4–8, Verband für das Deutsche Hundewesen (VDH) e.V., Dortmund, 1998, 3. Auflage.
- Feddersen-Petersen, D.: „Hundepsychologie: Wesen und Sozialverhalten." Franckh'sche Verlagsanstalt, Stuttgart 1987, 2. Auflage.
- Feddersen-Petersen, D. und F. Ohl: „Ausdrucksverhalten beim Hund". VETspecial. Gustav Fischer Verlag, Jena 1995.
- Feddersen-Petersen, D.: „Kampfhunde"? – Gefährliche Hunde?" – Neue wissenschaftliche Gutachten. 9–18, Verband für das Deutsche Hundewesen (VDH) e.V., Dortmund, 1998, 3. Auflage.
- Fox, M. W. und M. Bekoff: „The Behaviour of Dogs." in „The Behaviour of Domestic Animals." Ed. Hafez E. S. E. Verlag Baillière Tindall, London, 370–409, 1975, 3. Auflage.
- Hamann, W.: „Kampfhunde"? – Gefährliche Hunde?" – Neue wissenschaftliche Gutachten. 9–18, Verband für das Deutsche Hundewesen (VDH) e.V., Dortmund, 1998, 3. Auflage.
- Hart B. L. und L. A. Hart: „Selecting the best companion animal: Breed and gender specific behavioral profiles." J. Am. Vet. Med. Assoc. **186**, 1181–1185 (1985).
- Hart B. L. und L. A. Hart: „Verhaltenstherapie bei Hund und Katze". Enke, Stuttgart, 1991.

- Hassenstein, B.: „Instinkt, Lernen, Spielen, Einsicht". Piper Verlag, München 1980.
- Heffner, H. E.: „Auditory awareness". Appl. Anim. Behav. Sci. **57**, 259–268 (1998).
- Heidenberger, E.: „Untersuchungen zu Verhaltensänderungen von Rüden und Hündinnen nach Kastration." Vet. med. Diss., München 1989.
- Houpt, K. A.: „Effect of Sex and Reproductive Status on Sucrose Preference, Food Intake, and Body Weight of Dogs". J. Am. Vet. Med. Assoc. **174**, 1083–1085 (1979).
- Lemmer, A.: „Beiträge zum Verhalten des Haushundes." Vet. med. Diss., Gießen 1972.
- Lorenz, K.: „Das sogenannte Böse". Borotha-Schoeler Verlag, Wien (1963).
- Ludwig, J.: „Beobachtungen über das Spiel bei Boxern." Z. Tierpsychol. **22**, 813–838 (1965).
- Mahut, H.: „Breed Differences in the Dogs Emontional Behaviour." Canad. J. Psychol. **12**, 35–44 (1958).
- Malm K.: „Regurgitation in relation to weaning in the domestic dog: a questionnaire study." Appl. Anim. Behav. Sci. **43**, 111–122 (1995).
- Malm K. und P. Jensen: „Weaning in dogs: within- and between-litter variation in milk and solid food intake." Appl. Anim. Behav. Sci. **49**, 223–235 (1996).
- Melzack, R.: „Irrational Fears in the Dog." Canad. J. Psychol. **6**, 141–147 (1952).
- Moyer, K. E.: „Kinds of Aggression and their Physiological Basis." Commun. Behav. Biol., Part A 2, 65–85 (1968).
- Roose, U.: „Erhebungen zum Grasfressen beim Hund". Vet. med. Diss., Hannover 1982.
- Ross, S. u. J. G. Ross: „Social Facilitation of Feeding Behavior in Dogs: I. Group and Solitary Feeding." J. Genet. Psycholog. 74, 97–108 (1949).
- Seiferle, E.: „Neue Hundekunde". Müller Verlag, Rüschlikon-Zürich 1960.
- Sprague R. H. und J. J. Anisko: „Elimination Patterns in the Laboratory Beagle". Behaviour **47**, 257–267 (1973).
- Theissen, U.: „Quantitative und vergleichende Untersuchungen zu

- speziellen Verhaltensweisen des Hundes." Vet. med. Diss. , Gießen, 1972.
- Unshelm, J.: „Kampfhunde"? – Gefährliche Hunde?" – Neue wissenschaftliche Gutachten. 19–24, Verband für das Deutsche Hundewesen (VDH) e.V., Dortmund, 1998, 3. Auflage.
- Webster, S. D.: „Being Sensitive to The Sensitive Period." Proceedings of the 1. International Conference on Veterinary Behavioural Medicine, 20–27, Birmingham, (1997).
- Wright, J. C.: „The Effects of Differential Rearing on Exploratory Behavior in Puppies." Appl. Anim. Ethol. **10**, 27–34 (1983).
- Young, C. A.: „Verbal commands as discriminative stimuli in domestic dogs (Canis familiaris)". Appl. Anim. Behav. Sci. **32**, 75–89 (1991).
- Zimen, E.: „Wölfe und Königspudel." Piper Verlag, München 1971.

Die Mensch-Tier-Beziehung

Was bedeutet der Hund für den Menschen und der Mensch für den Hund? Die Mensch-Hund-Beziehung ist uralt. Der Hund ist das älteste Haustier des Menschen, seine Ahnen waren die ersten lebenden Tiere, die unsere steinzeitlichen Vorfahren vor tausenden von Jahren als Haustiere zu sich in ihre Höhle nahmen. Zwischen den beiden Säugetierarten Arten, Mensch und Hund, bestehen grundsätzliche Gemeinsamkeiten. Sowohl der Hund als auch der Mensch sind soziale, also in Gemeinschaften mit Artgenossen lebende Wesen. Dass beide Arten in solcher Nähe miteinander leben können, ist nur aufgrund dessen möglich, weil sie gemeinsame soziale Bedürfnisse haben und einander intuitiv verstehen. Der Hund hatte von Anfang an nicht nur äußere, praktische Funktionen als Jagdhelfer und Wächter, sondern auch eine soziale Bedeutung für den Menschen – er wurde aufgenommen wie ein Familienmitglied.

Die soziale Bedeutung des Hundes als Familienmitglied

Die Haustierwerdung des Hundes begann mit der Zähmung wilder wölfischer Vorfahren. Einzelne Tiere wurden wahrscheinlich als Jungtiere aufgenommen und mit besonders geeigneten Tieren gezielt gezüchtet. Über viele Generationen hinweg erfolgte eine Anpassung an das Zusammenleben mit dem Menschen. Die Domestikation veränderte das Verhaltensrepertoire der Tiere. Unter anderem sind Hunde im Unterschied zu

Die soziale Bedeutung des Hundes als Familienmitglied

Die meisten Hundebesitzer bezeichnen ihren Hund als Familienmitglied. Dies führt häufig leider auch zu problematischer Vermenschlichung des Tieres.

Wölfen sehr viel unterordnungsbereiter. Auch einige Instinkthandlungen sind im Laufe der Haustierwerdung verloren gegangen. So ist beispielsweise die angeborene Menschenscheu des Wildtieres verschwunden. Das Verhaltensrepertoire des Hundes ist insgesamt bruchstückhafter als das des Wolfes. Einige Handlungsketten laufen nur unvollständig oder mit Lücken ab. Daraus ergibt sich zum Beispiel ein schlechteres Jagdgeschick, was den Hund wiederum essentiell abhängiger vom Menschen machte. Sein Wesen bleibt zeitlebens jugendlich verspielt. Der Hund diente dem Menschen schon zu Urzeiten sowohl als Gesellschafter und Spielkamerad als auch als Gefährte auf der Jagd und zuverlässiger Wächter.

Profil eines Hundebesitzers

Inzwischen (1996) leben in Deutschland rund 5,1 Millionen Hunde. In etwa jedem achten Haushalt werden Hunde gehalten, am häufigsten in Familien mit Kindern, am seltensten in Single-Haushalten. Nur 5% der Hundebesitzer halten gleichzeitig mehrere Hunde. Eine von Bergler analysierte repräsentative Bevölkerungsumfrage in der BRD 1984 ergab besondere demografische Merkmale für den typischen Hundebesitzer. Im Vergleich zu Befragten mit anderen Tieren oder Nicht-Tierbesitzern sind Hundebesitzer etwas jünger, haben ein höheres Ausbildungsniveau und ein höheres Einkommen. Sie gehören häufiger der gehobenen Mittelschicht oder der Oberschicht an. Nach ihrer emotionalen Einstellung zu ihrem Hund können Hundebesitzer in drei verschiedene Grundtypen eingeteilt werden: Die erste, größte Gruppe bilden die Hundehalter, die in dem Tier ein vollwertiges Familienmitglied sehen. Sie bauen eine starke und gleichbleibend intensive Beziehung zu ihrem Hund auf, die auch von deutlichen Vermenschlichungstendenzen geprägt ist. Die zweite Gruppe sieht den Hund als Partner, vermenschlicht ihn aber nicht. Die dritte Gruppe ordnet den Hund den eigenen Interessen deutlich unter. Eine intensive emotionale Beziehung wird nicht aufgebaut.

„Vermenschlichung" des Hundes

Je nach Art der Umfrage bezeichnen 80–99 Prozent der Hundehalter ihren Hund als Familienmitglied. Biologisch gesehen sind bei sozial lebenden Wesen der Aufbau einer Bindung und damit verknüpfte Verhaltensweisen angeboren. Die gesellige Lebensweise verschafft den Individuen Überlebensvorteile. Durch das gegenseitige Gefühl der Bindung werden die Einzelwesen in einer Gruppe zusammengehalten. Der Haushund lebt so eng mit dem Menschen zusammen, dass er ihm gegenüber ein Sozialverhalten wie gegenüber Artgenossen zeigt. Das heißt, Hunde behandeln Menschen so, als ob sie Hunde wären. Umgekehrt werden auch beim Besitzer durch die ständige Nähe, Abhängigkeit, Berührung, Zuwendung und Freude am „Hundekameraden" Bindungsmechanismen aktiviert. Dies führt von Seiten des Menschen zu Vermenschlichungstendenzen des Haushundes.

> Die enge Beziehung birgt Fallstricke: Während der Hund den Menschen als Artgenossen und Rudelmitglied behandelt – mit allen entsprechenden Konsequenzen, betrachtet der Mensch seinen Hund oft als gleichberechtigten Kameraden.

Einige Hunderassen zeigen dem Kindchenschema entsprechende Körperformen, wie runder Kopf mit großen Augen und kurzen Gliedmaßen und kindliches Verhalten. Viele Hundebesitzer bestätigen auch, dass sie ihrem Hund gegenüber Gefühle empfinden, wie man sie ähnlich einem Kind entgegenbringt. Sichtbar wird dieses Phänomen in der „Babysprache", die manchmal kleinen Hunden gegenüber verwendet wird. Die starke Bindung drückt sich außerdem in einem hohen Verantwortungsgefühl dem Tier gegenüber und starker Trauer bei dessen Verlust aus. Viele Besitzer reden regelmäßig mit ihrem Hund und fühlen sich auch verstanden. Über die Hälfte der Hundehalter erlauben ihrem Tier zumindest gelegentlich, wenn nicht regelmäßig in ihrem Bett zu schlafen.

Die soziale Bedeutung des Hundes als Familienmitglied

Mensch-Hund-Beziehung mit Problemen
Menschen mit einer weniger starken Bindung zu ihrem Haushund sind häufiger mit seinem Verhalten unzufrieden. Sie sehen ihre Idealvorstellungen von einem Hund in ihrem eigenen Tier nicht verwirklicht. Solche Menschen neigen eher dazu, ihre Tiere auszusetzen, in Tierheimen abzugeben oder wegen Fehlverhaltens einschläfern zu lassen. Sie profitieren auch weniger von deren Gesellschaft. Es gibt einen wechselseitigen Zusammenhang zwischen dem Verhalten des Hundes und der Enge der Beziehung. Falsche Erwartungen oder mangelnde Kenntnisse vom Verhalten des Hundes führen zu Störungen in der Mensch-Tier-Beziehung. Als Folge macht der Mensch den Hund für Probleme verantwortlich und will ihn loswerden. Als häufigste Gründe dafür, einen Hund wegzugeben, werden Verhaltensprobleme angeführt. Das Tier macht zu viel Arbeit, benötigt Zeit und kostet Geld. Weitere Argumente sind Umzug, Krankheit des Besitzers oder des Tieres.

In den letzten Jahren haben traurigerweise die Fälle von Tierquälerei zugenommen. Hunde werden vernachlässigt, geschlagen oder anderweitig gequält. Männer sind doppelt so oft die Täter wie Frauen. Persönliche Krisen, Arbeitslosigkeit und Alkoholeinfluss spielen dabei eine Rolle. Gewaltverbrecher und Kinderschänder fallen häufig bereits vor dem Verbrechen am Menschen als Tierquäler auf.

Bei einer innigen Beziehung zwischen Hund und Besitzer/-in, trägt der Hund wesentlich zu Lebensqualität und Wohlbefinden bei.

Erfüllte Beziehung zwischen Mensch und Hund
Bei einer engen emotionalen Bindung dagegen ist mehr Toleranz gegenüber dem Verhalten des Hundes gegeben. Zwischen Mensch und Hund besteht ein Verhältnis der wechselseitigen Beeinflussung. Nach Untersuchungen des Psychologen R. Bergler (1986) werden Tiere durch ihre Besitzer und auch umgekehrt die Besitzer durch ihre Tiere geprägt und verändert. Bei einer guten Beziehung leistet der Hund einen wesentlichen Beitrag zur Befriedigung zentraler mensch-

licher Bedürfnisse, für Lebensqualität und Wohlbefinden. Hundebesitzer nennen eine ganze Reihe Vorteile der Hundehaltung: Geselligkeit, soziale Anregung, Kommunikation, gesundheitliche Prophylaxe, Schutz und Erfolgserleben, Lebensfreude, Verständnis und Dankbarkeit, emotionale Zuneigung, Sympathie, Erziehungshilfe, Prestige, Vermittlung mitmenschlicher Kontakte und einen geordneten Tagesablauf. Diese Faktoren sind die Grundlage für eine tiefe emotionale Bindung zum Haustier.

Der Hund – ein Stück Selbstidentifikation
Wenn Hundebesitzer ihre Tiere beschreiben, verwenden sie dafür soziale Charaktereigenschaften, wie sie allgemein im menschlichen Umgang miteinander wünschenswert sind. Solche spontan genannten Eigenschaften eines Hundes sind beispielsweise Treue, Anhänglichkeit, Gelehrigkeit, Klugheit, Respekt und Anerkennung, Verständigkeit, Folgsamkeit, Freude über den Besitzer, Verantwortlichkeitsgefühl, guter Charakter, Dankbarkeit und Verschmustheit. Aus psychologischer Sicht sprechen diese Beschreibungen des eigenen Hundes dafür, dass damit auch immer ein Stück Selbstbeschreibung gegeben wird.

> Wie komplex und verwoben die Beziehung zwischen Hund und Mensch ist zeigt eine Studie: In 63 Prozent der Fälle ergab sich eine annähernde Übereinstimmung der untersuchten Charaktereigenschaften von Hund und Besitzer.

Schon der Volksmund weist auf typische Gemeinsamkeiten hin. „Wie der Herr, so der Hund!", gilt als Binsenweisheit. Auch aus Sicht des praktischen Tierarztes ist der Hund seinem Besitzer in vielen Charaktereigenschaften und im Temperament erstaunlich ähnlich. Erklärt wird dieses Phänomen zum Teil damit, dass der Hund sich an der ranghöchsten Person in der Familie orientiert und von ihr eine Reihe von Verhaltensstrategien übernimmt.

Um dies genauer zu untersuchen, verglich Brunner (1960) in 212 Fällen die auffälligsten Eigenschaften des Besitzers mit denen seines Hundes. Hierzu zog er eigene Beobachtungen von Herr und Hund zu Hause, auf der Straße und in der Tierarztpraxis heran. Dabei wurden folgende Merkmale von Herr und Hund gleichgesetzt: lebhaft, mutig beim Hund = lebhaft, freundlich und gesprächig beim Besitzer; lebhaft, verspielt = gesprächig, temperamentvoll; kokett = kokett; lebhaft, ängstlich = gesprächig, ängstlich; nervös, schreckhaft = nervös, unstet; aggressiv, scharf = arrogant, abweisend; stur, frech, Raufer = primitiv, frech; Kläffer, bösartig, griesgrämig = misstrauisch, ängstlich; ruhig, ängstlich = ruhig, ängstlich; ruhig, diszipliniert = ruhig, diszipliniert. In 96 Fällen (45 Prozent von 212) bestand eine völlige und in weiteren 38 Fällen (18 Prozent) eine annähernde Übereinstimmung der untersuchten Charaktereigenschaften.

Auch auf Spaziergängen in Parks, auf der Straße und besonders auf Hundeausstellungen lassen sich immer wieder verblüffende Übereinstimmungen zwischen Hund und Herrn beobachten. Witzige äußerliche Angleichungen von Haartracht und Kleidung, wie der wollige Bobtail mit dem barttragenden Herrchen in der Zotteljacke, die elegante Dame mit dem Windhund oder das Pärchen in Tracht mit seinen Dackeln sind am augenfälligsten. Auch Ernährungsprobleme scheinen Herrchen und Hund zu teilen: So gehören denn die meisten dicken Hunde auch übergewichtigen Besitzern. Die Art und Weise, wie man sich selbst ernährt, wird auf den Hund übertragen.

Hunde passen sich ihren Besitzern an. Selbst ausgewachsene, ältere Tiere aus Tierheimen sind sehr flexibel und ordnen sich problemlos erstaunlich gut in eine neue Familie ein. Voraussetzung ist, dass bei der Vermittlung eines erwachsenen Hundes ein detailliertes Beratungsgespräch stattfindet. Bei der Auswahl des Tieres sind besonders die Vorstellungen der Interessenten und die Eigenschaften der in Frage kommenden Tiere sorgfältig aufeinander abzustimmen. Vergleicht man die Wünsche der Leute, die in einem Tierheim nach einem neuen Hund suchen, mit dem späteren Verhalten der adoptierten Tiere, so lässt sich eine hohe Übereinstimmung feststellen. Diese wird durch eine Mischung aus gezielter Auswahl geeigneter Hunde und durch

Gemeinsamkeiten in der Körpersprache erleichtern die Verständigung. Hier weist der Junge den Hund zurecht. Er beugt sich dabei dominant über ihn und starrt ihn an. Der Hund legt sich unterwürfig auf den Rücken – die „Mitteilungen" sind angekommen.

die außerordentliche Anpassungsfähigkeit der Tiere an neue Situationen erreicht. Kennzeichnend hierfür ist, dass rund 90% der neuen Besitzer ehemaliger Tierheimhunde bereits nach zwei Monaten die Tiere als anhänglich oder sogar sehr anhänglich bezeichnen.

Gemeinsame Basis: die Körpersprache

Das enge Zusammenleben von Mensch und Hund wird nur durch Gemeinsamkeiten in der Körpersprache möglich. Das unwillkürliche Verständnis beruht auf grundlegend ähnlichen, angeborenen Ausdruckselementen. Besonders Hunde, die unter Menschen aufgewachsen sind, lernen leicht und differenziert, die menschliche unbewusste Körpersprache, einschließlich Mimik und geruchlicher Hinweise, zu verstehen. Die gesprochene Sprache dagegen und der Wortsinn spielen für Hunde nur eine untergeordnete Rolle. Sowohl beim Menschen als auch beim Hund wird beispielsweise ein hoher Sozialrang durch Imponierverhalten in Form aufrechter Haltung, selbstbewussten Blickkontakts und dem Versuch, möglichst groß zu erscheinen, deutlich gemacht. Aggression äußert sich unter anderem durch starren Blickkontakt, zusammengepresste Lippen und heftige Lautäußerungen. Unterwürfigkeit wird durch Kleinermachen und ausweichenden Blick signalisiert. Spielbereitschaft zeigt sich durch entspannte Körperhaltung, kurzen Blickkontakt, offenen Mund und lebhafte Bewegungen.

> Mensch und Hund sind sich in ihrer nonverbalen, also der körperlichen Kommunikation sehr ähnlich. Allerdings fällt es dem Hund viel leichter als dem Menschen, Körpersprache, Mimik und Geruch seines Gegenübers nahezu perfekt zu verstehen.

Hunde sind in ihrer Deutung des menschlichen Ausdrucks meist so perfekt, dass ihre Besitzer den Eindruck bekommen, sie könnten Gedanken lesen. Umgekehrt trifft dies leider weniger zu. Hundeverhalten wird besonders von Nicht-Hundebesitzern häufig fehlinterpretiert und führt dann zur Ablehnung der Tiere. Beispielsweise wird das spielerische Hochspringen oder aufdringliches Futterbetteln als Aggression missdeutet. Unterwürfige Reaktionen, wie Ausweichen beim Anleinen, werden nicht verstanden, Imponierverhalten missachtet oder die Individualdistanz nicht respektiert. Wissensdefizite bezüglich tiergerechter Hundehaltung können unerwünschte Verhaltensweisen der Heimtiere nach sich ziehen. Auch Vermenschlichung des Hundes führt leicht zu Fehlinterpretationen seines Verhaltens. Ein Hund handelt immer unmittelbar in der Gegenwart. Er tut nichts, nur um zum Beispiel seinen Besitzer zu ärgern oder weil er beleidigt ist. Das sind menschliche Verhaltensstrategien! Wesentlich für den Hundebesitzer ist, dass der Hund eine soziale Rangordnung, aber keine Gleichberechtigung in seinem „Rudel" erwartet. Findet er keine klar erkenntliche Leitfigur vor, so wird er selbst versuchen, die Rudelführung zu übernehmen – übrigens die am häufigsten auftretende Problematik in der Hundehaltung, auf die aber im zweiten Teil dieses Buches noch ausführlich eingegangen wird.

Kinder und Hunde

Kinder und Hunde haben ein ganz besonders enges Verhältnis. Sie fühlen sich unwillkürlich voneinander angezogen, stehen sich gefühlsmäßig sehr nahe und akzeptieren sich als Gefährten. Dafür sind ähnliche Neigungen, Interessen und Probleme verantwortlich. So haben beide einen hohen Bedarf an Zuwendung und sind körperlich abhängig von erwachsenen Menschen. Sie spielen gerne und viel. Sie messen ihre Kräfte und lieben es, ihre Umwelt zu erkunden – und werden wegen

Kinder und Hunde fühlen sich unwillkürlich zueinander hingezogen.

ähnlicher Verhaltensweisen zurechtgewiesen, wie Ungehorsam, Lärm, Verschmutzung oder Zerstörung von Gegenständen. Der Hund wird von Kindern ebenfalls als schutz- und pflegebedürftig erlebt.

Der Hund als Freund und Spielgefährte

Im Rahmen seiner Dissertation untersuchte N. Rehm (1993) das Zusammenleben von Kind und Hund in der Familie. Seinen Beobachtungen zufolge sind die Beziehungen von Kindern und Hunden durch sehr große Nähe gekennzeichnet. Deutlich wird dies beispielsweise an den häufigen körperlichen Kontakten. Der Hund gilt als Vertrauter. Kinder kennen seine individuellen Eigenarten und körperlichen Fähigkeiten genau. Sie respektieren ihren Hund in der Regel, fürchten ihn aber nicht. Abhängig vom Alter des Kindes verändert sich seine Beziehung zum Hund. Im ersten Lebensjahr des Kindes sind Anschauen, Anfassen und Streicheln die wesentlichen Kontaktmöglichkeiten. Im zweiten Lebensjahr wird der Hund auch zum Kommunikationspartner. Er wird gerufen und gefüttert und als Individuum mit eigenem Willen erlebt. So wird er Spielgefährte, Vertrauter und manchmal sogar Geschwister-Ersatz.

Probleme in der Beziehung zwischen Kind und Hund gibt es immer dann, wenn sich das Kind, das vom Hund bisher als schutzbedürftiges Jungtier betrachtet wurde, anfängt zu entwickeln und den Hund instinktiv in eine rangtiefere Position drängt.

Rangordnung zwischen Hund und Kind

Der Hund seinerseits erlebt Kleinkinder wie Welpen, die noch außerhalb einer Rangordnung stehen. Mit dem Schuleintritt öffnet sich dann die Welt des Kindes nach außen, während der Hund Familienmitglied und auf diese soziale Gruppe konzentriert bleibt. Er ist ein immer verfügbarer Freund, der für jede Zuwendung dankbar ist. Seine Betreuung fördert das Selbstbewusstsein und Verantwortungsgefühl. Kinder beginnen in diesem Alter den Hund aktiv selbst zu erziehen. Sie verschaffen sich als ranghöhere „Rudelmitglieder" Geltung, Hunde allerdings sehen Kinder häufig als ranggleiche Spielgefährten. Kinder testen sehr genau aus, wie weit sie bei einem Hund gehen können. In dieser Phase besteht durchaus die Gefahr von Rangordnungskämpfen. Bei mangelnder Aufsicht kann es auch durchaus dazu kommen, dass die Kinder den Hund drangsalieren. Daher müssen die Erziehungsberechtigten kontrollieren, wie sich der Umgang und die Beziehung zwischen Kindern und Hund gestaltet und entwickelt.

Der Hund als Erziehungsfaktor

Ein Jugendlicher spielt mit seinem Bobtail am Strand. Der Hund wird als verlässlicher und kritikloser Gefährte erlebt.

90 Prozent der hundehaltenden Eltern betrachten den Hund als wichtigen Miterzieher ihrer Kinder, der die kindliche Lebensqualität wesentlich prägt. Der Hund hilft ihrer Ansicht nach, den Kindern Sozialverhalten, Verantwortungsgefühl und Naturverständnis zu vermitteln. Die emotionale Entwicklung und seelische Ausgeglichenheit des Kindes wird gefördert, weil der Hund als beständiger, selbstloser Kamerad erlebt wird. Besonders in Krisen ist er aufmerksamer Zuhörer und Tröster. Er wird dadurch zum Konfliktlöser. Geduld und Toleranz sowie Beobachtungsvermögen und Sensibilität für die Gefühle anderer werden erlernt. Indem die Kinder Teile der Hundebetreuung übernehmen – natürlich immer unter Anleitung der Eltern –, wächst und entwickelt sich ihr Selbstbewusstsein. Auf Spaziergängen erleben sie Natur und Gemeinschaft. Die Kinder lernen, auf das Verhalten und die Reaktion anderer Lebewesen zu achten. Streicheln und Fellpflege spricht den Tastsinn und das Bedürfnis nach Körperkontakt an. Notwendige Hygienemaßnahmen, wie Händewaschen vor dem Essen, werden in tierhaltenden Familien oft bewusster und deshalb wesentlich konsequenter durchgeführt. Insgesamt bietet der Umgang mit dem Hund den Kindern Anregung zu verschiedensten Aktivitäten und lässt sie ihre Zeit sinnvoll gestalten.

Katalysator für Selbstbewusstsein und Gefühlsleben

Auch Elizabeth Paul (1993 und 1996) untersuchte die besondere Beziehung von Kindern und Hunden und ihre Auswirkungen auf das Erwachsenendasein. Sie fand, dass Kinder im ersten Monat nach Anschaffung eines Hundes häufiger von ihren Freunden besucht werden. Familien mit neu erworbenen Hunden gehen in dieser Zeit häufiger gemeinsamen Freizeitbeschäftigungen nach. Die weitere Entwicklung hängt stark von der Qualität der Beziehung zum Hund ab. Im gleichen Maß wie die Intensität der Beziehung zunimmt, verändert sich auch das Selbstbewusstsein der Kinder positiv. Auch in traurigen Situationen hilft der Umgang mit dem Hund den Kindern dabei, sich ihrer Gefühle nicht nur bewusst zu werden, sondern sie dann auch zu zeigen. Damit hat er fast die Funktion eines Katalysators oder Verstärkers. In einer guten Beziehung wird er zum Vertrauten, er hilft den Kindern, Probleme besser zu bewältigen, und stärkt so ihr Selbstvertrauen.

Soziale Prägung fürs ganze Leben

Personen, die bereits als Kind in der Familie ein Haustier hatten, haben auch als Erwachsene ein besonderes Verständnis für Hunde und Katzen. Sie beschreiben das Verhalten der Tiere häufiger mit einem Vokabular, das auch für menschliche Gefühle und Wünsche verwendet wird, und betrachten einen Hund ganz selbstverständlich als Lebewesen und nicht als Sache. Sie befinden sich nicht in rationaler Distanz zum Tier, sondern nehmen seine Bedürfnisse wie die eines Menschen wahr. Erwachsene, die sich sozial stark engagieren, hatten in ihrer Kindheit häufig ein oder mehrere Tiere im Haus. Kindheitserfahrungen mit Tieren führen allgemein zu einem höheren Verantwortungsbewusstsein, Einfühlungsvermögen und Mitleidsfähigkeit. Die vermehrte Anteilnahme gilt nicht nur Haustieren, sondern auch anderen Tieren und auch Menschen. Solcherart vorgeprägte Erwachsene sind häufiger Mitglied in Tierschutz- und Umweltschutzorganisationen oder leben als Vegetarier.

> Im Umgang mit dem Hund werden auch Kinder „sozialisiert". Sie lernen nicht nur Verantwortung zu übernehmen und fürsorglich zu sein. Auch Kontaktfähigkeit, Ausdruck von Gefühlen, Verständnis für einen anderen und eine sensible Beobachtungsgabe wird geschult.

Das Aufwachsen mit einem Hund schult außerdem das Verstehen und Deuten des unbewussten Ausdrucksverhaltens anderer Menschen, wie der Mimik und Gestik. Hundehalter zeichnen sich durch ein deutlich besseres Beobachtungs- und Verständnisvermögen der Körpersprache ihrer Mitmenschen aus. Davon profitieren soziale Integrations- und Kontaktfähigkeit. So werden unter Schulkindern Hundebesitzer häufiger als Spielgefährten ausgewählt; unbewusst haben sie mehr Einfühlungsvermögen und Verständnis für ihre Kameraden entwickelt, infolgedessen werden sie bevorzugt, sind beliebt und stehen häufig im Mittelpunkt.

Die Bedeutung des Hundes für die körperliche und psychische Gesundheit

Der gesundheitliche Aspekt des Hundes für den Menschen ist lange unterschätzt, geleugnet oder falsch bewertet worden. In den letzten Jahren gibt es eine steigende Anzahl von wissenschaftlichen Untersuchungen über den positiven Effekt der Hundehaltung auf die menschliche Gesundheit. Aus der Sicht ihrer Besitzer tragen Hunde allgemein zu einer Verbesserung der Lebensqualität bei – ein Umstand, aus dem sich zahlreiche Argumente ergeben, die für eine Haltung von Haustieren, speziell Hunden, sprechen. Denn eine hohe Lebensqualität bedeutet gute Gesundheit.

Gesundheitstipp „Hund"

Hunde beugen Krankheiten vor. Ganz direkt bewirkt die Haltung eines Hundes mehr körperliche Bewegung: Jeden Tag eine gewisse Strecke zu Fuß zu gehen, gilt in der Medizin allgemein als gesundheitsfördernd. Ein Hund muss jeden Tag mehrmals ausgeführt werden, er „zwingt" seinen Besitzer sozusagen automatisch zu mehr Bewegung, die ihrerseits Übergewicht und Depressionen vorbeugt. Der Beweis hierfür ist, dass Tierbesitzer ihren Arzt seltener aufsuchen als Nicht-Tierbesitzer. Insbesondere Probleme mit Bluthochdruck und erhöhtem Cholesterinspiegel sind bei ihnen seltener. Dementsprechend ist auch der Medikamentenverbrauch geringer. Vor allem in den ersten Monaten nach Erwerb eines Haustiers fällt auf, dass die Haustierbesitzer wesentlich weniger infektanfällig sind als Nicht-Haustierbesitzer.

Hunde wirken als Stressblocker. Übermäßiger, vor allem nicht kalkulierbarer und damit ungesunder Stress führt zu einer allgemeinen

Der regelmäßige Spaziergang mit dem Hund fördert die körperliche und psychische Verfassung und trägt zur Lebensqualität bei.

Die Mensch-Tier-Beziehung

Abwehrschwäche. In Stress-Situationen wenden sich Hundebesitzer besonders häufig ihrem Tier zu und streicheln es – allein das Gefühl, den Hund zu streicheln, wirkt beruhigend und dem Stress entgegen, der Blutdruck sinkt und krankheitsprovozierende Spannungen lassen nach.

Höhere Lebenserwartung bei Herzpatienten

Heimtierhaltung erhöht sogar die Überlebenschancen bei Herzerkrankungen. Eine Pionierin auf dem Forschungsgebiet der Mensch-Tier-Beziehungen und ihrer Auswirkungen auf die menschliche Gesundheit ist Erika Friedmann. Sie führte in den siebziger Jahren in den USA eine Studie zur Auswirkung der Heimtierhaltung auf die Überlebenschancen nach Herzkranzgefäß-Erkrankungen durch. Sie untersuchte dazu Patienten mit Angina pectoris und Herzinfarkt. Die Betroffenen wurden in der Klinik und ein Jahr nach ihrer Entlassung zu Hause befragt. Die Autorin sammelte umfangreiche Daten zur gesundheitlichen und sozialen Situation, wobei ein Aspekt des ausführlichen Fragebogens die Heimtierhaltung war. Ausgangspunkt der Untersuchung war unter anderem die Feststellung, dass alleinlebende Personen eine höhere Sterblichkeit aufweisen. Gesellschaftliche Faktoren, wie fehlende soziale Anerkennung, sind an der Entstehung von Herzkranzgefäß-Erkrankungen mit beteiligt. Da Heimtiere wie Menschen als Sozialpartner angesehen werden, wurde ihre Haltung in die Untersuchung mit einbezogen. Ein Jahr nach der Einlieferung in die Klinik waren 78 Patienten noch am Leben und 14 verstorben. Dabei starben von den Patienten ohne Tiere fast ein Drittel, aber nur 3 von 53 Haustierbesitzern. Hundebesitzer wie auch andere Tierhalter haben also eine deutlich höhere Überlebenschance nach Herzinfarkt. Eine Reihe

Hunde wirken als Stressblocker. Ihre Gegenwart und der Berührungskontakt sind beruhigend und blutdrucksenkend.

Die Bedeutung des Hundes für die körperliche und psychische Gesundheit

weiterer sozialer Merkmale wurde ebenfalls auf Zusammenhänge mit der Überlebensrate untersucht: beispielsweise ob alleinstehend oder verheiratet, Anzahl der Gesprächspartner pro Tag, Häufigkeit des Kontaktes mit Nachbarn oder Teilnahme an Gemeinschaftsaktivitäten. Keines dieser Kennzeichen sozialen Kontaktverhaltens hatte jedoch einen so deutlichen Einfluss auf die Überlebensrate wie der Besitz eines Haustieres.

Der positive Effekt der Tierhaltung beruht nicht allein auf der vorbeugenden Wirkung der körperlichen Aktivität durch Spazierengehen, die für die Haltung und Pflege eines Hundes erforderlich ist. Auch Besitzer anderer Haustierarten weisen eine höhere Überlebensrate nach Herzinfarkt auf. Heimtierhaltung ist auch nicht nur reiner Ersatz für zwischenmenschliche Beziehungen, da sich ihr positiver Effekt nicht nur bei zurückgezogen lebenden Menschen zeigt. Eine wahrscheinliche Hypothese ist, dass Tierbesitzer eine stärkere Neigung zu körperlicher Nähe, Gesprächen und freundschaftlichen Beziehungen haben. Der Wunsch nach Bindungen bringt Menschen dazu, sich Haustiere anzuschaffen. Auch grundlegende Unterschiede in der Persönlichkeit von Tierbesitzern und Nicht-Tierbesitzern können ursprünglich für die unterschiedliche Überlebensrate verantwortlich sein.

> Nicht nur weil sie sich zwangsläufig körperlich mehr und regelmäßig betätigen, sind Hundebesitzer gesünder. Das Leben mit einem Hund gewährleistet auch, dass die sozialen und emotionalen Bedürfnisse eher befriedigt werden.

Die soziale Situation von Hundebesitzern ist häufig besser als die von Nicht-Tierhaltern. Merkmale, wie höheres Einkommen, Leben in ländlicher Umgebung, relative Konstanz der Lebensumstände, Besitz eines Hauses und Vorhandensein einer Familie, stehen ebenfalls in Zusammenhang mit einer besseren Gesundheit. Da dieselben Merkmale auch typische Charakteristika von Haustierbesitzern sind, könnte diese Verknüpfung bedeuten, dass der Besitz eines Haustieres eher der Ausdruck einer guten Lebenssituation ist, aber nicht unbedingt die direkte Ursache einer besseren Gesundheit.

Der Faktor „Psyche"

Die gesundheitsfördernden Vorteile der Hundehaltung umfassen auch den psychischen Aspekt der Mensch-Tier-Beziehung. Der Hund trägt zur sozialen Anerkennung des Besitzers bei. In ihrem Ungleichgewicht hat

Die Mensch-Tier-Beziehung

die Hund-Besitzer-Beziehung Ähnlichkeit mit der Eltern-Kind-Beziehung. Ein Partner ist verantwortlich und überlegen. Er wird von dem anderen auch rückhaltlos anerkannt. Das Gefühl, geliebt zu werden, schenkt emotionale Anerkennung, die ein wichtiger Bestandteil der sozialen Anerkennung ist. Hunde stärken so das Selbstwertgefühl ihrer Besitzer. Sie geben der Person das Gefühl kompetent und wichtig zu sein. Der Hundebesitzer wird gebraucht, ja ist sogar lebenswichtig für das Tier. Hunde zeigen bedingungslose Zuneigung. Dadurch sind sie sicherere Kameraden und Sozialpartner als Menschen. Die soziale Anerkennung durch den Hund ist verlässlich, da sie nicht an Bedingungen geknüpft wird. Sie wird nicht durch Zeigen eigener Schwächen, Gefühle oder Forderungen zerstört. Besonders in Zeiten von Belastungen, wie Trauer oder Krankheit, kann die soziale Unterstützung durch den Hund Stress verringern und damit die Gesundheit erhalten oder fördern.

Der Faktor „Sozialkontakte"

Hunde schlagen auch Brücken zu anderen Menschen, indem sie die soziale Kontaktaufnahme erleichtern. Besonders in großstädtischer Umgebung, die von anonymem Nebeneinanderleben geprägt ist, fördern Hunde die zwischenmenschliche Kommunikation. Damit beugen sie der Vereinsamung alleinstehender Menschen vor. Hunde fungieren sozusagen als soziale Katalysatoren. Die Hemmschwelle, auf andere Leute zuzugehen, sinkt, wenn diese sich in Begleitung eines Tieres befinden. Hunde sind ein sicheres, neutrales Thema, das den Beginn einer Unterhaltung erleichtert. Orte und Situationen werden in der Anwesenheit eines Tieres als angenehmer und weniger bedrohlich empfunden. Insbesondere Menschen mit Behinderungen werden häufiger gegrüßt oder angesprochen, wenn sie von einem Hund begleitet werden. Dabei steht das Thema Hund und nicht die Behinderung im Vordergrund. Die Gegenwart eines Hundes hilft generell, das Eis zu brechen und einen ersten Kontakt mit Fremden herzustellen.

Hundehaltung führt zu sinnvoller Beschäftigung und sozialer Anerkennung und damit zu Zufriedenheit.

Hunde als Sozialtherapeuten, Behinderten- und Blindenhunde

In den Vereinigten Staaten, England und Australien hat man damit begonnen, Hunde als Besuchshunde in Pflege- und Altenheimen, Schulen und Krankenhäusern einzusetzen. Die Hunde begleiten unter anderem Sozialarbeiter oder Krankenpfleger bei ihren Klientenbesuchen. Sie erleichtern die soziale und emotionale Kontaktaufnahme mit den Patienten. Haustiere in Altenheimen liefern Gesprächsstoff und regen Unterhaltungen an. In ihrer Gegenwart wird häufiger gelächelt. Besuchshunde führen insgesamt zu vermehrten Kontakten zwischen den Heimbewohnern. Freundschaften bilden sich, Einsamkeit und Isolation werden reduziert. Allgemein herrscht ein besseres Gemeinschaftsklima unter den Bewohnern. Hunde wirken auch hier als positive soziale Katalysatoren.

Vor allem für ältere und vielleicht einsame Menschen wird der Hund so zum positiven Sozialelement.

Der Hund als Begleiter im Alter

Eine Untersuchung von Crowley-Robinson (1996) in drei Alten- und Pflegeheimen befasste sich mit der Auswirkung von Hunden auf die psychische Verfassung der Insassen. Die Autorin verglich Bewohner eines Altenheimes mit eigenem, dort lebendem Hund mit Senioren, die nur einmal wöchentlich von einem Hund besucht wurden. Als weitere Vergleichsgruppe dienten Senioren, die nur von der Autorin allein, ohne Hund, besucht wurden. Allgemeine Spannungen und Verwirrtheit ließen bei den Heiminsassen mit eigenem Hund nach dessen Anschaffung statistisch nachweisbar nach. Auch Depressionen nahmen ab, wie allerdings auch in der Vergleichsgruppe. In allen drei Vergleichsgruppen zeigte sich ein deutliches Ansteigen der Energie der Insassen. Besonders bei den Heiminsassen mit Hund und Besuchshund nahmen Ermüdungserscheinungen deutlich ab. Die Studie lief insgesamt über zwei Jahre und zeigte klar, dass ein eigener Hund viele Vorteile für die Bewohner eines Altenheims hat. Ohne Zweifel verbessern aber häufige menschliche Kontakte und Besucher, ob mit oder ohne Hund, die Lebensqualität der Senioren.

> Viele Menschen in Altersheimen, leiden nicht selten darunter, immer mehr an sozialen Kontakten zu verarmen, was sowohl Psyche als auch körperliches Wohlbefinden negativ beeinflusst. Ein Besuchshund kann dabei zu einer Quelle neuer Lebensfreude werden.

Psychische Unterstützung für kranke Kinder

Auch in Kinderkrankenhäusern helfen Besuchshunde den kleinen Patienten und ihren Familien. Der emotional extrem belastende Klinikaufenthalt wird durch die Tiere leichter verarbeitet. Besonders Kinder mit schweren und chronischen Erkrankungen sind zu langen Krankenhausaufenthalten gezwungen. Sie leiden unter Schmerzen, Stress und emotionalen Traumata. Durch die Tiere werden auch hier soziale Kontakte angeregt. Sie spenden Trost und sind eine Quelle positiver Erfahrungen. Das emotionale Wachstum wird durch diese positiven Gefühle gefördert. Ablenkung und Abwechslung vom Klinikalltag mildern Angstgefühle. Als besonders wirksam erwiesen sich Besuche von zwei bis drei Hunden gleichzeitig in einem extra dafür bestimmten Raum. Die kleinen Patienten werden von ihren Familien und Pflegepersonal begleitet. Die Kinder können zusammen mit den Hunden spielen oder sie auch nur beobachten. Auf diese Weise wird ein Stück normales Leben in die Klinik geholt.

Bei psychischen Störungen – der Hund als Anker im Leben

Auch in der Psychotherapie werden Hunde eingesetzt. Sie helfen den Patienten, eine liebevolle Beziehung aufzubauen und soziale Fähigkeiten an sich selbst zu entdecken und weiterzuentwickeln. Sie regen die Patienten an, sich um das Tier und in der Konsequenz besser um sich selbst zu kümmern. Die Selbstbestätigung und Anerkennung, die der Hund vermittelt, trägt zu einem stärkeren Selbstwertgefühl bei. Gerade bei Persönlichkeitsstörungen ist dies von enormer Bedeutung. Typisch für Neurotiker ist, dass sie nur schwer zwischenmenschliche Beziehungen aufbauen können. Einerseits besteht in vielen Fällen die Tendenz zum Rückzug und Alleinsein, andererseits eine panische Angst vor der Einsamkeit. Der Hund kann diese Isolation durchbrechen. Er ist ein geduldiger und zuverlässiger Zuhörer. In psychiatrischen Kliniken wurde festgestellt, dass Hunde auch die zwischenmenschlichen Beziehungen zwischen Pflegern und Kranken erleichtern. Dabei ist nicht zu befürchten, dass sich die Patienten völlig in die Beziehung zu dem Tier flüchten, sondern es dient als Mittler. Sogar bei der Behandlung autistischer Kinder können Tiere als Brücke zur Umwelt fungieren.

Besonders Angstzustände und Depressionen werden durch die Anwesenheit eines Hundes gemildert. Diese negativen Gemütszustände können zu einem beschleunigten Fortschreiten chronischer Erkrankungen und einer erhöhten Krankheitsanfälligkeit führen. Die Anwesenheit eines Hundes und insbesondere der körperliche Kontakt, das Streicheln, haben einen gegenläufigen Effekt. Sie führen zu einer Verlangsamung des Pulsschlags und Senkung des Blutdrucks und wirken damit beruhigend. Auch das subjektive, psychische Befinden bessert sich deutlich. Das Gefühl nicht allein zu sein, hilft dem Patienten. Die Verantwortung dafür, dass die Bedürfnisse des Hundes gedeckt werden müssen, zwingt den Patienten indirekt zu einem ständigen Kontakt mit der Realität; der Betreffende muss ständig reagieren, muss sich bewegen und hat weniger Gelegenheit, sich in sich selbst zurückzuziehen.

> Bei Depressionen wird der Hund zu einem Fixpunkt im Leben: Durch ihre Verantwortung für den Hund werden depressive Menschen daran gehindert, sich in sich selbst zurückzuziehen, und dazu gezwungen, sich mit ihrem Umfeld auseinander zu setzen.

Besondere Qualitäten der Besuchshunde

Besuchshunde müssen natürlich besondere Qualitäten aufweisen. Tiere, die für diese spezielle Arbeit geeignet sind, werden ausgewählt und durchlaufen eine Ausbildung. Die Hunde dürfen sich unter anderem nicht durch laute und plötzliche Geräusche irritieren lassen, unvermittelte Hand- und Körperbewegungen und unerwartete Berührungen sollen sie nicht erschrecken. Sie dürfen auf keinen Fall aggressiv sein und müssen generell gegenüber Fremden freundlich und kontaktfreudig sein.

Verschiedene Verhaltenstests wurden entwickelt, um geeignete Hunde sicher auszuwählen. Sie führen die Hunde durch unterschiedliche Räume und Situationen. Die Tiere werden mit verschiedenen optischen Eindrücken, Geräuschen, Gerüchen und Geschehnissen konfrontiert, auf die sie reagieren müssen. Dabei werden Begegnungen mit verschiedenen Menschen in unterschiedlichen Räumen wiederholt. Somit wird sichergegangen, dass die Reaktion des Hundes gleichbleibend zuverlässig ist. Die Hunde werden beobachtet und anhand ihrer Körpersprache beurteilt. Sie müssen Berührungen, egal an welcher Stelle des Körpers, akzeptieren und sollten keine übermäßig empfindlichen oder gar schmerzhaften Körperregionen haben. Im Test wird der Hund vom Kopf bis zu den Füßen gestreichelt, an den Haaren, Ohren und am Schwanz gezogen, auch ungeschickt grob umarmt und getätschelt oder geschubst. Der ideale Besuchshund genießt die ihm gezollte Aufmerksamkeit und strebt sogar nach noch mehr Beachtung. Er soll verspielt sein und versuchen, von sich aus Kontakt herzustellen. Er darf die Hand der Menschen schlecken, aber nicht zu unterwürfig sein, sich zurückziehen oder das Gesicht ablecken. Durch diese Tests werden die aggressiven, ängstlichen, unerzogenen oder zu ungestümen Tiere ausgesondert, die zu einer Gefahr für eine erfolgreiche Therapie werden könnten. Nur Hunde, die gleichbleibend eine unterordnungsbereite, Distanz-verringernde Körpersprache zeigen, verspielt und aufmerksam sind, sollten in Heimtiertherapie-Programmen eingesetzt werden. Nach einem auf die jeweilige Situation zugeschnittenen, speziellen Training werden sie zu unbezahlbaren, wertvollen Helfern.

> Nur Tiere mit ganz besonderen Charaktereigenschaften eignen sich zum Besuchshund: Die Tiere müssen relativ schmerzunempfindlich, aufmerksam, kontaktfreudig und verspielt sein; dürfen aber auf keinen Fall ungestüm, aggressiv oder ängstlich sein.

Hunde als Sozialtherapeuten, Behinderten- und Blindenhunde

Blindenhunde

Etwa seit Beginn des letzten Jahrhunderts werden Blindenführhunde ausgebildet. Sie helfen Sehbehinderten sich in der Öffentlichkeit zurechtzufinden. Die Hunde weisen auf Hindernisse hin und finden Wege zu bestimmten Zielen. Sie führen beispielsweise sicher über die Straße und zu Haltestellen öffentlicher Verkehrsmittel und ermöglichen es dem Blinden, sich unabhängig von menschlicher Hilfe und angstfrei im Freien zu bewegen. Dies bringt ein entscheidendes Plus an Lebensqualität. Wie wichtig Führhunde für Blinde sind, zeigt sich an der nachlassenden Selbstmordgefährdung, die bei Blinden ohne Hund statistisch gesehen normalerweise extrem hoch ist. Die gewonnene Bewegungsfreiheit einerseits, die verbesserten sozialen Kontakte und die Verantwortung für das Tier andererseits führen zu einer entscheidenden Stabilisierung des Selbstwert- und Lebensgefühls.

Blindenhunde verhelfen Sehbehindertem zu mehr Selbstständigkeit und damit zu einer erhöhten Lebensqualität.

Behindertenhunde

Seit dem Beginn der achtziger Jahre werden vor allem in den Vereinigten Staaten, England, Frankreich und der Schweiz auch Behindertenhunde zur Unterstützung von Körperbehinderten und Tauben trainiert. Die Hunde lernen, auf rein verbale Kommandos bestimmte, nicht erreichbare Gegenstände aufzuheben und zu apportieren. Sie bringen das Telefon, holen und tragen zum Beispiel Zeitungen oder die Post. Sie helfen ihren Besitzern in oder aus dem Rollstuhl und diesen zu manövrieren. Türen öffnen und schließen und Lichtschalter betätigen gehört zu ihren Aufgaben. Hierfür eignen sich aufgrund ihres freundlichen Wesens, ihrer Intelligenz, Größe und angeborenen Apportierbereit-

Die Mensch-Tier-Beziehung

Ein ausgebildeter Behindertenhund kann mit Hilfe eines Stricks eine Tür auch weit nach innen öffnen und so den Weg für einen Rollstuhlfahrer freimachen . . .

schaft besonders Golden und Labrador Retriever. Aber auch der Deutsche Schäferhund und andere große Rassen werden gelegentlich eingesetzt.

Äußere Mobilität und Anerkennung

Behindertenhunde verbessern die Mobilität und Unabhängigkeit von Körperbehinderten ganz entscheidend. Die Betroffenen bestätigen ferner eine bessere gesellschaftliche Integration durch die Hunde. Sie werden häufig auf den Hund hin angesprochen und machen schneller Bekanntschaften. Die Behinderung steht bei zufälligen Begegnungen nicht mehr im Vordergrund des Gesprächs, stattdessen finden sie Anerkennung dafür, dass sie so hoch ausgebildete Tiere anleiten und führen. Dadurch steigt das Selbstwertgefühl. Obwohl diese Klienten alle unter unheilbaren schweren Krankheiten leiden, bezeugen sie nach Erhalt eines Behindertenhundes eine subjektive Verbesserung ihres Gesundheitszustandes.

Innerer Trost und Stütze

Die Behinderten haben eine enge und liebevolle Beziehung zu ihrem Helferhund und betrachten ihn als Familienmitglied. Dies drückt sich unter anderem darin aus, dass sie die Hunde, wenn diese ein Alter erreicht haben, in dem sie nicht mehr als Helferhund arbeiten können, als Haustier behalten wollen. Für viele ist der Hund als Freund genauso wichtig wie als Helfer. Sie erfahren soziale Anerkennung und Trost durch das Tier. In emotional aufwühlenden Situationen teilen sie ihre Gefühle mit dem Hund und vertrauen ihm ihre Probleme an. Diese unterstützende Funktion trägt zu einer Verbesserung nicht nur des körperlichen Gesundheitszustandes bei, sondern auch ganz wesentlich der seelischen Verfassung und des Lebenswillens.

Hunde als Sozialtherapeuten, Behinderten- und Blindenhunde

Hörhilfehunde

Spezielle Hörhilfehunde wurden ursprünglich vor allem darauf trainiert, für ihre Besitzer Geräusche, wie die Türklingel, das Telefon oder das schreiende Baby, wahrzunehmen. Dabei wurden Hunde der unterschiedlichsten Rassen eingesetzt. Lynette Hart und ihre Mitarbeiter befragten diese Hundebesitzer, wie effizient sie Hilfe durch ihren Hund erfuhren: Die Tiere übertrafen dabei weit die Erwartungen, indem sie nicht nur auf Geräusche aufmerksam machten, sondern ihren Besitzern ganz allgemein ein stärkeres Gefühl der Sicherheit vermittelten, besonders in Situationen, wo sie mit ihrem Hund allein waren. Besonders herausgestellt wurde das Gefühl, einen Kameraden zu haben und weniger einsam zu sein, mit dem die wenigsten vor Erhalt des Behindertenhundes gerechnet hatten. Der Hund beeinflusst auch Beziehungen innerhalb der Familie und den Kontakt zur Nachbarschaft positiv. Einfache Sozialkontakte mit der hörenden Gemeinschaft werden erleichtert. Durch die Behinderung entstandener Stress im Alltagsleben wird für die Besitzer speziell ausgebildeter Hunde deutlich verringert. So führt der Helferhund auch für den Tauben zu einer deutlich verbesserten Lebensqualität. Dieser Effekt beruht nicht nur darauf, dass die Tiere ihren Besitzern das Gehör ersetzen, sondern ganz wesentlich auf den Auswirkungen im sozialen Bereich.

. . . oder ganz vorsichtig einen Telefonhörer oder andere Gegenstände apportieren und dem Rollstuhlfahrer bringen.

Die Mensch-Tier-Beziehung

Der Hund – eine Gefahrenquelle?

Wie auf den letzten Seiten dargestellt, wirken sich Hunde bei einer engen Mensch-Tier-Beziehung auf die Lebensqualität ihrer Besitzer positiv aus. Nicht-Hundebesitzer dagegen sehen in der Hundehaltung häufig nur Gefahren für die menschliche Gesundheit. Sie führen Verletzungen durch Hundebisse und das Risiko von Infektionen ins Feld. Durch die teilweise unverantwortliche Arbeit der Medien werden einzelne tragische Vorfälle mit Hunden in einer Art publik gemacht, dass es – falls keine eigenen Erfahrungen mit Hunden bestehen – häufig zu ungerechtfertigten Verallgemeinerungen kommt. Der Einzelfall – ein einzelnes Tier, das in seinem Verhalten gestört und deshalb gefährlich ist – wird in den Augen der breiten Öffentlichkeit damit zur Normalität, mit der ständig zu rechnen ist.

An dieser Stelle sollen einige Bedenken ausgeräumt werden. Nach mikrobiologischen Untersuchungen von Mayr (1986) übertragen Hunde unter normalen, durchschnittlichen hygienischen Verhältnissen in der Regel keine Krankheiten auf den Menschen. Häufiger werden jedoch umgekehrt beispielsweise Pilzinfektionen vom Menschen an den Hund weitergegeben. Leben Mensch und Hund unter einem Dach zusammen, so sind besondere Anforderungen an die Hygiene zu stellen. Werden diese erfüllt, so bestehen keine gesundheitlichen Gefahren. Vorbeugende Maßnahmen sind sowohl beim Hund als auch beim Halter erforderlich. In den meisten Familien, die einen Hund halten, ist das Verständnis und Bewusstsein der Kinder hierfür sehr gut. Vorbeugende Maßnahmen beim Hund, wie regelmäßige Wurmkuren, Schutzimpfungen, Parasitenkontrolle, Reinigung von Futternäpfen und Liegeplätzen werden konsequent und regelmäßig durchgeführt. Menschliche Hygiene, wie Händewaschen vor dem

Behindertenhunde sind verlässliche Gefährten. Sie wirken sich im körperlichen, sozialen und seelischen Bereich stärkend aus.

Hunde als Sozialtherapeuten, Behinderten- und Blindenhunde

Essen, ist bei den meisten Familien selbstverständlich. Mit ins Bett sollte der Hund nicht, um gegenseitigen Haut- oder Parasiteninfektionen vorzubeugen.

In manchen Fällen leiden Kinder im ersten Jahr nach Erwerb eines Hundes vorübergehend unter einer größeren Infektanfälligkeit. Meistens handelt es sich dabei um leichtere Erkrankungen und vor allem um Tierhaarallergien. Durch das enge Zusammenleben unter einem Dach gleicht sich aber im Laufe der Zeit die Keimflora von Mensch und Hund an und stärkt sogar Abwehrkräfte und Immunsystem. Insgesamt wird die Hygiene in einem Haushalt durch einen Hund eher verbessert als verschlechtert.

Als Besuchs- und Helferhunde eingesetzte Tiere müssen einer besonders gründlichen Gesundheitskontrolle unterzogen werden. Selbstverständlich sind Impfungen gegen übertragbare Krankheiten, wie Tollwut und Leptospirose. Die Tiere müssen regelmäßig und in nicht zu langen Abständen tierärztlich untersucht werden. Bakterielle Infektionen werden dann frühzeitig durch Kot-, Rachen-, Haut- und Haaruntersuchungen erkannt. Parasitologische Kotuntersuchungen und Wurmkuren sollten bei diesen Hunden sogar monatlich durchgeführt werden. Eine Kontrolle auf äußere Parasiten, wie Flöhe, Läuse und Zecken, erfolgt laufend durch den Betreuer des Tieres. Hundebesuche sollten auf Personen ohne Tierhaarallergien beschränkt bleiben.

Bei hundehaltenden Familien mit Kindern ist das Hygienebewußtsein besonders gut. Notwendige Hygienemaßnahmen, wie Händewaschen, werden im vergleich zu anderen Familien äußerst konsquent durchgeführt. Es bestehen daher keine gesundheitlichen Bedenken.

Freilaufende und bissige Hunde

Ernsthafte Gefährdungen von Menschen oder Nutzvieh durch Angriffe freistreunender Hunderudel gehören in Westeuropa im Regelfall der Vergangenheit an. Allerdings kommt es immer wieder zu Klagen von

Die Mensch-Tier-Beziehung

Beißunfälle mit Hunden werden wesentlich vom fehlerhaften Verhalten des Hundeführers mit verursacht. Zu Verletzungen kommt es daher auch mit angeleinten Tieren.

Personen, die sich in öffentlichen Anlagen durch freilaufende Hunde belästigt fühlen. Dafür ist jedoch einzig die mangelnde Aufsicht des Hundehalters verantwortlich, und bei näherem Hinsehen besteht in der Regel keine tatsächliche Gefährdung; meistens fühlen sich Personen nur bedroht und belästigt, weil sie das Verhalten der Hunde nicht richtig einschätzen können. Besonders Nicht-Hundebesitzer fürchten voreilig schnell, von freilaufenden Hunden überfallen und gebissen zu werden oder sich über Hundekot Infektionen zuzuziehen. Immer ihre politische Wählerschaft im Hinterkopf, erlassen deshalb viele Gemeinden Hundeverbote und Leinenzwang, wo eigentlich Aufklärungskampagnen im richtigen Umgang mit Hunden genügen würden. Auch durch eine sachlichere Berichterstattung der Medien, die die Verantwortung der Hundehalter in den Mittelpunkt stellt und aus Unkenntnis und Angst enstandene Vorurteile ausräumt, könnte das Image des „gefährlichen" Hundes wieder ins rechte Licht gerückt werden.

Wer ist der eigentlich Schuldige?

In Situationen, in denen es zu Beißvorfällen kommt, liegt die Verantwortung dafür meist beim Menschen, nicht beim Hund. Gefährlich sind in Parks freilaufende und auf Wiesen spielende Hunde normalerweise nicht! Artgerechte Hundehaltung bedeutet auch, den Tieren regelmäßig freilaufend Bewegung und Sozialkontakte zu gestatten. Natürlich soll ein Hund auch dabei immer unter Aufsicht und Kontrolle eines verantwortlichen und verantwortungsbewussten Halters sein. Leinenzwang ist keine Lösung. Hunde können an der Leine sehr viel gefährlicher und mutiger sein als freilaufend! Sie empfinden ihren Führer entweder als Verstärkung, als Rudelgenossen, der hinter ihnen steht, oder als Rudelmitglied, das ihres Schutzes bedarf. Beides führt zu einer verstärkten Aggressivität. Deshalb kann es auch mit angeleinten Tieren zu Beißunfällen kommen, wenn die Halter das aggressive Verhalten ihrer Hunde

Hunde als Sozialtherapeuten, Behinderten- und Blindenhunde

dulden und bewusst oder unbewusst sogar fördern, ihren Hund sozusagen als Waffe einsetzen. Vor allem Hunde, die in Zwingern isoliert aufgewachsen sind und nicht artgemäß gehalten werden, also nicht genügend Auslauf und Sozialkontakte haben, können durch verantwortungslose Halter so zu Tieren werden, die die Allgemeinheit gefährden. Den Fokus auf rassebedingter Gefährlichkeit zu halten verzerrt das Bild der Situation, denn eigentlich erfüllen die Tiere nur das, was ihr Halter ihnen bewusst oder unbewusst ermöglicht oder abverlangt.

Als politische Maßnahme der Gemeinden müsste verstärkt die artgemäße Haltung der Tiere und die Befähigung zur Haltung kontrolliert werden. Tragische Beißunfälle könnten so verhindert werden. Wird dagegen der Freilauf der Hunde verboten, schränkt das den natürlichen Bewegungsbedarf der Tiere noch weiter ein – Aggressionen entstehen und werden aufgestaut. Verbote dieser Art fördern eine nicht artgerechte, wenn nicht sogar tierquälerische Haltung und schaffen dadurch eher mehr gefährliche Situationen, als dass sie sie verhindern. Die meisten Verletzungen durch Hundebisse sind auf Fehler des Menschen zurückzuführen: Unkenntnis des Hundeverhaltens, mangelnde Erziehung oder insgeheime Billigung und Training des aggressiven Verhalten führen zu Schadensfällen. Auch wissenschaftliche Studien haben sich mit diesem Thema befasst, und ihre Ergebnisse untermauern, dass das fehlerhafte Verhalten des Hundeführers einen beträchtlichen Einfluss auf Art, Häufigkeit und Schwere von Beißvorfällen mit Hunden hat (Unshelm, Rehm und Heidenberger 1993). Dies reicht von mangelnder Aufsicht bis hin zum Ansporn zu Beißereien. Nicht durch Trennung der Lebensbereiche von Mensch und Hund kann hier eine Besserung erreicht werden, sondern vor allem durch Aufklärung der Bevölkerung und ausgepägteres Verantwortungsbewusstsein der Hundehalter.

> Bei vielen Bissverletzungen sind die wahren Schuldigen oft die beteiligten Menschen: der Hundehalter, weil er das Verhalten des Tieres bewusst oder unbewusst duldet bzw. fördert; der Gebissene, weil er das Verhalten des Hundes nicht versteht und falsch deutet.

Hunde sind sehr soziale Tiere, die ihr Zusammensein mit Menschen genießen. Gerade Kinder zeigen unvoreingenommenes Interesse an Tieren, besonders an Hunden, und suchen intensiv Kontakt zu ihnen. Wachsen Kinder in engem Zusammensein mit Tieren auf, wird ihnen der richtige Umgang mit ihnen selbstverständlich. Hunde sind um so friedlicher, je mehr Bewegung sie haben und je enger ihre Beziehung zu Menschen ist – wobei natürlich Grenzen zu setzen sind: Kinderspielplätze sollten weder von Hunden, noch von streunenden Katzen oder verantwortungslosen Menschen verunreinigt werden! Es sollte aber auch Orte geben, an denen Menschen, Kinder und Hunden einander zwanglos begegnen, zusammen spielen und sich bewegen können. Es sollte uns ein Anliegen sein, uns nicht von der Natur und ihren Lebewesen zu entfremden, sondern ein harmonisches Miteinander anzustreben – der Weg dahin führt über ein innigeres Verständnis.

Literaturverzeichnis:
- Allen, D. T.: „Effects of dogs on human health". JAVMA **210**, (8), 1136–1139 (1997).
- Bergler, R. „Heimtierhaltung aus psychologischer Sicht."
  Zbl. Bakt. Hyg. B. **183**, 304–325 (1986) und „Mensch und Hund - Psychologie einer Beziehung." Edition agrippa, Köln (1986).
- Brunner, F. „Wie der Herr, so der Hund", eine wissenschaftliche Untersuchung der Korrelation einiger Verhaltenseigenschaften des Hundes mit den entsprechenden seines Herrn, Kleintierpraxis **5**, 90! (1960).
- Collis G. M., J. McNicholas und I. E. Morley : „Can Pet-Person „attachment" explain the beneficial effects of owning pets"? Internat. Congress on Appl. Ethology, Berlin, 1993.
- Crowley-Robinson P., D. C. Fenwick, J. K. Blackshaw: „A long-term study of elderly people in nursing homes with visiting and resident dogs." Appl. Anim. Behav. Sci **47**, 137–148 (1996).
- Fidler M., P. Light und A. Costall: „Describing dog behavior psychologically: Pet owners versus non-owner." Anthrozoös, **9**, 196–200 (1996).
- Friedmann, E. „Heimtierhaltung und Überlebenschancen nach Herzkranzgefäß-Erkrankungen." Interessengemeinschaft Deutscher Hundehalter e. V., Hamburg 1977.
- Hart L. A., R. L. Zasloff, A. M. Benfatto: „The socializing role of hearing dogs." Appl. Anim. Behav. Sci. **47**, 7–15 (1996).
- Lane, D. R., J. McNicholas, G. M. Collis: „Dogs for the disabled: bene-

- fits to recipients and welfare of the dog." Appl. Anim. Behav. Sci. **59**, 49–60 (1998).
- Mayr, A., St. Goetz, H. Schels: „Untersuchung über die Hygiene bei der Haltung von Hunden in städtischen Wohnungen." Zbl. Bakt. Hyg. B. **183**, 240–253.
- McNicholas J., G. M.Collis, I. E. Morley: „Social communication through a companion animal: the dog as a social catalyst." International Congress on Applied Ethology, Berlin, (1993).
- Miller, D. D., S. R. Staats, Chr. Partlo, K. Rada: „Factors associated with the decision to surrender a pet to an animal shelter." JAVMA **209**, 738–742 (1996).
- Paul, E. S. und J. A. Serpell: „Pet ownership in childhood: its influence on attitudes towards animals." Appl. Anim. Behav. Sci. **35**, 296! (1993).
- Paul, E. S. und J. A. Serpell: „Obtaining a new pet dog: Effects on middle childhood children and their families." Appl. Anim. Behav. Sci. **47**, 17–29 (1996).
- Rehm, N.: „Kind und Hund – Erhebungen zum Zusammenleben in der Familie." Vet. med. Diss., München 1993.
- Schaffer, C. B. und J. Phillips: „The Tuskegee behavior test for selecting therapy dogs." Appl. Anim. Behav. Sci. **39**, 192! (1994).
- Serpell, J. A. „Evidence for an association between pet behavior and owner attachment levels." Appl. Anim. Behav. Sci. **47**, 49–60 (1996).
- Unshelm, J, N. Rehm und E. Heidenberger: „Zum Problem der Gefährlichkeit von Hunden; eine Untersuchung von Vorfällen mit Hunden in einer Großstadt." Dtsch. tierärztl. Wschr. **100**, 381–420 (1993).
- Teeter, L. M. „Pet Therapy Program". JAVMA , **210**, 10, 1435–1438. (1997).
- Voith, V. L. „Mensch-Tier-Beziehungen." in R. S. Anderson und H. Meyer (Hrsg.) „Ernährung und Verhalten von Hund und Katze.", Schlütersche Verlagsanstalt, Hannover, 169–177 (1984).

Natürliche Hundeerziehung

Artgemäße, konsequente Hundeerziehung ist die Voraussetzung für eine gute Halter-Hund-Beziehung und damit auch Hundehaltung, die von Zufriedenheit geprägt ist. Sie bildet die Grundlage für einen harmonischen und entspannten Umgang mit dem Tier, verschiedenste Möglichkeiten der Beschäftigung und gemeinsamen Freizeitgestaltung. Sie ist das Fundament für die richtige Rangordnung im „Familienrudel", bei der der Mensch das „Leittier" ist. Natürliche Hundeerziehung beugt der Entstehung von Verhaltensproblemen vor.

Grundschule für Welpen

Hundeerziehung beginnt bereits im Welpenalter. Als moderne Erziehung ist sie spielerisch, aber dennoch zielgerichtet. Günstig ist die Teilnahme an einer Welpenspielgruppe oder Welpenschule. Die Teilnahme an einem Welpenkurs bietet einige Vorteile. Dem Welpen wird dort nach der Trennung von seinen Wurfgeschwistern die Möglichkeit gegeben, sich mit gleichaltrigen Artgenossen auseinander zu setzen. Bis zur 16. Lebenswoche, also bis die sensible Phase der Frühentwicklung zu Ende geht, ist dies von großer Bedeutung. Einem Versäumen frühkindlicher Entwicklungsmöglichkeiten wird so vorgebeugt. Auf die Bedeutung von Prägungsspieltagen weisen Hundefachleute (s. Weidt und Berlowitz 1996) hin – ein Standpunkt, der im Widerspruch zur traditionellen Hundeausbildung steht, die erst ab etwa dem 6. Lebensmonat oder noch später beginnt. Aber schon Welpen können viele Dinge wie erwachsene Hunde lernen, nur ihre Konzentrationszeiten sind deutlich kürzer.

Grundschule für Welpen

Ein Ziel der Kurse ist es, die Welpen an verschiedene Kontakte zu gewöhnen, damit sie friedliche und liebenswerte Familientiere werden. Bei Prägungsspieltagen erweitern Welpen spielerisch ihren Erfahrungshorizont. Sie lernen mit verschiedenen Menschen, Geräuschen, anderen Hunden, Katzen, Kindern und vielen anderen neuen Umweltreizen zurechtzukommen. Grundlegende Kommandos, wie „Komm!", „Sitz!" und Leinenführigkeit werden erlernt. Die Erziehung geschieht dabei ohne Zwang. Es wird mit Methoden gearbeitet, die erwünschtes Verhalten belohnen.

Verschiedene Welpenklassen werden von Hundeschulen, Hundefachleuten oder auch Tierärzten angeboten. Die Durchführung in einer tierärztlichen Praxis hat den Vorteil, dass die Hunde dadurch bereits an die Räume und behandelnden Personen gewöhnt werden. Sie werden bei künftigen Besuchen positive Erinnerungen haben und leicht zu handhabende Patienten sein.

Welpenschule: Ausbildung von Hund und Besitzer

Sinn solcher Gruppen ist es, sowohl Hund als auch Besitzer auszubilden. Zu viele Hundebesitzer wissen zu wenig über das normale Verhalten eines Welpen oder erwachsenen Hundes – vor allem „frisch gebackene" Hundehalter. Sie sind Problemsituationen gegenüber oft völlig hilflos. Sozusagen als Nebeneffekt erhalten sie im Rahmen der Kurse Informationen über das normale Verhalten von Hunden. Die Erziehung zur Stubenreinheit, wie man Hunde vom Bellen und vom Beißen abhalten kann und vieles mehr wird besprochen. Allgemeine Maßnahmen der Hundepflege, die richtige Ernährung, Zahn- und Fellpflege und andere anstehende Fragen werden durch-

Hundeerziehung beginnt so früh wie möglich. Das junge Herrchen und sein Welpe lernen zusammen, was Leinenführigkeit ist.

Natürliche Hundeerziehung

gesprochen. Im Vordergrund steht jedoch, dass die Besitzer und die Hunde Spaß am Zusammensein und dem Besuch der Welpenstunde haben. So wird eine Atmosphäre der Positivität geschaffen, in dem alle Sinne offen und erfahrungsbereit sind – die beste Voraussetzung für einen schnellen und bleibenden Lernerfolg. Hundebesitzer, die an Welpenklassen teilnehmen, setzen sich von Anfang an bewusst mit ihrem Hund und seinen Bedürfnissen auseinander. So entwickeln sie eine besonders gute und enge Beziehung zu ihrem Tier. Statistisch gesehen, sind diese Hunde häufiger als der Durchschnitt nach einem Jahr noch bei ihrem ersten Besitzer, sie werden also seltener abgegeben oder verkauft. Dies belegt die gute Mensch-Tier-Beziehung und die Zufriedenheit der Besitzer.

Konzept der Welpenschule

Exemplarisch soll hier ein von Kersti Seksel (1997) entworfenes Konzept für eine Welpenschule vorgestellt werden. Die Welpen sind in der Regel zwischen 8 und 16 Wochen alt und sollen im Spiel und durch positive Verstärkung an erwünschte Verhaltensweisen gewöhnt werden. Das Tier lernt, ein bestimmtes Verhalten zu zeigen, um eine Belohnung zu erhalten. Belohnungen wirken als positive Verstärkung. Sie erhöhen die Wahrscheinlichkeit, dass das gezeigte Verhalten wiederholt wird. Die Belohnung muss unmittelbar nach der erwünschten Reaktion erfolgen. Sie soll anfangs jedesmal gegeben werden und sehr begehrt sein. Belohnungen sind meist Leckerbissen, verbunden mit einem gesprochenen Lob und Streicheln. Bereits Gelerntes wird später nur noch unregelmäßig belohnt und dadurch lange beibehalten. Zum Beispiel erhält der Welpe jedesmal ein „Leckerle", wenn er sich hinsetzt. Dann wird gleichzeitig das Kommando „Sitz!" ausgesprochen und so mit dem Verhalten verbunden. Ist das Verhalten einmal erlernt, so erhält der Welpe nur noch jedes dritte oder vierte Mal eine Futterbelohnung. Ein gesprochenes Lob erfolgt immer. Bei diesem Lernvor-

Durch lockende Bewegungen und Laute und distanzverringerndes Hinkauern wird der Welpe sofort neugierig. Gleichzeitig wird das Kommando „Komm!" gesprochen und der Welpe für sein Herankommen belohnt.

gang wird kein Zwang angewendet, der Hund wird nicht am Halsband gezogen oder gar zu Boden gedrückt. Der kleine Welpe weiß noch nicht, was von ihm erwartet wird. Es lernt es erst durch Erfahrung und Erfolg.

Die Welpenstunden finden mindestens einmal wöchentlich statt und dauern etwa eine Stunde. Je näher die Welpen einander in Alter, Reifegrad und körperlicher Verfassung sind, desto besser. Selbstverständlich müssen die Welpen, bevor sie in die Klasse aufgenommen werden, entwurmt und geimpft worden sein. Eine Gruppengröße von fünf bis sechs Tieren ist ideal, so dass alle genügend Aufmerksamkeit erhalten. Alle Familienmitglieder sind eingeladen, sich zu beteiligen. Kinder sollten immer von einem Erwachsenen begleitet werden. Die Welpen werden am besten vor der Unterrichtsstunde nicht so gefüttert, dass sie satt sind – sie sollen den Rest ihrer Mahlzeit als Belohnungshappen erhalten. Diese sollten klein und besonders lecker sein.

Zu Beginn und am Ende der Stunde dürfen die Welpen frei spielen. Erfahrungen mit sozialen Kontakten, verschiedenen Spielformen und freies Erkundungsverhalten werden ermöglicht. Vor allem das soziale Spiel mit gleichaltrigen Welpen ist enorm wichtig für die Tiere. Die Welpen erlernen die Regeln des arttypischen Verhaltens, wie sie beispielsweise die Kraft beim spielerischen Beißen richtig dosieren. Erfahrungen im Spiel bilden die natürliche Voraussetzung für den späteren angemessenen Umgang mit Artgenossen. Das Spiel der Welpen sollte überwacht werden, damit es nicht etwa zu grob wird. Ängstliches Verhalten darf weder belohnt noch bestraft werden. Weder sollten ängstliche Tiere verschreckt werden, noch bereits sehr selbstbewusste Tiere schlechte Angewohnheiten annehmen.

> Welpen, die als Einzeltier großgezogen werden, können sich in der Welpenschule spielerisch mit Artgenossen auseinandersetzen. Dieser Kontakt mit anderen Hunden ist wichtig, um das arttypische Verhalten richtig erlernen zu können.

Stundenplan eines Welpenkurses

Ein Stundenplan für vier Welpenstunden kann zum Beispiel folgendermaßen aussehen: Der Kurs beginnt mit einer allgemeinen Einführung. Die Teilnehmer stellen sich und ihre Welpen vor. Eventuell bestehen besondere Anliegen und werden angesprochen. Dann werden die Welpen einer nach dem anderen von der Leine gelassen. So können sie sich

Natürliche Hundeerziehung

schrittweise miteinander bekannt machen. Sie dürfen spielen. Wenn das Spiel zu grob wird, werden die Aggressoren kurzfristig wieder an die Leine genommen. Während die Tiere spielen, wird mit den Besitzern über ihr Verhalten gesprochen.

Erste Stunde: „Komm!" und „Sitz!"

In der ersten Stunde werden bereits die Befehle „Komm!" und „Sitz!" eingeführt. Diese Kommandos sind für eine funktionierende Mensch-Tier-Bindung besonders wichtig. Der Ausbilder führt die Lehrmethode vor und übt sie mit jedem Welpen. Anschließend wiederholen die Besitzer mit ihren Hunden die Übung selbst. Für das Erlernen des „Sitz!"-Kommandos wird zum Beispiel ein Futterhäppchen über die Nase des Welpen gehalten und dann langsam über den Kopf des Hundes nach hinten geführt. Der Welpe folgt mit Augen und Nase dem Bissen und wird sich dadurch ganz automatisch hinsetzen. Zeitgleich wird das Kommando „Sitz!" ausgesprochen. Für das erwünschte Verhalten erhält das Tier sofort die Belohnung. Die Übung wird mehrfach wiederholt. Ähnliches gilt für das Herankommen. Der Welpe wird gerufen, während er gerade zufällig auf seinen Besitzer zuläuft. Oder der Besitzer animiert den Hund seinerseits durch Weglaufen dazu, hinterherzurennen und ruft ihn dabei. Für das Herankommen erhält der Hund die Belohnung. Durch häufiges Wiederholen verknüpft der Hund das Kommando mit der gerade ausgeführten Handlung.

Spielerisch lernt der Welpe „Sitz!" zu machen!

Während der Stunde wird betont, wie wichtig es ist, dass der Hund häufig angefasst wird. Er soll es dulden lernen, sich überall untersuchen zu lassen, auch an Ohren, Maul, Pfoten und Schwanz. Dies beugt späteren Problemen bei tierärztlichen Untersuchungen vor. Den Besitzern wird geraten, den Hund einmal am Tag überall zu streicheln, um ihn an die Berührung zu gewöhnen. Der Hund sucht nach seinem Platz in der Rangstruktur der Familie. Wie wichtig es ist, dass der Besitzer die Leitposition einnimmt, wird erläutert. Vor allem eine konsequente Festlegung von Erlaubtem und nicht Erlaubtem ist wichtig. Den Abschluss der Stunde bildet eine weitere Spielrunde, um die Freude an dem Treffen zu fördern.

Zweite Stunde: „Platz!"
Auch die zweite Stunde beginnt mit einer Spielrunde. Die Welpen werden dadurch wieder mit der Umgebung und ihren Artgenossen vertraut. Zu diesem Zeitpunkt suchen die Tiere sich bereits bevorzugte Spielgefährten. Ängstliche Welpen dürfen nicht gezwungen werden, am Spiel teilzunehmen, da dadurch ihre Furcht noch verstärkt würde. Sie werden mit Geduld animiert zu spielen, wenn die wilderen Tiere bereits wieder an der Leine sind. Anschließend führen die Welpen, einer nach dem anderen, die in der letzten Stunde gelernten Kommandos vor.

In dieser zweiten Stunde wird der Befehl „Platz!" eingeführt. Es wird wieder mit Futterhäppchen und Lob als Belohnung gearbeitet. Dem sitzenden Welpen wird ein Leckerle vor die Nase gehalten und dann nach unten zwischen die Vorderpfoten geführt. Um das Häppchen zu erreichen, beugt oder legt sich der Welpe hin und erhält daraufhin die Belohnung. Dabei werden keine Anforderungen an eine perfekte Körperhaltung gestellt.

In den Welpenstunden sammeln die Jungtiere Erfahrungen mit älteren Artgenossen. Nach dem Unterricht wird zur Belohnung ganz entspannt gespielt.

Die Besitzer werden im Lauf der Stunde beraten, wie sie gegen unerwünschtes Verhalten ihrer Hunde vorgehen können. Sie erhalten Ratschläge, wie sie ihre Position als „Rudelführer" festigen. Beispielsweise sollten Hunde ihr Futter immer nach der Mahlzeit der Menschen erhalten, da Ranghöhere im Hunderudel auch zuerst essen. Die Welpen sollten beim Fressen nicht allein gelassen werden. Sie müssen es dulden,

Natürliche Hundeerziehung

dass der Besitzer seine Hand in oder an ihrem Futternapf hat, wenn er das Fressen gibt oder wieder wegnimmt. Die Hunde sollten, wenn überhaupt, nur nach Aufforderung durch ihren Besitzer auf Sofas oder Betten springen dürfen. Die Stunde endet mit einer weiteren Spielrunde, die alle Teilnehmer in guter Stimmung entlässt.

Dritte Stunde: „Bleib!"

Ebenso wird die dritte Stunde mit Spiel begonnen. Allmählich beginnen auch die meisten schüchterneren Hunde am Spiel teilzunehmen. Die bereits gelernten Kommandos werden wiederholt. Alle Besitzer führen sie mit ihren Welpen vor. Dann führt der Ausbilder das „Bleib!"-Kommando ein. Er tritt ruhig vor den sitzenden Welpen, führt die flache Hand auf das Gesicht des Welpen zu und spricht dabei das Kommando aus. Dann tritt er ein oder zwei Schritte zurück und wiederholt Geste und gesprochenen Befehl. Der Welpe verharrt unwillkürlich ganz kurz in der eingenommenen Position und wird dafür gelobt. In dieser Stunde kann auch noch das an der Leine gehen geübt werden. Ferner sollen die Hunde lernen, sich auch von fremden Personen anfassen zu lassen. Dazu werden die Welpen getauscht und überall, auch an Schnauze und Ohren gestreichelt. Die Übungszeiten dürfen aufgrund der kurzen Konzentrationsfähigkeit der Welpen auch zu Hause nur kurz sein. Sie enden immer mit einem belohnenden Spiel.

> Welpen können sich im Gegensatz zu erwachsenen Tieren nur sehr kurz konzentrieren. Deshalb ist es wichtig, sowohl in der Welpenstunde als auch zu Hause die Übungszeiten kurz zu halten. In der anschließenden Spieleinheit erholen sich die Tiere dann wieder.

Vierte Stunde: Vertraut-Machen mit Ungewohntem

Auch die vierte Stunde beginnt wieder mit Spielen. Dadurch wird überschießende Energie abgebaut. Die Welpen sind so überhaupt erst in der Lage, sich auf die Übungen zu konzentrieren. Dann werden die Besitzer und ihre Tiere wieder gebeten, das bereits Erlernte vorzuführen. In dieser Stunde werden die Welpen mit Ungewohntem vertraut gemacht. Die Besitzer verkleiden sich, setzen Hüte auf und machen Geräusche mit allen möglichen Gegenständen. Die Hunde werden beispielsweise mit Luftballons, Trompeten, Staubsaugern, Haarföhnen, Rollschuhen und anderem mehr konfrontiert. Dies geschieht in einer spielerischen Atmosphäre. Die Hunde sollen die ganze Zeit über in guter Stimmung sein. Sie dürfen diese neuen Erfahrungen nicht als bedrohlich empfinden. Die

Erziehung und Ausbildung erwachsener Hunde

Hunde machen auch Bekanntschaft mit ausgewachsenen Hunden und artfremden Tieren. Wenn möglich, nimmt eine erwachsene Katze an dieser Sitzung teil. Die Stunde endet wie immer mit freiem Spiel.

Den Besitzern wird geraten, auch nach Abschluss des Welpenkurses weiter an Begleithundekursen für Junghunde teilzunehmen und täglich mit den Hunden zu Hause zu üben.

Erziehung und Ausbildung erwachsener Hunde

Es ist für alle Beteiligten vorteilhaft, wenn auch erwachsene Hunde weiterhin regelmäßig Schulung oder Ausbildung erhalten, am besten in Hundegruppen. Teilnehmer an Begleithundekursen haben, besonders wenn diese mit Verhaltensberatungen kombiniert werden, eine engere und intensivere Beziehung zu ihrem Tier als andere Hundehalter. Mensch und Hund können sich besser miteinander verständigen. Infolgedessen werden auch Probleme schneller erkannt und behoben.

Manche Hundebesitzer stehen Hundeübungsplätzen eher voreingenommen gegenüber und befürchten, dass ihre Hunde zu willenlosen Be-

In der Hundeschule wird mit Hunden aller Rassen nach artgemäßen Prinzipien eine Begleithundeausbildung durchgeführt.

fehlssempfängern gemacht werden. Besonders der militärisch anmutende Drill auf manchen Hundeübungsplätzen stößt bei vielen Tierfreunden auf Widerwillen. Diese Bedenken lassen sich aber zumindest teilweise zerstreuen. Die klaren, kurzen Kommandos und die gleichförmigen Wiederholungen erleichtern dem Hund das Lernen. Vor Beginn eines Kurses sollte aber genau erfragt werden, mit welchen Methoden die jeweiligen Ausbilder arbeiten.

Artgerechte Hundeerziehung arbeitet mit natürlichen Methoden. Der Hund sucht eine Leitfigur, die ihm die Richtung vorgibt. Die soziale Rangordnung, also auch sich unterzuordnen, ist Teil seiner angeborenen Lebensweise. Erfolgreiche Unterordnungsübungen sind deshalb positive Interaktionen. Sie sind Kontaktübungen, die das gegenseitige Vertrauen stärken. Gehorcht der Hund nur schlecht und widerwillig, entsteht dagegen Hilflosigkeit und Unzufriedenheit auf Seiten des Besitzers und oft Unsicherheit seitens des Hundes. Durch die intensive Beschäftigung mit dem Hund unter fachkundiger Anleitung wird der Entwicklung von Verhaltensproblemen erfolgreich vorgebeugt. Die miteinander verbrachte Zeit wird von allen Beteiligten genossen und als positive Lebensqualität empfunden.

> Weil sie den Hund als gleichberechtigten Kameraden betrachten, tun sich viele Hundebesitzer schwer mit Unterordnungsübungen. Für den Hund ist jedoch eine feste Rangordnung wichtig und gibt ihm Sicherheit in seinem Verhalten.

Erziehen über Belohnen

Die Erziehungsmethoden für die Ausbildung des erwachsenen Hundes sind im Prinzip dieselben wie für den Welpen. Artgemäße Hundeerziehung arbeitet nicht mit Bestrafung, sondern mit Belohnung. In einer positiven Grundstimmung sind alle Sinne des Hundes aufnahmebereit und hellwach – das Lernvermögen ist dann am größten, und Erlerntes wird auch gut behalten. Unter Druck und Angst dagegen leidet das Wahrnehmungsvermögen. Die Sinne sind eingeschränkt. Neues wird viel schlechter aufgenommen. Lernerfolge sind schwerer zu erzielen, und die Lerninhalte werden schlechter in Erinnerung behalten. Die Ausbildungsstunden müssen daher immer in einer entspannten Atmosphäre stattfinden. Der Hund soll vorher ausreichend Gelegenheit gehabt haben, sich auszutoben und überschüssige Energien loszuwerden. Neue

Erziehung und Ausbildung erwachsener Hunde

Übungen sind anfangs immer am selben Ort durchzuführen. Dies erleichtert die Konzentration. Ablenkungen sind nach Möglichkeit auszuschließen. Erst mit zunehmend sicherer Beherrschung der erlernten Kommandos wird die Schwierigkeit gesteigert, indem die Übungen dann beispielsweise an neuen Orten durchgeführt werden.

Positive Konditionierung
Für jedes neue Kommando, das erlernt werden soll, wird zunächst eine Situation geschaffen, in der das erwünschte Verhalten ohne Befehl provoziert werden kann. Während der Hund das zu erlernende Verhalten scheinbar zufällig ausführt, wird gleichzeitig der zugeordnete Befehl ausgesprochen und der Hund belohnt. Dies wird häufig hintereinander wiederholt, um Kommando und ausgeführte Tat miteinander zu verknüpfen. Es erfolgt eine positive Konditionierung durch die Belohnung. Zwang darf dabei nicht ausgeübt werden. Der Hund verbindet das Verhalten mit dem Befehl und der Belohnung. Er wird recht schnell und freudig das Kommando in Erwartung der Belohnung ausführen. Anfangs muss jede Ausführung sogleich belohnt werden. Später kann dies unregelmäßig erfolgen. Die neuen Kommandos werden häufig geübt und wiederholt. Die Lernsituationen werden allmählich erschwert und der Ort gewechselt. Jetzt wird nur die besonders gute oder schnelle Ausführung belohnt. Die Schwierigkeit bei dieser Lehrmethode liegt nicht im Lernvermögen des Hundes, sondern im Geschick und der Fantasie des Halters, neu zu erlernendes Verhalten gezielt herbeizuführen.

Der junge Golden Retriever wird ohne Worte nur mit Sichtzeichen abgelegt.

Ähnliches gilt auch für das Lernen, etwas nicht zu tun. Es muss zunächst eine Situation geschaffen werden, in der das unerwünschte Verhalten wiederholt provoziert werden kann. Erschrickt der Hund schon beim ansatzweisen Ausführen der Unart heftig, wird ihm der Spaß daran gründlich vergehen. Schmerzeinwirkung ist dazu nicht nötig. Der Schreck allein hat eine so heftige und unangenehme Wirkung, dass das unerwünschte Verhalten sofort unterlassen wird. Es genügen wenige Wiederholungen, um einen permanenter Effekt zu erzielen. Um einen schnellen und zuverlässigen Erfolg zu erzielen, ist es aber notwendig, dass in der Umerziehungsphase das unerwünschte Verhalten konsequent jedesmal unterbrochen wird. Auch ein scharf gesprochenes „Pfui!" unterbricht das Verhalten des Hundes und dient als Zurechtweisung. Ist der Hundehalter als ranghöher anerkannt, so ist dies durchaus wirksam. Es sollte aber immer zeitgleich oder besser noch schon im Ansatz des unerwünschten Verhaltens ausgesprochen werden. Ein Schimpfen nach der Tat ist wirkungslos. Es wird nur mit dem momentanen Verhalten verknüpft und hat allenfalls Auswirkungen auf die soziale Beziehung zum Hundehalter. Der Hund wird sich unterordnen, aber eine Verbindung mit lange vorher ausgeführtem Verhalten ist für ihn nicht ersichtlich.

Konditionierung mit Hör- und Sichtzeichen

Die gewählten Kommandos können aus Hör- und/oder aus Sichtzeichen bestehen. Beide werden deutlich wahrnehmbar, aber nicht übertrieben gegeben. Hunde sind hervorragende Interpreten der sichtbaren Körpersprache. Neben einem gesprochenen Befehl erleichtert ihnen daher ein gleichzeitiges Handzeichen das Erlernen eines neuen Kommandos. Der Vorteil von Handzeichen liegt auch in der guten Wahrnehmbarkeit auf größere Entfernung. Übrigens können sogar taube Hunde mit Gesten hervorragend geführt werden. Einmal gewählt, sollte der Befehl für eine Handlung immer derselbe bleiben. Mit der Zeit und nach vielen Wiederholungen kann er aber in der Bewegung und/oder der Lautstärke reduziert werden. Armbewegungen werden zu Fingerzeigen und laute Befehle zu Flüstern. Es kann dann auch auf die gleichzeitige Anwendung von Wort und Geste verzichtet werden. Der Hund wird auf ein Zeichen allein reagieren. Nach dem Erteilen eines Kommandos sollte immer eine kurze Pause gemacht werden. So wird ein unerwünschtes Verknüpfen des Befehls mit anderen, folgenden Bewegungen oder Worten vermieden.

> **Der Hund lernt, ein bestimmtes Verhalten mit Kommandos des Hundehalters in Verbindung zu bringen. Dabei können die Kommandos sowohl verbaler Art sein als auch sichtbar mit Hand- oder Fingerzeichen gegeben werden. Optische Kommandos haben gegenüber akustischen den Vorteil, dass das Tier auch über größere Distanzen noch ohne Probleme geführt und kontrolliert werden kann.**

Formen der Belohnung

In der Ausbildung soll erwünschtes Verhalten, wie ein befolgter Befehl, möglichst unverzüglich belohnt werden. Die Belohnungen können sehr unterschiedlich aussehen. Derselbe Hund kann auf verschiedene Weisen belohnt werden. Die Belohnungen können auch von Hund zu Hund variieren. Es ist abhängig vom Temperament und der Veranlagung des Hundes, was als erstrebenswerte Belohnung empfunden wird. Die häufigste Form ist das gesprochene Lob oder ein Streicheln, was als begehrte Belohnung empfunden wird, wenn ein Ranghöherer lobt oder streichelt. Beachtet werden muss immer die enge zeitliche Verbindung mit dem erwünschten Verhalten. Es soll auch nicht beliebig und zu häufig gelobt werden, sonst lässt die Wirksamkeit des Lobes nach. Wie erwähnt, ist gerade in der Lernphase die Belohnung durch schmackhafte Futterhäppchen äußerst effektiv.

> Bei der positiven Konditionierung ist jede Form der Bestrafung tabu, der Lernprozess des Hundes erfolgt über Belohnung. Dabei kann die Belohnung individuell ganz unterschiedlich ausfallen, zum Beispiel in Form von Leckerbissen, Lob oder Streicheleinheiten – je nachdem welche Vorlieben das jeweilige Tier hat.

Besonders temperamentvolle Hunde können auch gut durch Spazierengehen, Spielen, Toben und Freilaufenlassen belohnt werden. Spürhunde werden für besonders schwierige und hohe Konzentration erfordernde Aufgaben häufig durch anschließendes Spielen belohnt.

Grundsätzliches zur artgemäßen Erziehung

Noch einmal seien einige Grundsätze der artgemäßen Erziehung betont: Einzelne Übungen werden schneller erlernt, wenn sie in kleine Schritte zerlegt und belohnt werden. Der Hundeführer soll Befehle immer in ruhigem Ton geben, danach eine kurze Pause machen und dabei auch ruhig stehen. Damit wird eine unerwünschte Verknüpfung mit nebensächlichen Bewegungen vermieden. Gelingt etwas nicht, so darf kein Zwang ausgeübt werden; sondern mit Konsequenz wird so lange auf einer einfacheren Stufe wiederholt, bis erwünschtes Verhalten belohnt werden kann. Erst durch vielfaches Wiederholen werden Kommandos und die damit verbundenen Verhaltensweisen sicher beherrscht. Die einzelnen Übungsphasen müssen kurz gehalten werden. Besonders bei jungen und temperamentvollen Hunden empfiehlt sich

Natürliche Hundeerziehung

vor der Stunde ein kurzer Spaziergang zum Austoben. Die Unterrichtseinheiten werden immer mit einer erfolgreich absolvierten Übung beendet.

Vom Leichten zum Schweren
Mit Fortschreiten der Ausbildung wird die Schwierigkeit gesteigert. Die Anwendung von Erlerntem wird verallgemeinert. Die Kommandos sollen nicht nur an einem Ort ausgeführt werden. Abwechslung erhöht auch die Aufmerksamkeit des Hundes. Gewohnheiten, die die Anwendung einschränken könnten, werden verhindert. Beispielsweise wird das Apportieren so lange an einem Ort und mit demselben Gegenstand geübt, bis es dort beherrscht wird. Dann wird der Ort gewechselt und wieder geübt. Später werden auch verschiedene Gegenstände eingesetzt und das Kommando generalisiert. Der Hund lernt, verschiedene Gegenstände namentlich zu kennen, zu suchen und zu bringen. Auch eine Ausdehnung auf Haushaltsgegenstände ist möglich. Wie viele Gegenstände die Hunde begrifflich unterscheiden lernen, ist individuell sehr unterschiedlich. Behindertenhunde erweitern ihr Repertoire unendlich durch eine Verallgemeinerung der Kommandos. So werden sie beispielsweise in eine bestimmte Richtung dirigiert, bis sie den gewünschten Gegenstand erreicht haben. Falsch- oder Richtig-Hinweise zeigen dem Hund nach dem Versuchs- und Irrtumsprinzip, welches Objekt er bringen soll. Auf diese Weise werden die Hunde besonders für Körperbehinderte zu wertvollen Helfern, die das alltägliche Leben erleichtern.

> Erfolgreiches Lernen hängt zum einen davon ab, dass der Hund nicht zu früh mit neuen Aufgabenstellungen überfordert wird; zum anderen lässt die Aufmerksamkeit des Tieres aber auch schnell nach, wenn Bekanntes zu lange wiederholt wird.

Agility: Lernen in sportlichem Spiel

Agility ist eine Möglichkeit, sich gemeinsam mit dem Hund spielerisch und sportlich zu betätigen. Es ist leicht zu lernen und bringt Hund und Herrchen/Frauchen viel Spaß. Der englische Begriff „Agility" steht für Wendigkeit und Behendigkeit. Es handelt sich um eine neue Hundesportart, die erst 1977 in England erfunden wurde. Ein Agility-Parcour wird von Besitzer und Hund gemeinsam bewältigt. Dabei müssen Hindernisse überwunden und Geschicklichkeitsübungen auf Zeit absolviert

Erziehung und Ausbildung erwachsener Hunde

Beim Agilitytraining müssen Hunde verschiedene ungewöhnliche Hindernisse bewältigen. Zum Beispiel balancieren sie über einen Balken, rennen durch einen Tunnel und springen durch Reifen. Vertrauen zum Menschen, Geschicklichkeit und Schnelligkeit sind hier gefragt.

werden. Die geforderten Aufgaben orientieren sich am natürlichen Bewegungsablauf und den vielfältigen Möglichkeiten der Hunde. So müssen sie über Zäune springen, über Hürden klettern, durch finstere Tunnel robben oder konzentriert über Balken oder Wippen balancieren. Erst das Vertrauen zum Besitzer und seine Unterstützung machen eine erfolgreiche und schnelle Bewältigung möglich. Voraussetzung ist natürlich immer eine gute Grundausbildung in Gehorsamkeit und Führigkeit. Eine gute Mensch-Tier-Beziehung muss vorhanden sein und wird sich durch den gemeinsamen Sport, inklusive Schweiß, Erfolge und Mißerfolgen weiter verbessern.

Natürliche Hundeerziehung

Zahlreiche spielerische Übungsstunden an den ungewöhnlichen Hindernissen sind nötig, um an einem Turnier teilnehmen zu können. Das Wettkampftraining verbessert die körperliche Gesundheit und fördert durch das gezielte Beisammensein mit anderen Hunden und Menschen umgängliches Sozialverhalten.

> Sporttreiben und spielerisch Lernen, für Hund und Herrchen/Frauchen (Agility macht's möglich. Aus England stammend, erfreut sich die Sportart zunehmender Beliebtheit. Entsprechende Informationen erhält man beim Hundezuchtverband.

Es mag vorerst noch schwierig sein, in der Nähe des Wohnorts eine Agility-Gruppe zu finden, aber gerade diese Sportart erfreut sich steigender Beliebtheit und Verbreitung. Anfang der 90er Jahre wurden vom internationalen Hundezuchtverband (FCI) bereits verbindliche Wettkampfregeln festgelegt. Immer mehr traditionelle Hundeschulen und Gebrauchshundevereine öffnen sich dieser neuen Idee und gründen eigene Agility-Gruppen. Die Lernmethode des Agility beruht ausschließlich auf positiver Verstärkung des gewünschten Verhaltens. Hierfür werden geeignete Maßnahmen, wie Lob, Spielzeug oder Belohnungen eingesetzt. Die Tiere lernen in einer lockeren und angenehmen Atmosphäre sehr schnell. Menschen und Hunde genießen diese Freizeitbeschäftigung mit einer Menge ungezwungenem Spaß am gemeinsamen Tun. So fördert Agility eine enge Mensch-Tier-Beziehung, steigert die Lebensqualität für Besitzer und Hund und beugt so auch Verhaltensproblemen vor.

Profis unter den Hunden

Hunde werden traditionellerweise neben ihrem Dasein als Familien- und Begleithunde in vielen Bereichen als Gebrauchshunde eingesetzt. Die Hundevereine haben verschiedene Prüfungsordnungen für Begleithunde, Schutz- und Fährtenhunde aufgestellt, um einheitliche Ausbildungsstandards zu gewährleisten. In Deutschland sind folgende Rassen als so genannte Gebrauchshunderassen anerkannt: Airedale Terrier, Bouvier des Flandres, Deutscher Schäferhund, Deutscher Boxer, Dobermann, Hovawart, Malinois, Rottweiler und Riesenschnauzer. Der Verband für das deutsche Hundewesen (VDH) unterscheidet beispielsweise die Schutzhundeprüfung A (SchH A) und die Schutzhundeprüfungen Stufe I bis III mit den Abteilungen Fährtenarbeit (A), Unterordnung (B) und Schutzdienst (C). Die Fährtenhundeprüfung erfolgt laut Prüfungsordnung an einer Fährte von mindestens 1500 Schritt Länge, die dreimal von Verleitungsfährten gekreuzt wird. Sie muss mindestens drei Stunden alt sein, eine Straße überqueren und es werden vier Gegenstände auf die Spur gelegt. Das Bestehen dieser Prüfungen gilt als Voraussetzung für einen als Wach- und Diensthund arbeitenden Hund. Der Verein für Deutsche Schäferhunde führt des Weiteren eine Ausdauerprüfung durch. Diese besteht aus einer Laufübung über 20 km mit festen Pausen, in denen die Hunde auf Ermüdungserscheinungen hin überwacht werden. Die Prüfung wird mit einer einfachen Unterordnungsübung abgeschlossen.

Diensthunde

Diensthunde werden für verschiedene Bereiche ausgebildet. Inwieweit ihr Einsatz sinnvoll ist, hängt von den Umständen ab, wie folgendes Beispiel zeigt: Wachhunde werden gelegentlich nicht nur zusammen mit ihrem Führer, sondern vor allem nachts auch allein eingesetzt. Sie haben quasi die Funktion einer Alarmanlage. Sie sollen Wächter und Verteidiger sein. Adams und Johnson untersuchten (1995) Schutzhunde, die nachts ein Grundstück selbstständig bewachen sollten. Sie stellten fest, dass die Tiere 84 Prozent der Zeit nicht aktiv waren. Entsprechend den natürlichen Schlaf-Wachrythmen waren sie aber zwei oder dreimal pro Stunde kurz wach. Die Hunde ruhten meist nahe am vorderen Zaun oder im Eingangsbereich. Sie lagen aber so, dass sie für einen vorübergehenden Beobachter nicht sichtbar waren. Fast alle (16 von 17) Hunde zeigten Aggressivität gegenüber vorübergehenden Passanten, insbesondere gegenüber anderen Hunden. Von 14 Hunden, die direkt am Zaun herausgefordert wurden, verteidigten allerdings nur drei wirklich ihr Grundstück. Die anderen Hunde bellten und zogen sich dann zurück oder blieben gleich ungesehen in ihrem Versteck. Hunde, die nur nachts auf dem Grundstück waren, ruhten unmittelbar an der Stelle, an der sie absetzt und wieder abgeholt wurden. Hunde, die auch tagsüber auf dem Gelände waren, hielten sich nachts vor allem in der Nähe der Arbeitsbereiche ihrer abwesenden Besitzer auf. Oder sie schliefen auf

> Hunde, die zur Grundstücksbewachung eingesetzt werden, erfüllen ihre Aufgabe oft nicht so, wie es sich der Grundstücksbesitzer erhofft. Nachts folgen auch die Tiere ihrem natürlichen Schlafrythmus und sind nur phasenweise aufmerksam und wach.

Natürliche Hundeerziehung

Liegeplätzen, die ihnen von ihren Besitzern hergerichtet worden waren. Aus diesen Beobachtungen kann man folgern, dass Hunde nur zusammen mit einem Hundeführer, den sie bei Störungen und möglicher Gefahr alarmieren, wirkungsvolle Wächter sind.

Rettungshunde

Rettungshunde werden für Lawinen- und Erdbebensuche ausgebildet. Ihrer Hilfe und guten Nase verdanken zahlreiche Verschüttete eine schnelle Rettung und damit ihr Leben. Je länger der Verunglückte begraben ist, desto rapider sinken seine Überlebenschancen. Hunde sind leichter und flexibler als schweres technisches Suchgerät und können schneller an den Einsatzort gebracht werden. Die Wahrnehmungsfähigkeit der Hunde ist erstaunlich und hält dem Vergleich mit den Möglichkeiten höchstentwickelter Technik durchaus Stand.

Langwierige Ausbildung

Die Ausbildung ist langwierig und erfordert einen besonders sicheren, wesensfesten, mittelgroßen und kräftigen Spürhund, der nicht aggressiv ist. Es kommen nicht nur Hunde der Gebrauchshunderassen, sondern auch Mischlinge, Labradors und andere Rassen, am häufigsten jedoch der Deutsche Schäferhund zum Einsatz. Meist arbeiten Hundeführer und Hund als festes Gespann lebenslang zusammen. Nicht nur staatliche Organisationen, wie Polizei, Militär und technischer Hilfsdienst, bilden Rettungshunde und ihre Führer aus. Auch engagierte Privatpersonen sind mit ihren Hunden immer wieder zu Einsätzen in Katastrophengebieten bereit, teilweise unter erheblicher Selbstgefährdung. In Notfällen werden sie gerufen und in die Unglücksgebiete eingeflogen. Zum unmittelbaren Einsatz müssen Mensch und Tier in unwegsamem Gelände gelegentlich vom Helikopter

Der Rettungshund im Geschirr wartet gespannt auf seinen Einsatz.

aus abgeseilt oder mit dem Sessellift antransportiert werden. Auch dies muss vorher unbedingt geübt werden, damit die Tiere nicht in Panik geraten. Bei schlechten Witterungsverhältnissen ist manchmal ein kilometerlanger Anmarsch und damit eine leistungsfähige, stabile gesundheitliche Verfassung erforderlich. Schnelles Handeln und oft tagelanger Einsatz unter schwierigsten Bedingungen ohne große Pausen ist für das Überleben der Verschütteten von größter Wichtigkeit.

Bei der Rettungshund-Tauglichkeitsprüfung wird der Hund auf Kondition, Unterordnung und Stöbern getestet. Dazu wird eine auf 10 km verkürzte Ausdauerprüfung abgehalten. Außerdem muss der Hund Hindernisse von 40 cm Höhe begehen und auf einem unebenen Gelände nach überdeckten Gegenständen stöbern. Drei von fünf ausgelegten Kleidungsstücken müssen innerhalb von 20 Minuten gefunden werden.

Im Polizeidienst, beim Grenzschutz und Zoll arbeiten sowohl Schutzhunde als auch besondere Drogenfahndungshunde.

Drogen- und Sprengstoffsuchhunde

Drogen- oder Sprengstoffsuchhunde werden von der Polizei und vom Zoll an Grenzstationen und vor allem an Flughäfen eingesetzt. Die Hunde arbeiten in der Regel immer mit demselben Hundeführer zusammen. Der Erfolg des Hundes hängt auch von einem guten Beobachtungsvermögen des Hundeführers ab. Die beiden müssen daher ein gut eingespieltes Team sein. Die Suche erfolgt in einer Situation, die höchste Konzentration erfordert. Dies wird den Hunden beispielsweise durch Anlegen eines besonderen Geschirrs deutlich gemacht. Aggressivität behindert die Sucharbeit und ist daher unerwünscht. Zum Einsatz kommen neben dem Deutschen Schäferhund auch andere friedlichere, such- und apportierfreudige Rassen, wie der Labrador und Golden Retriever oder kleinere Rassen, wie der Cocker oder Springer Spaniel.

Die Hunde lernen bestimmte Stoffe, die sie geruchlich wahrnehmen, aufzustöbern. Die Grundausbildung entspricht zunächst der des Gebrauchshundes. Suchen, Finden und Apportieren wird zunächst mit einem beliebigen Geruch geübt, bis der Hund die Kommandos sicher beherrscht und große Suchfreude entwickelt hat. Dann wird Suchen ohne Apportieren, aber mit Anzeigen des Fundes geübt. Die einzelnen Hunde werden auf ganz spezielle Gerüche trainiert. Sie zeigen ihre Funde durch Verbellen oder Hinsetzen und Wedeln an. Der Drogenhund gibt auch Hinweise durch Scharren mit der Pfote und Bleiben am Fundort. Für den Sprengstoffspürhund wäre dies zu gefährlich, er zeigt nur durch Lautgeben an. Nach beendetem Einsatz, der vom Hund hohe Konzentration erfordert hat, folgt eine sofortige Belohnung häufig in Form von Spiel und eine Phase der Entspannung.

Diskussion technischer Hilfsmittel

Technische Hilfsmittel für Erziehungsmaßnahmen werden immer wieder von verschiedenen Firmen und dem Tierhandel angepriesen. Sie werden an dieser Stelle einer kurzen kritischen Betrachtung unterzogen: Bei dieser Gelegenheit sollen auch die neuesten wissenschaftlichen Untersuchungen zur Wirksamkeit dieser Hilfsmittel zu Wort kommen und diskutiert werden.

Geräusche und Lichtblitze

Das Problem zwischen Postbote und Hund ist ja beinahe schon sprichwörtlich. Leider haben sich bisher alle technischen Hilfsmittel, die den Angriff des Hundes unterbinden sollten, als unzureichend und unzuverlässig erwiesen.

Zum Beispiel testeten Blackshaw und Mitarbeiter (1990) in Australien verschiedene Geräte, die Geräusche oder Lichtblitze erzeugen und aggressive Hunde vertreiben sollen. Es wurde insbesondere nach einer Möglichkeit gesucht, mit der Postboten in der Lage wären, angreifende Hunde abzuwehren. Die Wirkung unterschiedlicher im Ultraschallbereich arbeitender Geräte auf Hunde verschiedener Rassen und Größen wurde untersucht. Auch ein Lichtblitze schleudernder und Luftdruck erzeugender Alarm wurde getestet. Die Geräte wurden ausgelöst, sobald der Hund bis auf etwa einen Meter Abstand herangekommen war. Die Wirkung war äußerst unzuverlässig. In den meisten Fällen wurde gar keine Reaktion erzielt oder nur aufmerksames Ohrenspiel ausgelöst. Am erfolgreichsten war ein mit großen Schwankungen im Ultraschallbereich arbeitendes Gerät, das Heuler zwischen 17 kHz – 5 kHz – 55 kHz mit einer Lautstärke von 120 Dezibel produzierte. Daraufhin reagierten immerhin 9 von 14 Hunden mit Meideverhalten – was aber natürlich für einen Postboten, der von einem zähnefletschenden Wachhund angegriffen wird, kein hinreichend beruhigendes Ergebnis darstellt. Der Einsatz dieser Geräte kann daher nicht empfohlen werden.

Ultraschallpfeifen
In manchen Wohngegenden stellen unaufhörlich kläffende Hunde ein ständiges Nachbarschaftsproblem dar, weil sich die Anwohner belästigt fühlen. Um dieses Bellen zu unterbrechen oder abzustellen, wurden in den USA verschiedene Hilfsmittel entwickelt, die den Hund automatisch auch in Abwesenheit des Besitzers maßregeln sollen. So kommen Ultraschall-Pfeifen oder Halsbänder zum Einsatz, um Hunde von unerwünschtem Bellen abzuhalten. Sie wirken als unterbrechender Reiz oder bei hoher Lautstärke als Schmerzreiz. Jedoch reagieren nur etwa 30 Prozent der Hunde auf diese Reize. Bei geringer Lautstärke gewöhnen sich die Tiere sehr schnell an das Geräusch. Die Anwendung ist daher nicht zu empfehlen. Hilfreich kann allerdings die Verwendung in der Ausbildung und Dressur sein, beispielsweise als Ruf über größere Distanz in Verbindung mit einem bereits erlernten Kommando.

> Auch der Einsatz von Ultraschall, außer in der Ausbildung und Dressur, ist nicht anzuraten: Bei geringer Lautstärke tritt Gewöhnung ein, bei hoher Stärke verursacht er dem Hund Schmerzen, über die das Verhalten jedoch nicht korrigiert werden sollte.

Schockhalsbänder

Der Einsatz von elektrischen Schockhalsbändern wird immer wieder diskutiert. Automatische Schockhalsbänder werden insbesondere in den USA schon seit Jahren zur Verhinderung von unerwünschtem Bellen eingesetzt. Sie werden durch das Bellen des Hundes ausgelöst und erteilen ihm dann einen schmerzhaften elektrischen Schlag. Sie sind in den letzten Jahren modifiziert und gegen versehentliche Auslöser abgesichert worden. So sind Halsbänder mit eingebauter Stimmerkennung entwickelt worden. Ihre Wirksamkeit schwankt, ist im Durchschnitt aber als effektiv zu bezeichnen. Aus Sicht des Tierschutzes ist die Anwendung jedoch äußerst fragwürdig und deshalb abzulehnen. Insbesondere wenn der Hund aus Angst vor dem Alleinsein bellt, verstärkt der Strafreiz die Angst des Tieres nur noch mehr. Die Ursache des Problems wird nicht beseitigt, sondern noch verschärft. Die Hunde entwickeln daraufhin andere Symptome, wie mangelnde Stubenreinheit, zerstörerische Verhaltensweisen oder verletzen sich selbst. Auch vorher gesunde und verhaltenssichere Hunde können durch die Anwendung von Elektroschockhalsbändern extreme Ängste entwickeln. In einigen Ländern, wie der Schweiz, ist deshalb der Besitz, die Anwendung und der Handel mit elektrischen Schockhalsbändern strafbar. Die Verwendung muss von offizieller Seite genehmigt werden und bleibt nur einigen Fachleuten für die Hundeausbildung vorbehalten.

Vorsicht mit „Tele-Tac" und Co
In Deutschland sind ähnliche Halsbänder, vor allem das „Tele-Tac", aus der Jagdhundeausbildung bekannt. Der Hundeführer hat durch sie auch auf größere Distanz sicheren Einfluss auf den Hund und kann bereits erlernte Kommandos durchsetzen. Sie werden auch immer wieder zur Korrektur störender Verhaltensweisen, wie Ungehorsam, Wildern und Streunen, eingesetzt. Diese Anwendung sollte aber nur unter Beratung von Fachleuten erfolgen, und selbst dann muss immer noch davor gewarnt werden! Es besteht immer die Gefahr, dass unerwünschte Nebenwirkungen auftreten. So kann der Strafreiz unbeabsichtigterweise mit anwesenden Personen oder Tieren verknüpft werden und zu verstärkter Aggression oder Furcht führen. Die eigentliche Ursache für ein Problem wird meist nicht behandelt, vielmehr wird mit vermeintlich besten Absichten neues Fehlverhalten produziert.

> Schockhalsbänder arbeiten über Strafreize. Dabei ist größte Vorsicht geboten, kann der Hund den Strafreiz doch leicht mit anwesenden Personen oder Tieren verknüpfen. Dann würde unbeabsichtigt neues Fehlverhalten provoziert werden.

Es gibt auch eindeutige Befürworter des Einsatzes von elektrischen Halsbändern, wie Davison und Bing (1997). In England sind mehrere tausend Exemplare im Einsatz. Sie finden in Fällen Verwendung, in denen herkömmliche Erziehungsmethoden fehlgeschlagen haben und stellen einen letzten Ausweg dar bei Tieren, die ansonsten aufgrund ihrer Verhaltensprobleme eingeschläfert werden müssten. Mit ihrer Hilfe soll es gelingen, Hunden schweres Fehlverhalten, wie das Töten von Schafen oder Katzen, Streunen, Wildern und Kotfressen abzugewöhnen. Die Geräte arbeiten mit Batterien mit einer Spannung von 3,6 Volt. Der Impuls kann in fünf Stärkegraden erteilt werden und dauert maximal 0,9 s.

„Freedom Fence"
Eine besondere Variante des elektronischen Halsbandes, der „Freedom Fence" oder „unsichtbare Zaun", soll das Weglaufen und Streunen von Hunden verhindern. Hierfür wird zunächst ein Draht entlang der Grundstücksgrenze verlegt. Ein Transmitter im Haus sendet ein Dauersignal durch den Draht. Der Hund trägt einen kleinen Empfänger am Halsband, der das Signal aufnehmen kann. Dieser Empfänger kann von keinem anderen Signal ausgelöst werden. In einer ein- bis zweiwöchigen Trainingsphase lernt der Hund, die Grundstücksgrenze zu respektieren. Zunächst wird der Hund von seinem Besitzer an der Leine an die Grenze herangeführt. In einigen Schritt Entfernung hört er einen deutlichen Warnlaut. Bei weiterer Annäherung an den Draht kommt er in die Korrekturzone, in der eine milde statische Aufladung der Haare im Nackenbereich erfolgt. Dies ist eine unangenehme und ungewohnte Erfahrung für den Hund, aber nicht schmerzhaft. Dem Hund wird die ganze Grundstücksgrenze gezeigt und er muss die Bedeutung des Warnsignals kennen lernen. Die meisten Tiere erfassen diese nach zwei bis drei Versuchen. Eine Korrektur ist selten häufiger notwendig. Nach der Trainingsphase halten die Hunde von selbst Abstand zur Grundstücksgrenze.

> Bei Hunden, die immer wieder streunen gehen, kann der „unsichtbare Zaun" oft mit Erfolg eingesetzt werden. Nach einer kurzen Trainingsphase halten die Tiere freiwillig Abstand und bleiben innerhalb der Grundstücksbegrenzung.

Zitronenspray

Der Einsatz von Zitronenspray wirkt im Gegensatz zum Schockhalsband nicht als schmerzhafter Strafreiz, sondern als wirksamer Unterbrecher. Die Hunde werden durch den plötzlichen ungewohnten Geruch überrascht und in ihrem Verhaltensablauf unterbrochen. Es gibt mit Zitronenspray präparierte Halsbänder, die durch Bellen ausgelöst werden. Die Hunde hören plötzlich ein Geräusch und riechen völlig ungewohnte Düfte. Sie sind abgelenkt und suchen nach der Quelle. Bei 80 Prozent der Hunde ist das Spray gegen unerwünschtes Bellen wirksam. Sie geben nach einigen Anwendungen das Kläffen auf. Unerwünschte Nebenwirkungen treten nicht auf. Einige Tiere bellen allerdings so häufig und viel, dass das Halsband zu oft hintereinander ausgelöst wird und die Tiere sich an die Geräusche und Gerüche gewöhnen. Das Halsband besitzt dann keine unterbrechende Wirkung mehr. Bei diesen Tieren bestehen meist tiefer liegende Probleme, wie eine enorme Angst vor dem Alleinsein.

> Selbst wenn technische Hilfsmittel wirksam sind, ist ihr Einsatz nicht immer angebracht. Unerwünschtes Verhalten von Hunden oder gar Verhaltensstörungen können Ursachen haben, die langfristig nur durch eine sorgfältige Anamnese und Therapie zu beheben sind.

Solche Verhaltensprobleme müssen genau analysiert und ihre Ursache behandelt werden. Eine wirksame Therapie oder Umerziehung ist möglich, ohne dass dem Tier Schmerz zugefügt wird, und sollte aus Respekt vor dem Lebewesen auch entsprechend durchgeführt werden.

Literaturverzeichnis:
- Adams G. J. und K. G. Johnson: „Guard dogs: sleep, work and the behavioural resposess to people and other stimuli." Appl. Anim. Behav. Sci. **46**, 103–115 (1995).
- Aubry, X.: „A Comparison of Different anti-barking Devices. Aversive and Disruptive Stimuli". Proceedings of the 1. Internat. Conference on Vet. Behav. Medicine. 156–163, Universities Federation for Animal Welfare, Birmingham 1997.
- Blackshaw, J. K., G. E. Cook, P. Harding, C. Day, W. Bates, J. Rose,
- D. Bramham: „Aversive Responses of Dogs to Ultrasonic, Sonic and Flashing Light Units." Appl. Anim. Behav. Sci., **25**, 1–8 (1990).
- Clark, G. I., W. N. Boyer: „The effects of dog obedience training and behavioural coun, selling upon the human-canine relationship." Appl. Anim. Behav. Sci. **37**, 147–159 (1993).
- Davison, R., K. Bing: „The use of electronic training collars." Proceedings of the 1. Internat. Conference on Vet. Behav. Medicine. 174–177, Universities Federation for Animal Welfare, Birmingham 1997.
- Klinkenberg, T.: „Der folgsame Hund." Naturbuch Verlag, Augsburg, 3. Auflage, 1994.
- Ochsenbein, U.: „Der neue Weg der Hundeausbildung." Albert Müller Verlag, Rüschlikon-Zürich 1979.

Literatur

- Rogers, D: „Freedom Fence." Proceedings of the 1. Internat. Conference on Vet. Behav. Medicine. 178–180, Universities Federation for Animal Welfare, Birmingham 1997.
- Seksel, K.: „Puppy socialization classes." Vet. clinics of North America: Sm. anim. practice **27**, 3, 465–476 (1997).
- Weidt, H. und D. Berlowitz: „Spielend vom Welpen zum Hund". Naturbuch Verlag, Augsburg, 2. Auflage 1996.
- Weidt, H. und D. Berlowitz: „Das Wesen des Hundes". Naturbuch Verlag, Augsburg 1998.

Methoden der Verhaltenstherapie

Verhaltenstherapie beeinflusst das Verhalten von Haushunden mit Problemen erfolgreich. Mit welchen Methoden dabei gearbeitet werden kann, erläutert dieses Kapitel. Bei den Problemen, die einem Verhaltenstherapeuten vorgestellt werden, handelt es sich meist um den Menschen störende Verhaltensweisen, nicht um tatsächliche Verhaltensstörungen der Tiere. Es sind häufig Handlungen dabei, die im Zusammenleben mit Menschen nicht angebracht sind, aber durchaus dem natürlichen Verhaltensrepertoire des Hundes entsprechen. Angebrachter ist es daher, von Verhaltensproblemen oder unerwünschten Verhaltensweisen und nicht von Verhaltensstörungen zu sprechen. Letztere sind Verhaltensweisen, die nicht Teil des typischen Normalverhaltens des Hundes sind, und kommen eher selten vor. Definitionsgemäß sind Verhaltensstörungen Verhaltensweisen, die in der entsprechenden Form und Häufigkeit bei wilden Tieren nicht vorkommen. Sie führen zu Schäden am Individuum oder schädigen die Gruppe.

Zeigt ein Hund unerwünschte Verhaltensweisen, so kann bei einem Tierarzt Rat und Hilfe gesucht werden. In einem ausführlichen Beratungsgespräch unter Beachtung aller Beteiligten wird nach der Ursache des Problems gesucht. Ziel ist es, nicht nur die störenden Symptome, sondern auch ihre Quelle zu beseitigen. Voraussetzung für eine erfolgreiche Behandlung ist in erster Linie, dass Haltung und Fütterung dem Bedarf des Tieres angemessen sind. An zweiter Stelle stehen verhaltenstherapeutische Gewöhnungs- und Konditionierungsprogramme. Erst als letzte Möglichkeit sollte der Einsatz von Medikamenten, Hormonen und operativen Maßnahmen, wie der Kastration, erwogen werden.

> **Schritte bei der Behandlung von Verhaltensproblemen**
> Beratungsgespräch: Suche nach der Ursache des Problems
> - Sicherung einer dem individuellen Bedarf des Tieres angemessenen Haltung und Fütterung.
> - Änderung im Umgang mit dem Hund.
> - Auf den Einzelfall abgestimmte verhaltenstherapeutische Gewöhnungs- und Konditionierungsprogramme.
> - Nur bei ungenügendem Erfolg der vorangegangenen Maßnahmen Einsatz von Medikamenten, Hormonen und operativen Maßnahmen.

Aufbau und Psychologie des Beratungsgesprächs

Ein ausführliches Gespräch zwischen Berater und Tierhalter ist die Basis für die Beurteilung und Behandlung von Verhaltensproblemen bei Tieren, die in häuslicher Gemeinschaft mit Menschen leben. Für ein erfolgreiches Gespräch sollten verschiedene Voraussetzungen erfüllt sein. Die äußeren Bedingungen der Gesprächssituation müssen stimmen. Eine entspannte und offene Atmosphäre ist wünschenswert. Berater und Ratsuchende sollten sich durch Vereinbarung eines Termins bewusst für das Problem und seine Lösung Zeit nehmen. In der regulären tierärztlichen Sprechstunde steht selten genug Zeit zur Verfügung. Ein Gespräch in der Praxis – wie häufig beobachtet, schon im Gehen zwischen Tür und Angel – bleibt oberflächlich und der so erteilte Rat zwangsläufig ebenso. Für die erste Sitzung sollte etwa eine Stunde zur Verfügung stehen. Je nach Bedarf werden dann in den nächsten Wochen weitere Treffen vereinbart.

> Der Erfolg und die Prognose einer Therapie hängt entscheidend von der Güte des Beratungsgesprächs ab. Der Therapeut muss versuchen, so viel wie möglich an Information von allen Beteiligten, Personen wie anderen Tieren, sowie dem gesamten Umfeld zu erhalten.

Teilnahme aller Betroffenen

Zu dem Beratungsgespräch sollten möglichst alle Personen erscheinen, die sich wesentlich mit dem Hund beschäftigen – oder Probleme mit ihm haben. Dies kann eventuell die ganze Familie oder Wohngemeinschaft sein. Der Hund selbst ist natürlich dabei. Er darf sich im Beratungsraum frei bewegen. Sind weitere Tiere betroffen, sollten auch diese mitgebracht werden. Die Beratung kann auch als Hausbesuch durchgeführt oder durch einen solchen ergänzt werden. Manche Probleme sind vor Ort wesentlich leichter zu durchschauen. Häufig wird das kritische Verhalten nur in der gewohnten Umgebung gezeigt.

Angenehme und störungsfreie Umgebung

Beim Gespräch sollten alle Beteiligten bequem sitzen und keinen unbewussten Zeitdruck verspüren. Mögliche Störfaktoren, wie Handys, werden vorher abgestellt. Ein runder Tisch vermeidet eine frontale Sitzgruppierung und dadurch möglicherweise entstehende Spannungen. Die Beteiligten sollen sich als gleichberechtigte Partner empfinden und aus dieser Ausgangslage heraus über das Problem und seine Lösung sprechen.

Körpersprache

Aus der unbewussten Körpersprache der Beteiligten können Rückschlüsse auf die Situation gezogen werden. Jeder sollte die Wirkung seiner eigenen Körpersprache kennen: Der Ratsuchende ersieht unbewusst schon aus der Körperhaltung seines Gegenübers, ob wirklich Interesse für sein Problem besteht. Eine offene, leicht nach vorne geneigte Haltung signalisiert die Bereitschaft zuzuhören. Sie lädt das Gegenüber zum Erzählen ein. Immer wieder hergestellter Blickkontakt unterstützt Offenheit und Vertrauen. Die unbewusste Körpersprache sagt unter Umständen mehr aus als die ausgesprochenen Worte. So sind beispielsweise Blicke, ihre Dauer und Richtung für den aufmerksamen Beobachter sehr aufschlussreich. Weitere Beispiele für die Bedeutung der Körpersprache beim Menschen sind aufrechte Haltung für Selbstbewusstsein oder andererseits Kleinmachen und Festhalten an sich selbst oder Gegenständen für Unsicherheit. Offene Arm- und Handhaltung signalisieren die Bereitschaft dem Anderen zuhören, Rat zu geben oder auch anzunehmen. Die Augen schließen, Verschränken der Arme oder Hände bedeuten dagegen, dass etwas nicht gesehen werden will und Rückzug auf die eigene Person. Abwehrende Gesten, erhobene Hände oder auch Faustbildung weisen auf mehr oder weniger unbewusste, versteckte Aggressionen hin.

Verhalten des Tieres während des Gesprächs

Während des Gesprächs wird das Verhalten des Tieres beobachtet: Der Ausdruck des Hundes durch Haltung, Bewegung und Mimik gibt Auskunft über seine emotionale Verfassung. Seine Körpersprache in ihrer Gesamtheit zeigt die Grundzüge seines Wesens, ob er ängstlich oder aggressiv, kontaktfreudig, freundlich, nervös und neugierig oder ruhig und apathisch ist. Wie sich der Hund frei im Raum bewegt, informiert uns über seinen Mut, seine Intelligenz und Neugier.

Aufbau und Psychologie des Beratungsgesprächs

Checkliste zur Verhaltensberatung

Problemstellung: Grund des Besuches ....
Signalement: Name des Tieres ....
   Tierart, Rasse : .... Alter:........................ Geschlecht:........................ –
   kastriert – wann? .... besondere Kennzeichen ....
Haltungsbedingungen:
   in welchem Alter übernommen ....
   Herkunft: ....
   besondere Erfahrungen v. a. in der Aufzuchtphase ....
   Art der Haltung ....
   weitere Tiere im Haushalt ....
Mensch-Tier-Beziehung ....
   Anzahl Personen im Haushalt: Männer, Frauen, Kinder – Alter ....
   wie lange ist der Hund täglich allein? ....
   ergänzende Punkte: wer beschäftigt sich mit dem Tier, wo ist der Schlafplatz,
   wann, wie oft Fütterung, Spiel, Spaziergänge ....

> Beobachtung anwesender Personen und Tiere:
>   Auftreten des Besitzers
>   Verhalten des Tieres
>   emotionale Bindung
>   Rangverhältnis
>   Motivation des Besitzers

Vorbericht:
   seit wann besteht das Problem? ....
   sind unmittelbare Auslöser bekannt? Veränderungen im Haushalt? ....
   was passiert unmittelbar vorher? zeitliche Zusammenhänge?........................
   wo tritt es auf? ....
   welche Menschen oder Tiere sind beteiligt/anwesend? ....
   wie häufig? ....
   objektive Schäden? ....
   Einzelfälle beschreiben: ....
   was kurz vorher passiert ist ....
   Haltung, Mimik und Bewegung des Tieres ....
   wie reagieren die Besitzer auf das Verhalten ....
   wie das Tier reagiert hat ....
   Verlauf: Ist das Problem gleich geblieben, schlimmer oder besser geworden? ....
   Ist das Tier in kritischen Situationen auch manchmal brav? ....
   bereits durchgeführte Maßnahmen und Erfolg ....
   Gesundheitszustand: scheinbare oder tatsächliche Gesundheitsstörungen ....
Diagnose: ....
   Differentialdiagnose: Andere Ursache, Erkrankung? ....
Prognose:
   Beurteilung unter Berücksichtigung der Motivation und Zielvorstellungen der Besitzer
Therapieprinzipien:
   – Änderungen in den Haltungsbedingungen und/oder im Umgang ....
   – Gewöhnung oder Konditionierung ....
   – Kastration, hormonelle und medikamentelle Therapie ....
   Nachbesprechung

Methoden der Verhaltenstherapie

Eine innige Beziehung zwischen Herr und Hund, wie hier zwischen dem Münsterländer und seinem „Frauchen", führt zu großem Engagement für das Tier. Kommt es zu Problemen, so ist sie die beste Voraussetzung für eine erfolgreiche Verhaltenstherapie.

Die Wechselbeziehung zwischen Besitzer und Tier spielt eine entscheidende Rolle. Die tatsächliche räumliche Nähe zu den verschiedenen Personen im Raum veranschaulicht die Enge der Bindung zu ihnen. Zuwendung oder Rückenzudrehen weisen auf typische Beziehungen hin. Zu welchem Menschen geht der Hund spontan? Hält er ständig, unaufgefordert Körperkontakt mit seinem Besitzer? Wem folgt er mit seinen Blicken und im Verhalten? Aufschlussreich sind die Rangverhältnisse. Wer sucht Blickkontakt zu wem? Wer handelt zuerst? Wer betritt etwa den Raum zuerst? Gelegentlich treten während der Beratung – spontan oder provoziert – unerwünschte Verhaltensweisen auf, oder es ergeben sich Hinweise auf ihre Entstehung. Beispielsweise kann eine ungeklärte Rangordnung zum Ausdruck kommen, die das Entstehen von Aggressionen begünstigt. Auch ständiges Streicheln, ohne das Verhalten des Hundes zu beachten, kann negative Folgen haben. Es entspricht einer unabsichtlichen Belohnung durch Zuwendung und fördert dadurch möglicherweise unerwünschtes Verhalten.

Erstellen eines Fallprotokolls

Eine systematische Vorgehensweise erleichtert das Erkennen der zugrunde liegenden Ursache eines Verhaltensproblems. Sinnvollerweise wird ein detailliertes, sachliches Fallprotokoll erstellt. Das Führen einer Checkliste verhindert, dass wichtige Informationsbereiche ausgelassen werden. Sie dient als Gliederung und Orientierungshilfe. Sie darf aber keinesfalls zum sturen, formularähnlichen Ausfüllen verführen, sondern soll dem geordneten Notieren der Informationen dienen, die der Tierbesitzer weitgehend frei erzählend liefert. Details werden durch Nachfragen ergänzt.

Aufbau und Psychologie des Beratungsgesprächs

Eine Vermenschlichung des Hundes wirkt sich auf eine Therapie hinderlich aus. Es werden falsche, nicht artgemäße Erwartungen an das Tier gestellt.

Was ist das Problem?
Begonnen wird mit dem Festhalten des Problems, dem Grund für die Konsultation. Das genaue Ziel des Tierhalters wird formuliert. Das Anliegen eines Besitzers kann beispielsweise sein: „Mein Hund ist aggressiv. Er hat gebissen. Was kann ich tun? Muss er eingeschläfert werden?" Das Problem ist hier, allgemein formuliert, Aggressivität. Ziel ist eine gefahrlose Haltung des Hundes. Anhand der Checkliste wird ein Fallprotokoll für den Hund angelegt.

Besondere Merkmale des Tieres
Die besonderen Kennzeichen des Tieres werden erfasst. Zu den charakterisierenden Merkmalen gehören Rasse, Alter und Geschlecht. Wichtig ist auch, ob das Tier kastriert wurde und wenn ja, in welchem Alter. Merkmale des äußeren Erscheinungsbildes, wie Größe, Gewichtstyp, Farbe, Abzeichen, Haarkleid, kupiert, sonstige Besonderheiten, Verletzungen und Ernährungszustand werden festgehalten.

Gesundheitszustand des Tieres

Durch eine tierärztliche Allgemeinuntersuchung wird der Gesundheitszustand des Tieres festgestellt. Gestörtes Allgemeinbefinden, scheinbare oder tatsächliche Gesundheitsstörungen können für Verhaltensauffälligkeiten verantwortlich sein. Wird die Beratung nicht durch einen Tiermediziner durchgeführt, so sollte dieser Punkt vorher durch einen Besuch beim Tierarzt abgeklärt werden.

Ausführlicher Vorbericht

Die eigentliche Fallgeschichte beginnt mit einem ausführlichen Vorbericht. Möglichst viele Informationen werden gesammelt. Geschickte Gesprächsführung vermeidet direkte Fragen. Sie werden sehr leicht als zu aufdringlich und inquisitorisch empfunden. Ehrliche Anteilnahme und aufmunternde, wenn möglich mitfühlende Bemerkungen des Beraters sorgen dafür, dass der Tierhalter von sich aus erzählt. Erst im weiteren Verlauf des Gesprächs fordern ergänzende Fragen zu näheren Beschreibungen auf. Die meisten Hundebesitzer erzählen gerne und viel über ihre Tiere, wenn ihr Gegenüber ihnen wohlwollend zuhört und ihnen das Vertrauen gibt, verstanden zu werden.

> Bei sensibler Gesprächsführung liefert der Hundehalter bereits meist spontan eine Fülle an Informationen. Mit ergänzenden Fragen kann der Therapeut nachhaken. Direkte Fragen sollten vermieden werden, da sie leicht als aufdringlich empfunden werden.

Keine Kritik am Hundehalter!

Kritische Bemerkungen oder gar eine moralische Bewertung des Hundehalters durch den Berater sind nicht angebracht. Sie führen zu einer sofortigen, automatischen Abwehrhaltung des Befragten und verhindern damit den Erfolg des Beratungsgesprächs. Mitfühlende Anteilnahme und offensichtliches Verständnis helfen dagegen, eine Basis für notwendige Einsichten und Veränderungen zu schaffen. Es sollte sich dabei um eine ehrliche Haltung handeln, sonst verliert der Therapeut an Vertrauenswürdigkeit.

Haltungsbedingungen

Im Vorbericht wird zunächst sehr ausführlich auf die Haltungsbedingungen eingegangen. Handelt es sich um einen Wohnungs- oder Hofhund? Leben weitere Tiere im Haushalt? Welches sind die Bezugspersonen des Tieres? Wie sieht ein durchschnittlicher Tagesablauf aus? Dabei werden nicht nur äußere Umstände erläutert, sondern es wird geklärt, in welchem Beziehungsgeflecht Besitzer und Hund leben.

Vorgeschichte des Tieres
Wichtig sind Informationen zur Vorgeschichte des Hundes: Angaben über Herkunft, Haltung in den ersten prägenden Lebenswochen und das Alter bei der Übernahme können aufschlussreich sein. Besondere Vorkommnisse, wie Misshandlungen, Unfälle, Zwingerhaltung oder mehrfacher Besitzerwechsel können mit dem akuten Problem in Verbindung stehen.

Akutes Problem
Schließlich wird ein genauer Vorbericht zum akuten Problem erhoben. Wie lange besteht das störende Verhalten schon? Wann und wie häufig tritt das Problem auf? Wie sind die genauen Begleitumstände? Sind in der Regel bestimmte Personen an- oder abwesend? Hilfreich ist es, den jeweils letzten Vorfall genau in Erinnerung zu rufen und beschreiben zu lassen. Details, wie das Ausdrucksverhalten des Hundes, sollen genau geschildert werden. Die unmittelbaren Reaktionen der anwesenden Menschen auf das unerwünschte Verhalten des Hundes sind aufschlussreich.

> An den allgemeinen Vorbericht über Haltungsbedingungen und die Vorgeschichte des Hundes schließt sich eine Schilderung des aktuellen Problems und seiner bisherigen Entwicklung an. Jedes noch so kleine Detail kann dabei von Bedeutung sein.

Dann wird der Verlauf der Problementwicklung betrachtet. Ist es gleich geblieben, oder hat es sich verschlimmert? Was hat möglicherweise zum Weiterbestehen des Problems beigetragen? Wurde das unerwünschte Verhalten etwa unabsichtlich belohnt? Ist das Tier in kritischen Situationen auch manchmal brav? Bereits durchgeführte Therapieversuche werden besprochen.

Ergebnisse des Gesprächs

Nach einer längeren Unterhaltung kommt es meist zu einem „Aha-"Erlebnis. Dem Besitzer und/oder dem Berater wird die Ursache des Problems klar. Manchmal muss sie dem Hundehalter auch erst mit Einfühlungsvermögen bewusst gemacht werden. Der Besitzer muss seine eigenen Fehler im Umgang mit dem Tier klar erkennen.

Methoden der Verhaltenstherapie

Diagnosestellung
Es wird eine eindeutige Diagnose gestellt. Das heißt, die Hauptsymptome sind zusammen mit ihren Ursachen erkannt. Das Problem wird jetzt aus verhaltenstherapeutischer Sicht genau definiert.

Die Erläuterung der Differentialdiagnose dient dem Ausschluss anderer ähnlicher Probleme und Ursachen. Es müssen unter anderem organische Erkrankungen, wie Störungen des Zentralnervensystems, anderer Organsysteme oder schmerzhafte Entzündungen ausgeschlossen werden. So kann etwa ein Tier beißen, weil es Angst hat, dass eine schmerzhafte Körperstelle berührt wird. Die ursprüngliche Erkrankung kann auch bereits abgeheilt sein, und es handelt sich um eine erlernte Abwehrreaktion. Oder der Hund reagiert unberechenbar, weil er an einem Gehirntumor leidet. Diese organischen Ursachen sind allerdings eher selten. Meist sind Fehler oder Unterlassungen der Halter die Wurzel unerwünschten Verhaltens.

> Bevor der Arzt eine endgültige Diagnose stellt, auf der dann auch der Therapieplan aufbaut, müssen andere mögliche Ursachen für das auffällige Verhalten, vor allem organische Störungen, in Betracht gezogen und ausgeschlossen werden.

Prognosestellung
Eine Prognose in Bezug auf die durch eine Therapie zu erwartenden Verbesserungen wird gestellt. Die Beurteilung der Besserungsmöglichkeiten hängt dabei wesentlich von der Motivation der Besitzer ab, das Problem tatsächlich zu ändern. Die Zielvorstellungen werden klar benannt. Was soll, beziehungsweise kann realistischerweise unter welchem Aufwand überhaupt erreicht werden?

Der individuelle Therapieplan

Ein individueller Therapieplan wird aufgestellt. Die jeweilige Behandlungsmethode arbeiten Berater und Tierhalter zusammen aus. Nicht jeder ist bereit oder in der Lage jede mögliche Methode anzuwenden. Beispielsweise kann körperliche Schwäche oder Unsicherheit des Besitzers dazu führen, dass er Dominanzverhalten seines Hundes nicht einschränken kann. Dann werden indirekte Methoden eingesetzt, wie Zuwendungsentzug, Belohnung erwünschten Verhaltens und Ignorieren unerwünschten Verhaltens.

Haltung und Umgang

Im ersten therapeutischen Ansatz wird überprüft, ob das Problem durch Änderung des Umgangs mit dem Tier oder der häuslichen Situation lösbar ist? Prinzipiell müssen zunächst alle gravierenden Haltungsmängel beseitigt werden. Dies setzt aber die Bereitschaft des Tierhalters voraus, Änderungen für sich und sein Tier zu akzeptieren. Unter Umständen muss erst eine Aufklärung über das normale Verhalten des Tieres stattfinden. Im Extremfall muss der Hund abgegeben werden, falls sich keine hundegerechte Haltungsform verwirklichen lässt.

Therapeutische Methoden

Verhaltenstherapeutische Methoden, wie Gewöhnung, Desensibilisierungs- und Konditionierungsmaßnahmen kommen je nach Situation zum Einsatz. Manche Ratschläge werden nicht gerne befolgt, etwa das Tier weniger oder nur noch ganz gezielt zu beachten. Hilfreich ist es, solche Maßnahmen zunächst nur für eine begrenzte Dauer zu vereinbaren und dann die Erfahrungen, die gemacht wurden, zu besprechen.

> Eine Therapie mit Medikamenten oder chirurgischen Eingriffen sollte nur dann durchgeführt werden, wenn eine Verhaltenstherapie erfolglos war oder diese durch Medikamente unterstützt werden muss. Sonst besteht die Gefahr einer reinen Symptombehandlung.

Beeinflussung des Verhaltens durch Eingriffe in das Hormonsystem, wie durch die Gabe weiblicher Hormone, Kastration oder psychoaktive Medikamente sollten die Mittel der letzten Wahl bleiben. Sie setzen immer die Mitwirkung eines Tierarztes voraus. Sie sollten mit Bedacht und Vorsicht eingesetzt werden, da eine medikamentöse Therapie den Besitzer zu leicht aus der Verantwortung nimmt. Sie ist häufig eine rein symptomatische Therapie, die die Ursachen in der Regel nicht beseitigt. Viele Tierhalter wünschen sich die „Wunderpille oder Spritze", mit der – ohne ihr Zutun – alles wieder in Ordnung kommt, was jedoch meistens fernab jeglicher Realität ist.

Der Therapieplan wird ausführlich besprochen und der individuellen Situation angepasst. Ein auf das spezielle Problem zugeschnittener Übungsplan wird aufgestellt. Je umfangreicher die Information und die Ratschläge sind, desto leichter werden wichtige Details vergessen. Therapeutische Anweisungen sollten daher auch schriftlich mitgegeben werden.

Wichtigster Faktor: der Tierbesitzer

Der Tierbesitzer ist der wichtigste Faktor in der Verhaltenstherapie! Er hat in der Regel dazu beigetragen, dass das entsprechende Problem überhaupt erst entstanden ist. Der Behandlungserfolg hängt wesentlich von der Mitarbeit des Besitzers ab. Die Einsicht des Betreffenden in diesen Umstand ist eine grundlegende Voraussetzung für eine erfolgreiche Beratung und Therapie.

Maßstab „Subjektives Empfinden"

Wie der Ratsuchende die Situation subjektiv empfindet und was für ihn Realität darstellt, unterscheidet sich oft erheblich von dem wahrnehmbaren Bild der Situation, das sich für einen Außenstehenden ergibt. Wie schwerwiegend ein Problem empfunden wird, ist oft nicht abhängig von den objektiven Tatsachen, wie etwa tatsächlichen Bissverletzungen oder Sachschäden; entscheidend ist letztendlich, wie stark sich der Tierbesitzer in seiner Lebensqualität durch das Verhaltensproblem beeinträchtigt fühlt. Dies führt zu schwerwiegenden Folgen für die Tiere, wie Misshandlungen, Abgabe oder gar Tötung. Jedes Problem, das als solches angesprochen wird, muss daher ernst genommen werden. Der subjektiv vom Tierbesitzer empfundene Leidensdruck erhöht die Bereitschaft zur Veränderung.

> Ganz egal wie sich einem Außenstehenden eine Situation präsentiert, oberstes Gebot ist, dass der Hundebesitzer in seinem subjektiven Empfinden ernst genommen wird. Denn er spielt eine entscheidende Rolle im Erfolg der Therapie.

Motivation

Die Art der Mensch-Tier-Beziehung beeinflusst die Motivation des Besitzers zur Mitarbeit maßgeblich. Abhängig von der Qualität der Beziehung wird eine Therapie unterschiedlich gut unterstützt. Die Mehrheit der Besitzer haben eine sehr gefühlsbetonte Einstellung ihrem Hund gegenüber, betrachten ihn als Familienmitglied und lassen es deshalb häufig an Durchsetzungsvermögen fehlen. Sie vermeiden, dem Hund gegenüber eine dominante Position einzunehmen, weil beispielsweise die natürlichen Unterwürfigkeitshaltungen des Hundes unwillkürlich Schuldgefühle auslösen oder weil sie unbewusst von einer Gleichberechtigung von Mensch und Tier ausgehen. Da der Hund jedoch nach einer klaren Rangordnung sucht, wirkt sich diese Vermenschlichung des

Aufbau und Psychologie des Beratungsgesprächs

Tieres eher ungünstig aus. Besitzer, die ihren Tieren gegenüber diese Einstellung haben, arbeiten aber bei einer Verhaltenstherapie bereitwillig mit. Gelegentlich kommt es auch dazu, dass der Besitzer unbewusst seine eigenen zwischenmenschlichen oder psychischen Probleme auf sein Haustier projiziert. Dann liegt die Ursache des Problems in der seelischen Verfassung der Menschen oder der familiären Situation, und die Behandlung des Hundes allein kann in der Regel nicht zufriedenstellend verlaufen, trägt aber möglicherweise zur Aufklärung der problematischen Situation bei.

> Der Erfolg einer Therapie hängt über weite Strecken von der Motivation und dem Einsatz des Hundehalters ab. Je intensiver dabei die Beziehung zwischen Hund und Besitzer ist, als desto aussichtsreicher kann die Therapie eingeschätzt werden.

Für etwa 20 Prozent der Hundebesitzer ist ihr Tier Ausdruck ihres sozialen Status. Sie nehmen hohen Aufwand und Kosten in Kauf, um eventuelle Probleme zu lösen. So gehen Besitzer von Rassehunden häufiger zur Verhaltenstherapie als Besitzer von Mischlingen. Sie nehmen ihre Mitarbeit sehr ernst und führen verhaltenstherapeutische Anweisungen buchstabengetreu aus. Eine weitere Gruppe von etwa 20 Prozent dagegen hat eine schlechte oder gar keine Bindung zu ihrem Hund. Sie suchen eigentlich nur einen Grund, das Tier wieder loszuwerden, und oft soll die Verantwortung für eine eventuelle Euthanasie einfach auf den Tierarzt abgeschoben werden.

Darauf kommt's an

Zusammenfassend ist zur Psychologie der Gesprächsführung folgendes zu sagen: Es soll vom Berater keine Kritik geübt, sondern eine Vertrauensbasis hergestellt werden. Dies gelingt durch ruhiges Zuhören und Erzählenlassen des Ratsuchenden ohne inquisitorische Fragen. Das Gehörte wird durch zusammenfassendes Wiederholen bestätigt, wobei das Problem wertfrei wiedergegeben wird. Emotionale Reaktionen können mit Worten, wie „. . . dies ist wirklich ärgerlich für Sie . . ." aufgegriffen werden, wodurch Anteilnahme deutlich wird. Die nonverbale Körpersprache wiegt die Aussage von Worten auf, wenn sich beide widersprechen. Die Kunst des Beraters besteht darin, den Klienten zunächst in seinem Wissen zu bestätigen und dann dahin zu führen, andere Möglichkeiten zu betrachten und zu akzeptieren. Hat der Klient das Gefühl, umfassend verstanden zu sein, erzeugt das innere Zustimmung. Sie ist die Voraussetzung für Offenheit und Bereitschaft für mögliche Veränderungen. Erst auf dieser Basis der Akzeptanz sind Vorschläge zur Therapie sinnvoll und effektiv. Jetzt kann gemeinsam ein effektiver Therapieplan ausgearbeitet werden (s. Rogers 1991).

Haltung und Ernährung

Gesetzliche Richtlinien zur Hundehaltung

Das neue Deutsche Tierschutzgesetz sichert den Schutz des Tieres als Mitgeschöpf des Menschen, indem es die Tierbesitzer zu angemessener und artgerechter Tierhaltung verpflichtet. In der Novellierung vom Mai 1998 wurde das Gesetz um die Forderung erweitert, dass der Tierhalter über entsprechende Kenntnisse verfügen und diese gegebenfalls auch nachweisen können muss (BGBl. I, S. 1105).

> Im § 2 des Deutschen Tierschutzgesetzes heißt es:
> „Wer ein Tier hält, betreut oder zu betreuen hat,
> 1. muss das Tier seiner Art und seinen Bedürfnissen entsprechend angemessen ernähren, pflegen und verhaltensgerecht unterbringen,
> 2. darf die Möglichkeit des Tieres zu artgemäßer Bewegung nicht so einschränken, dass ihm Schmerzen oder vermeidbare Leiden oder Schäden zugefügt werden.
> 3. muss über die für eine angemessene Ernährung, Pflege und verhaltensgerechte Unterbringung des Tieres erforderlichen Kenntnisse und Fähigkeiten verfügen."

Die artgemäße Haltung des Hundes sollte jedem Hundeliebhaber selbstverständlich sein. Häufig liegt aber schon in einer fehlerhaften Haltung die Wurzel für spätere Verhaltensprobleme. Soll eine Therapie erfolgreich verlaufen, muss deshalb schon ganz zu Beginn überprüft und durch eventuelle Änderungen sichergestellt werden, dass die Haltungsbedingungen und die Fütterung den Bedürfnissen des Hundes angepasst sind.

Haltung und Ernährung

Gesetzliche Sicherung des Minimums
Vom Gesetzgeber gibt es zur Beurteilung der Hundehaltung nur eine grobe Orientierung in Form der Verordnung zur Haltung von Hunden im Freien (in der geänderten Fassung vom August 1986, BGBl. I, S. 1309). Eine weitere Änderung ist derzeit in Vorbereitung, um den Bedürfnissen der Hunde eher gerecht zu werden. In der vorliegenden Verordnung werden beispielsweise Mindestmaße für Anbindungsvorrichtungen, Zwinger und Bewegungszeiten als rechtliche Grundlage für eine Beurteilung angegeben. Diese sind aber sehr knapp bemessen: Für einen mittelgroßen Hund wird ein Hundezwinger mit 6 m² Grundfläche als ausreichend betrachtet, und Hunden, die an der Kette gehalten werden, soll ein freier Auslauf von 60 Minuten täglich genügen. Selbst wenn die geforderten Haltungsbedingungen erfüllt sind, können sie im Einzelfall den Bedürfnissen nicht entsprechen und Verhaltensprobleme oder -störungen auslösen. Vor allem eine ständige Zwingerhaltung von Welpen und Junghunden, die nur minimalen Kontakt zu Menschen oder Artgenossen erlaubt, führt zu schweren und folgenreichen Defiziten im Sozialverhalten. Diese können sich unter ungünstigen Umständen zu Verhaltensproblemen entwickeln, die vor allem von Aggressivität gekennzeichnet sind.

Abstimmung auf das Individuum
Die Haltungsbedingungen müssen dem Bedarf des einzelnen Hundes gerecht werden. Wichtige Punkte sind ausreichende Bewegung und die Möglichkeit zur sozialen Gemeinschaft mit Artgenossen und/oder Menschen. Hunde sind Lauf- und Rudeltiere. Die Anforderungen an die tägliche Bewegung variieren stark mit der jeweiligen Rasse, dem Alter, der Größe und dem Gesundheitszustand des einzelnen Tieres. Junge Hunde und Hunde lebhafterer Rassen haben natürlich einen größeren Bedarf an körperlicher Bewegung als ältere Tiere ruhigerer Rassen. Bei gemeinsamer Haltung mit

Bei reiner Zwingerhaltung besteht die Gefahr, dass der Hund seinen Bedarf an Bewegung und artgemäßen Kontakten nicht decken kann.

Methoden der Verhaltenstherapie

Bei Wohnungshaltung wird der Bewegungsbedarf des Hundes durch ausgiebige Spaziergänge, Joggen oder Radfahren gedeckt.

anderen Hunden besteht ausreichend Möglichkeit zu sozialem Kontakt. Hunde bewegen sich in der Regel im Rudel mehr, als wenn sie alleine sind – egal ob im eigenen Garten oder im Zwinger. Auch die Einzelhaltung als Familienhund kann noch als artgerecht betrachtet werden, da sich Hunde den Menschen als Sozialpartner wie Artgenossen anschließen; und selbst bei reiner Wohnungshaltung kann durch regelmäßige ausgedehnte Spaziergänge auch bei größeren Rassen der Bewegungsdrang der Tiere befriedigt werden.

Adäquate Fütterung

Bei der Fütterung muss beachtet werden, dass der Energiegehalt der Nahrung ausreichend ist. Dabei müssen jedoch auch die verschiedenen Inhaltsstoffe im richtigen Mengenverhältnis zueinander stehen. Nahrungsmittel setzen sich generell aus Eiweiß, Fett und Kohlenhydraten zusammen, die im Körper durch den Stoffwechsel in verwertbare Wärme-, Bewegungs- oder Wachstumsenergie umgewandelt werden. Fett hat einen doppelt so hohen Brennwert wie Kohlenhydrate und Eiweiß. Überschüssige, nicht verbrauchte Energie wird in Fett verwandelt und in den Fettdepots des Körpers gespeichert. Die Grundnährstoffe müssen im Futter in den richtigen Mengenverhältnissen vorhanden sein. Bezogen auf die Trockensubstanz sollte sich das Futter zu 25–50 Prozent aus Eiweiß, zu 5–10 Prozent aus Fett und der Rest aus Kohlenhydraten zusammensetzen. Ein Gehalt von mindestens 5 Prozent unverdaulicher Rohfaser regt eine gesunde Darmtätigkeit an und führt zu einer natürlichen Kotkonsistenz. Vitamine können durch Beigabe von Obst, Karotten, gekochtem Gemüse oder Vitaminpräparaten ergänzt werden. Bei der eigenen Zubereitung von Hundefutter kann man sich an folgender Faustregel orientieren: Die Mahlzeit sollte zu zwei Dritteln aus verschiedenen Fleischsorten und zu einem Drittel aus Kohlenhydraten, wie Getreideflocken oder Reis, bestehen.

Fertigprodukte

Zahlreiche Futtermittelfirmen bieten heutzutage verschiedenste, wohl abgestimmte Fertigprodukte mit allen erforderlichen Inhalts- und Zusatzstoffen an. Als Qualitätskriterium beim Produktvergleich kann ein hoher Eiweißgehalt und ein niedriger Fettgehalt herangezogen werden. Hinweise zur richtigen Dosierung werden in der Regel vom Hersteller mitgeliefert. Beachtet werden muss die individuelle Konstitution des Hundes, vor allem die gute oder schlechte Futterverwertung. Je nach Leistung (Wachstum, Alter, Bewegung, Trächtigkeit, Außentemperatur) schwankt der individuelle Bedarf erheblich. Die Futtermenge ist so zu bemessen, dass ein der Rasse angemessenes, durchschnittliches Körpergewicht gehalten wird. Allgemeine Fütterungstabellen können dabei nur als grobe Orientierungshilfe dienen.

> Fett und Kohlenhydrate liefern hauptsächlich Energie. Eiweiß liefert Aminosäuren, die unter anderem für den Muskelaufbau und -stoffwechsel wichtig sind. Vitamine und Mineralien sorgen dafür, dass die Stoffwechselprozesse optimal ablaufen können.

mittleres Körpergewicht	Rassenbeispiele	Energiebedarf in kJoule pro Tag
ca. 4 kg	Yorkshire Terrier, Zwergdackel	ca. 1420–1470
7 kg	Dackel, Zwergpudel, Zwergschnauzer	2240–2350
10 kg	Pudel, West-Highland-, Scottish-Terrier	2925–3200
17 kg	Beagle, Mittelschnauzer	4355–5100
25 kg	Dalmaziner, Bullterrier, Collie, Setter	5815–7150
30 kg	Schäferhund, Boxer, Hovawath	6670–8400
40 kg	Rottweiler	8270–10800

Überernährung

Häufiger als Mangelernährung ist Überernährung. Besitzer und Haustiere haben da meist dasselbe Problem. In der Überflussgesellschaft Westeuropas ist mindestens ein Drittel der Hunde zu dick. Falsch verstandene Tierliebe, Vermenschlichung und Fehlernährung sind dafür mitverantwortlich. Die Gabe von Essensresten sollte vermieden werden. Zwischenmahlzeiten und zusätzliche Häppchen müssen beim Gesamt-

Methoden der Verhaltenstherapie

bedarf mit berücksichtigt und von der Hauptmahlzeit abgezogen werden. Hunde mit Übergewicht leiden häufig an gesundheitlichen Schäden, wie Herz-Kreislaufproblemen, Störungen des Fettstoffwechsels und des Bewegungsapparates. Eine verkürzte Lebenserwartung und geringere Lebensqualität sind die Folge. Insbesondere bei alten Hunden ist der Energiegehalt des Futters zu verringern, während Eiweißanteil und Rohfasergehalt ausreichend hoch dosiert sein sollten.

Füttern: wann und wie oft?
Hinsichtlich Fütterungszeitpunkt und Fütterungshäufigkeit werden häufig Fehler gemacht, die sich jedoch leicht beheben lassen. So erschwert die Fütterung am Abend oder vor längeren Phasen des Alleinseins das Sauberwerden oder -bleiben erheblich. Eine einfache Abhilfe kann es sein, den Fütterungszeitpunkt zu verschieben. Die beste Tageszeit ist der Mittag. Anschließend sollte eine Ruhepause folgen. Am Nachmittag sollte der Hund dann während eines längeren Spazierganges genügend Zeit haben, sich zu lösen.

Wasser muss immer in ausreichender Menge und besonders reichlich bei Hitze zur Verfügung stehen. Bei Rudelhaltung sollte mit bedacht werden, dass alle Tiere gleichzeitig trinken.

Hunde im Wachstum müssen unbedingt noch mehrmals täglich gefüttert werden. In den ersten drei Lebensmonaten sind vier bis fünf Mahlzeiten, im vierten bis fünften Monat nur noch drei und bis zum Ende der Wachstumsphase zwei tägliche Mahlzeiten angesagt. Der Energiebedarf ist durch den wachstumsbedingt beschleunigten Stoffwechsel enorm hoch. Da der Magen jedoch mit nur einer einzigen Mahlzeit nicht die notwendige Menge an Nahrung aufnehmen kann, muss mehrmals am Tag gefüttert werden. Die mehrmalige Fütterung hat auch den Vorteil, dass Hungergefühle gedämpft werden und sich die Tiere dann auch ruhiger verhalten. Der ausgewachsene Hund sollte jedoch nur eine Hauptmahlzeit am Tag erhalten. Eine Ausnahme sind riesenwüchsige Rassen, wie Dogge und Irischer Wolfshund, bei denen durch

zweimalige tägliche Fütterung einer Magenüberlastung vorgebeugt und gleichzeitig eine ausreichende Futtermenge verabreicht wird.

Flüssigkeitszufuhr
Sauberes Wasser muss jederzeit in ausreichender Menge zur Verfügung stehen. Verschiedene Umstände führen zu einem höheren Trinkwasserbedarf, vor allem etwa bei der Gabe von Trockenfutter, Fieber, körperlicher Anstrengung und heißen Witterungsbedingungen steigt der Durst. Ein Ansteigen der Körpertemperatur gleicht der Hund durch Hecheln und damit Erzeugen von Verdunstungskälte aus. Dabei geht natürlich auch Körperwasser verloren, das durch Trinken wieder ersetzt werden muss.

> Serotonin ist im zentralen Nervensystem an der Weiterleitung und Modulation von Nervenreizen beteiligt, vor allem bei der Kontrolle des Schlaf-Wach-Rhythmus, von Befindlichkeit und Stimmung, der Schmerzwahrnehmung und bei der Kreislaufkontrolle.

Weniger Eiweiß bei Aggressionsproblemen
Der Protein-, das heißt der Eiweißgehalt der Nahrung beeinflusst das Verhalten. Bei territorial- und angstaggressiven Hunden kann die Aggression gemindert werden, wenn der Eiweißanteil des Futters reduziert wird; der Energiegehalt muss jedoch immer noch ausreichend hoch sein. Dies wurde von Dodman und Mitarbeitern (1994) durch Vergleiche mit normal ernährten Hunden wissenschaftlich bestätigt. Der Stoffwechsel von Überträgerstoffen (Serotonin) im Zentralnervensystem wird dabei so beeinflusst, dass es zu einer verringerten Impulsivität und damit weniger Aggressionsproblemen kommt.

Gewöhnungs- und Konditionierungsprogramme

Systematische Gewöhnung und situationsbezogene Lernprogramme sind die wichtigsten verhaltenstherapeutischen Methoden beim Hund. Sie werden in vielen Fällen erfolgreich angewendet.

Im Laufe ihrer natürlichen Entwicklung und des Reifungsprozesses lernen Welpen durch artgemäßes Neugierverhalten und allmähliches Erkunden ihre Umwelt kennen. Ihr Lebensbereich wird mit der zunehmend besser entwickelten Bewegungsfähigkeit ganz allmählich größer. In einer angemessenen Umgebung gewöhnen sie sich schrittweise an unterschiedliche Gegenstände, Lebewesen und Situationen. Ein intensiver, unbekannter Reiz, wie etwa ein lauter Knall, löst zunächst starke Erregung aus. Diese kann sich in Neugier, aber auch Angst oder Aggression äußern. Werden keine anderen – gute oder schlechte – Erfahrungen mit dem Reiz verbunden, so verliert er an Bedeutung. Bei Wiederholung des Reizes lässt die ausgelöste Erregung nach. Bei weiterer Wiederholung wird dann die ausgelöste Reaktion immer geringer. Mit dieser Gewöhnungsreaktion antwortet das Tier in angemessener Weise auf eine ungefährliche Situation. Gewöhnung dient der Anpassung an die Umwelt.

Durch unvorbereitete Konfrontation mit Unbekanntem können aber auch Verhaltensprobleme hervorgerufen werden. Mangelnde Erfahrung kann durch schrittweise Annäherung und Wiederholung der Reize nachgeholt werden. Es kommt dann zu einer Desensibilisierung, das heißt Gewöhnung an den auslösenden Reiz, und das Problemverhalten verschwindet.

Gezielte Desensibilisierung: Gewöhnung an Reize

Eine gezielte Gewöhnung erfolgt bei der Therapie von Angstzuständen. Eine Gewöhnung an angstauslösende Reize kann durch Reizüberflutung oder durch schrittweises Vorgehen in Form einer systematischen Desensibilisierung erreicht werden. Bei einer Reizüberflutung werden die Tiere über längere Zeit auf niedrigem Niveau den entsprechenden Angst auslösenden Reizen ausgesetzt. Indem die Tiere ständig dem Reiz ausgesetzt sind, wohlgemerkt ohne dass weitere negative Folgen eintreten, verringert sich ihre Erregung, und sie passen sich an die Situation an. So sind beispielsweise Zootiere daran gewöhnt, in Sichtweite ihrer Fressfeinde zu leben. Auch Hunde, die in verkehrsreiche Straßen und Menschenmengen mitgenommen werden, gewöhnen sich an die reichhaltigen Umweltreize. Jungtiere zeigen eine höhere Anpassungsfähigkeit als ältere Tiere. Ängste sollten deshalb möglichst frühzeitig bekämpft werden. Diese Methode eignet sich vor allem als erzieherisches Hilfsmittel bei der Ausbildung junger Hunde.

> Die Ursache auffälligen Verhaltens sind nicht selten Ängste des Tieres. Ist der Reiz, der beim Hund die Angst auslöst, entdeckt, kann sich im Rahmen einer Verhaltenstherapie das Verhalten wieder normalisieren, sobald sich der Hund an den Reiz angstfrei gewöhnt hat.

Gewöhnungs- und Konditionierungsprogramme

Vom schwachen zum starken Reiz
Bei der Methode der systematischen Desensibilisierung werden Angst auslösende Reize zunächst in stark abgeschwächter Form gesetzt und dann in vielen Wiederholungen ganz allmählich gesteigert. Die anfängliche Verringerung der Reizstärke muss so stark sein, dass nicht die geringste Angstreaktion ausgelöst wird. Die Abschwächung des Reizes kann zum Beispiel durch Veränderung der Lautstärke, der Entfernung oder der optischen Ähnlichkeit erreicht werden. Der Reiz wird auf jeder Intensitätsstufe so oft wie möglich wiederholt, und die Tiere werden für angstfreies Verhalten gelobt und belohnt. Erst dann wird die Reizstärke ganz allmählich gesteigert. Dies führt zu einer schrittweisen Gewöhnung an die Situation, die zuvor Angst ausgelöst hatte.

> Das A und O der Gewöhnung ist, dass der Hund während des gesamten Therapieverlaufs ohne Angst ist. Entsprechend ist oft viel Zeit und Geduld notwendig, da der Angst auslösende Reiz nur ganz langsam und behutsam verstärkt werden kann.

Konditionierung: Erlernen von Verhaltensweisen

Verhaltensprobleme entstehen auch durch Erlernen neuer, nicht angebrachter Verhaltensweisen, wie unerwünschtes Kratzen an der Türe oder Verbellen von Kindern. Diese störenden Verhaltensweisen können aber in ähnlicher Weise wieder durch gezielte gegenläufige Lernvorgänge beseitigt werden. In der Therapie wird das durch die Anwendung von Konditionierungsprogrammen erreicht.

Klassische Konditionierung nach Pawlow
Diesen Umlernprogrammen liegt die von Pawlow entdeckte klassische und operante Konditionierung zu Grunde: Bei der klassischen Konditionierung werden von spezifischen Reizen reflexähnliche, vegetative Reaktionen ausgelöst. Ein künstlicher Signalreiz, beispielsweise ein Klingeln oder ein Kommando, kann unmittelbar vor einem natürlichen Reiz gesetzt werden. Nach einigen Wiederholungen wird er mit dem natürlichen Reiz verknüpft und löst dann auch allein die Reaktion aus. Pawlow zeigte diesen Lernvorgang in einem Versuch mit Hunden. Der Anblick von Futter (= auslösender, natürlicher Reiz) verursacht Speichelfluss. Im nächsten Schritt ertönt bei der Fütterung eine Glocke (= künstlicher Signalreiz). Nach häufiger Wiederholung genügt das Läuten allein, um beim Hund Speichelfluss auszulösen.

Diesen Vorgang kann man täglich bei der Fütterung des Hundes beobachten. Schon das charakteristische Geräusch des Dosenöffners oder das Klappern des Fressnapfes kann Speichel auslösen. Der Vorgang beruht auf einem unbewussten Lernprozess, einer so genannten klassischen Konditionierung.

Konditionierung: ein Lernprozess der Willkürmotorik
Die operante Konditionierung bezieht sich auf Lernvorgänge der willkürlichen Muskulatur. Auf einen äußeren Reiz erfolgt eine Handlung, die belohnt wird. Wenn auf eine Handlung eine Belohnung folgt, steigt die Wahrscheinlichkeit, dass diese Handlung wiederholt wird, weil der Hund die Erfahrung macht, dass konkrete Taten bestimmte Folgen haben. Er lernt durch die Verknüpfung von Handlung und Erfolg.

Während die klassische Konditionierung nach Pawlow auf unwillkürliche Reaktionen bzw. Reflexe des Hundes zielt, stehen bei der operanten Konditionierung Handlungen und Reaktionen im Mittelpunkt, die das Tier über seine Willkürmotorik ausführt. Bestimmte Verhaltensweisen werden belohnt und dadurch verstärkt.

Ein einfaches Beispiel ist das Futterbetteln: Gibt der Besitzer einmal beim Essen ein Häppchen, so wird der Hund in Zukunft wieder darauf warten. Wird er nicht beachtet, so wird er versuchen, auf sich aufmerksam zu machen, eventuell durch Hochspringen oder „Pfote-Geben". Honorieren dies die Besitzer, so wird er sein Verhalten wiederholen, um wieder eine Belohnung zu erhalten. Das heißt, die Verhaltensweisen, mit denen er sich Aufmerksamkeit verschafft hat, werden durch Belohnungen verstärkt. Die verstärkte Reaktion, das Betteln, wird in der Folge häufiger als bisher auftreten.

Die operante Konditionierung zielt auf Reaktionen der Willkürmotorik, das sind Aktionen der so genannten quergestreiften Muskulatur. Im Gegensatz dazu, bezieht sich die klassische Konditionierung auf unwillkürliche Reaktionen der glatten Muskulatur und der Drüsen.

Vergessen von Verhaltensweisen mittels Konditionierung

Auf diesen Lernvorgängen beruhende Therapiemethoden sind die gegenläufige Konditionierung, das gezielte Vergessenlassen erlernter Verhaltensweisen und die aversive Konditionierung. Die angewendeten Maßnahmen müssen auf das jeweilige Problem individuell abgestimmt werden.

Gewöhnungs- und Konditionierungsprogramme

Das genaue Ziel der Therapie wird festgelegt und das Tier allmählich an das erwünschte Verhalten herangeführt (s. Hart und Hart, 1991).

Die Wirkung von Verstärkern

Wichtig ist die Kenntnis der Wirkung von Verstärkern. Folgt auf eine Handlung eine Belohnung, so steigt die Wahrscheinlichkeit, dass diese Handlung wiederholt wird – das entsprechende Verhalten wird durch die Belohnung verstärkt. Die verstärkte Verhaltensweise wird in der Folge häufiger als bisher auftreten. Verstärker können positiv oder negativ sein. Positive Verstärker sind Belohnungen, wie Futter, Bewegung, Spiel, Spaziergänge und sozialer Kontakt. Die meisten positiven Verstärker sind wirkungsvoller, wenn sie dem Tier vorher eine Zeit lang entzogen wurden. Negative Verstärker sind so genannte aversive, also zu Unbehagen führende Reize. Hier führt das Entfernen der Reize zum Erlernen einer Reaktion. Negative Verstärker sind etwa die Verminderung von Schmerzen oder einer bestehenden Angst. Zum Beispiel hat ein Angstbeißer gelernt, durch Drohen und Schnappen eine Person zu vertreiben, die bei ihm Angst auslöst. Negative Verstärkung ist nicht mit Bestrafung gleichzusetzen. Bestrafung erfolgt durch die Verabreichung eines aversiven Reizes, wie Schmerz oder Schreck.

> Der Lernprozess wird beim Hund durch positive oder negative Erfahrungen angestoßen und weitergetrieben: Diese Verstärker, seien es Futter, Streicheln, Lob etc., führen dazu, dass das Tier die entsprechende Handlung häufiger ausführt als zuvor.

Man muss zwischen ständiger oder nur gelegentlicher Verstärkung unterscheiden. Neue Verhaltensweisen werden schneller erlernt, wenn sie bei oder unmittelbar nach jedem Auftreten verstärkt werden. Bereits erlerntes Verhalten lässt sich aber auch durch gelegentliche Belohnungen aufrechterhalten. Besonders erfolgreich sind Belohnungen nach einem unregelmäßigem Muster. Verhaltensweisen, die nur gelegentlich verstärkt werden, werden länger beibehalten als Verhaltensweisen, die eine ständige Belohnung voraussetzen. Es genügt beispielsweise, einem Hund gelegentlich auf sein Betteln hin etwas zu füttern, um das Betteln weiterhin zu verstärken.

Gegenläufige Konditionierung

Bei der Therapiemethode der gegenläufigen Konditionierung wird gezielt eine neue Reaktion gelernt, die mit dem unerwünschten Verhalten

Methoden der Verhaltenstherapie

nicht vereinbar ist. Zum Beispiel wird ein Angst auslösender Reiz mit einer Belohnung, wie Futter oder Zuwendung, verbunden. Durch die Belohnung entsteht eine positive Grundeinstellung. Diese positive Grundstimmung ist unvereinbar mit gleichzeitigen Angstgefühlen und wird daher die Angst ersetzen. Diese Form der Gegenkonditionierung wird wirkungsvoll in Verbindung mit der systematischen Gewöhnung bei der Therapie von Angstzuständen eingesetzt. Sie kann auch bei anderen Problemen, wie verschiedenen Formen der Aggression, angewendet werden. Ein neues Verhalten wird dabei Schritt für Schritt erlernt und ersetzt das alte, unerwünschte Verhaltensmuster.

> **Besser als unliebsames Verhalten wieder abzutrainieren, ist es, schon im Vorfeld dafür zu sorgen, dass es sich erst gar nicht entwickelt.**
> **Dazu muss der Hundehalter dafür sensibilisiert werden, das Verhalten des Hundes nicht unbewusst oder falsch zu verstärken.**

Das Vergessen unerwünschter Verhaltensweisen wird durch eine Umkehrung des Lernvorganges erreicht. Eine Reaktion wird erlernt und bleibt bestehen, wenn sie zumindest gelegentlich verstärkt wird. Bleibt der Erfolg aber längere Zeit aus, so wird das Verhalten zwar zunächst noch relativ häufig wiederholt werden, dann aber immer seltener erfolgen, bis es schließlich ganz verschwindet – es wird vergessen. Der Prozess wird allein durch strikte Abwesenheit der Verstärker erreicht. Jegliches weitere Erfolgserlebnis, das sich der Hund durch das problematische Verhalten verschaffen könnte, muss also dauerhaft und mit Konsequenz unterbunden werden. Beispielsweise wird das Betteln von niemandem mehr zur Kenntnis genommen, nicht einmal mehr im Ausnahmefall. Je mehr die Grundlage für das erlernte, unerwünschte Verhalten verschwindet – die Umwelt reagiert nicht mehr –, desto seltener wird das störende Verhalten auftreten, bis es der Hund schließlich ganz vergisst.

Diese Therapieform ist außerordentlich erfolgreich bei Tieren, die mit ihrem Verhalten um Aufmerksamkeit buhlen. Entsprechende Verhaltensweisen entstehen, wenn das Tier die Erfahrung macht, dass es durch ein bestimmtes Verhalten mehr Zuwendung von seinem Besitzer erhält. Solche Verhaltensweisen können in ihrer konkreten Form ganz unterschiedlich aussehen: Lahme Gliedmaßen werden vorgetäuscht, imaginäre Insekten gefangen oder merkwürdige Bewegungen ausgeführt. Gemeinsam ist allen, dass der Besitzer ganz offensichtlich auf die

Gewöhnungs- und Konditionierungsprogramme

entsprechende Verhaltensweise reagiert, egal ob positiv oder negativ. Wenn man erkannt hat, dass problematisches Verhalten nur den Zweck hat, Aufmerksamkeit auf sich zu ziehen, so ist das beste Gegenmittel, es konsequent zu ignorieren.

Wird der Verstärker entzogen, tritt das beanstandete Verhalten zu Beginn noch häufiger und intensiver auf. Das Tier fordert damit den gewohnten Erfolg ein. Der Tierhalter muss die empfohlenen Maßnahmen unbedingt konsequent durchhalten. Er darf nicht einmal „ausnahmsweise" nachgeben, sonst kommt dies einer unregelmäßigen Verstärkung gleich, die den Therapieerfolg in Frage stellt und die Zeit bis zum Vergessen des störenden Verhaltens unnötig verlängert.

Aversive Konditionierung
Die Therapie durch aversive Konditionierung beruht auf einem Lernvorgang durch negative Erfahrungen. In der einfachsten Form wird dabei ein gerade ablaufendes, unerwünschtes Verhalten durch einen unangenehmen, also aversiven Reiz unterbrochen. Solche Reize sind beispielsweise Schreck, etwa durch Anspritzen mit Wasser, unangenehme Geräusche oder soziale Isolation. Das Zufügen von Schmerzen ist nicht angebracht. Eine Bestrafung sollte, wenn überhaupt, dann immer nur im direkten zeitlichen Zusammenhang mit dem unerwünschten Verhalten erfolgen. Nur dann verringert sich die Wahrscheinlichkeit, dass die bestrafte Handlung wiederholt wird. Generell ist die Anwendung einer Bestrafung fragwürdig und muss auf Ausnahmefälle beschränkt bleiben, weil unangenehme Reize zu einer negativen Grundstimmung führen, Angst erzeugen und das Mensch-Tier-Verhältnis belasten. Im Zustand der Angst ist auch das Lernvermögen eingeschränkt. Es ist auf alle Fälle besser und erfolgreicher, erwünschtes Verhalten zu belohnen als unerwünschtes zu bestrafen.

> Bei der aversiven Konditionierung muss der unangenehme Reiz erfolgen, noch während die Handlung abläuft oder sofort danach. Das Tier muss auf jeden Fall einen Zusammenhang herstellen können zwischen seiner Handlung und der unangenehmen Erfahrung.

Ein direktes, unmittelbar persönliches Eingreifen ist bei Dominanzproblemen angebracht, wenn ein Tierhalter seine Ranghöhe gegenüber seinem Hund klarstellen muss. Direkt eingreifen muss der Tierhalter auch dann, wenn er unerwünschtes Verhalten unmittelbar unterbrechen will,

Methoden der Verhaltenstherapie

noch während es abläuft. Falsch und sinnlos ist es dagegen, das Tier erst einige Zeit nach einer Untat zu bestrafen.

Eine wirkungsvolle Methode ist oft die anonyme Bestrafung. Das Tier erkennt dabei nicht, dass die Strafe von einer Person ausgelöst wird. Es verbindet sein Verhalten unmittelbar mit den unangenehmen Folgen. Verwendet werden hierfür beispielsweise laute, unangenehme Geräusche oder Anspritzen mit Wasser. Diese aversiven Reize werden entweder durch versteckte Fallen vom Tier selbst oder aus der Entfernung vom Besitzer ausgelöst.

Unbeabsichtigte aversive Konditionierung

Die Anwendung von unangenehmen Reizen führt auch zu einer ablehnenden Einstellung gegenüber dem Objekt oder dem Ort, der mit dem Verhalten in Verbindung steht, was einer aversiven Konditionierung entspricht. Ein Tier wird einen Ort, an dem es schlechte Erfahrungen gemacht hat, nur noch ungern aufsuchen. Ein Beispiel hierfür ist leider immer wieder unbeabsichtigterweise die Tierarztpraxis oder auch der Hundeübungsplatz. Durch schlechte Erfahrungen erwerben die Hunde eine negative Einstellung gegenüber diesen Orten. Durch behutsame Gewöhnung und Ausbildung mit Belohnungen kann dies vermieden werden. Solche Orte sollten immer mit einer positiven Erfahrung, etwa einer Belohnung, verlassen werden. Übungsstunden müssen mit einer erfolgreich absolvierten Aufgabe, Lob und Spiel und damit einem positiven Erlebnis enden, damit es nicht zu einer negativen Konditionierung kommt.

Das Paradebeispiel für eine unbeabsichtigte aversive Konditionierung ist die Tierarztpraxis. Aufgrund der unangenehmen Erfahrungen durch Schmerzen, Spritzen etc. ist der Ort für die Tiere negativ belegt. Eine Belohnung beim Verlassen der Praxis wirkt dieser Konditionierung entgegen.

Ein weiteres Beispiel für eine unbeabsichtigte, negative Konditionierung ist Angst vor dem Autofahren. Junge Hunde müssen sich meist auf ihrer ersten Autofahrt übergeben, da sie an die Bewegung nicht gewöhnt sind. Zudem steht die Situation in direktem Zusammenhang mit dem Verlassen der Mutterhündin und ist daher mit einem erheblichen negativen Stress für die Tiere verbunden. Durch wiederholte kurze Fahrten, verbunden mit erfreulichen Erlebnissen, wie Spaziergängen, kann diese negative Erfahrung aber wieder ausgeglichen werden.

Zusammenfassung der Gewöhnungs- und Konditionierungsprogramme

Therapiemethode	wesentliche Kennzeichen
artgemäße Erziehung als Prophylaxe	Belohnungen verstärken erwünschtes Verhalten
Gewöhnung durch Reizüberflutung systematische Desensibilisierung	langdauernde Konfrontation mit auslösendem Reiz schrittweise Steigerung des auslösenden Reizes
gegenläufige Konditionierung	Erlernen einer neuen Reaktion, die mit dem unerwünschten Verhalten unvereinbar ist
Vergessen lassen	Umkehr des Lernvorganges durch konsequentes Verweigern der Belohnung
aversive Konditionierung	Lernen durch negative Erfahrungen • direkt durch persönliches Unterbrechen • anonyme Unterbrechung durch unangenehmen Reiz

Medikamentöse und hormonelle Therapiemöglichkeiten

Im Folgenden soll einen Überblick über die Anwendung von psychoaktiven Medikamenten beim Hund gegeben werden. Ihr Einsatz setzt unbedingt fundierte tiermedizinische Kenntnisse voraus. Die Verschreibung bleibt daher immer dem mit Verhaltenssymptomen erfahrenen Tierarzt vorbehalten.

Psychopharmaka: nur als letzte Alternative

Psychopharmaka sollten Mittel der letzten Wahl sein, nachdem bereits andere Therapieversuche fehlgeschlagen sind. Ihr begrenztes Wirkungsspektrum und mögliche unerwünschte Nebenwirkungen bergen Gefahren, und trotzdem wird ihr Einsatz immer beliebter. Nachteilig wirkt sich auch aus, dass der Besitzer nur zu gerne glaubt, dass durch die Gabe eines Medikamentes andere Maßnahmen unnötig werden, und eine

Methoden der Verhaltenstherapie

Beseitigung der Ursachen dann leider nicht erfolgt. Das Tier wird nur ruhig gestellt und zeigt bestenfalls keine Symptome mehr. Wenn die Anwendung von psychoaktiven Medikamenten notwendig wird, sollten sie unbedingt mit verhaltenstherapeutischen Methoden oder Änderungen in der Tierhaltung und im Umgang mit dem Tier kombiniert werden, die an der Ursache des Problems ansetzen. Die Dosierung muss so niedrig gewählt werden, dass das Tier seine Umgebung noch wahrnimmt und lernfähig bleibt. Vor einem Einsatz von Psychopharmaka müssen Risiko und Nutzen wohl überlegt und gegeneinander abgewogen werden.

> Wird eine Verhaltenstherapie durch Beruhigungsmittel unterstützt, muss die Dosis optimal auf das Tier abgestimmt sein: Der sedierende Effekt beeinträchtigt die Aufmerksamkeit und das Lernvermögen und kann so leicht kontraproduktiv wirken.

Psychoaktive Medikamente kann man in verschiedene Wirkungstypen einteilen. Die wissenschaftliche Forschung arbeitet, unterstützt von der Pharmaindustrie, auf diesem Gebiet sehr aktiv, mit der Folge, dass laufend neue Medikamente erprobt werden und auf den Markt kommen. Hier kann und soll nur eine persönliche Auswahl vorgestellt werden: Es werden unter anderem Beruhigungsmittel (Tranquilizer), Antidepressiva, Antikonvulsiva, Anregungsmittel und Antiparkinson-Mittel eingesetzt.

Tranquilizer

Am häufigsten kommen Tranquilizer in Verbindung mit Verhaltenstherapie zur Anwendung. Sie haben eine beruhigende Wirkung und vermindern die spontane Aktivität. Die Reaktionsbereitschaft auf soziale Belastungen oder andere Umweltreize nimmt ab. Die Tranquilizer werden pharmakologisch wiederum in verschiedene Wirkstoffgruppen unterteilt.

Phenothiazine

Phenothiazine (zum Beispiel Chlorpromazin = Thorazin® und Azepromazin = Vetranquil®) sind sehr stark wirkende Beruhigungsmittel, auch Sedativa genannt. Sie werden in der Tiermedizin häufig zur medikamentösen Ruhigstellung bei Behandlungen oder zur Narkoseeinleitung verwendet. Sie senken allgemein das Interesse an der Umgebung. Erlerntes Verhalten kann nicht mehr ausgeführt werden. Schmerzempfindung und unbewusste Reflexe bleiben jedoch erhalten. Noch nicht völlig klar erwiesen ist die aggressions- und erregungshemmende Wirkung der Präparate. Nach Hart und Hart (1991) sind sie das Mittel der Wahl bei Aggressionsproblemen, die nicht angstbedingt sind. Auch Hyperaktivität kann mit ihnen behandelt werden. Azepromazin verhindert außerdem Erbrechen und wird daher auch gegen Reisekrankheit eingesetzt. Nebenwirkungen bei einer Langzeittherapie sind Kreislauf- und Bewegungsstörungen. Gelegentlich treten paradoxe Erregungsschübe auf. Bei empfindlichen Tieren können Krämpfe oder epileptische Anfälle ausgelöst werden.

Benzodiazepine

Benzodiazepine (zum Beispiel Diazepam = Valium®, Chlordiazepoxid = Librium®) lindern Angstzustände und entspannen die Muskulatur (nach Hart und Hart, 1991, und Dodman und Shuster 1994). Ihre beruhigende Wirkung ist etwas schwächer als die der gerade beschriebenen Phenothiazine. Auch die Nebenwirkungen fallen weniger stark aus. Eine antiaggressive Wirkung setzt aber erst bei einer hohen Dosierung ein, bei der auch die Bewegungsfähigkeit und das Sozialverhalten stark eingeschränkt sind. Durch Wegfallen sozialer Hemmungen kann es dagegen auch zu einer paradoxen Steigerung der Aggressivität kommen. Ferner wird ein erhöhter Appetit beobachtet. Weitere Nachteile sind bei Dauertherapie Gewöhnungseffekte und das Auftreten von Gedächtnisverlust. Dadurch werden gleichzeitige Lernerfolge und eine dauerhafte Beseitigung der Probleme behindert. Bei extrem scheuen Tieren kann allerdings der Beginn einer verhaltenstherapeutischen Therapie erleichtert werden, und es werden verblüffende Zähmungserfolge erzielt. Der Einsatz von Benzodiazepinen ist in einer Kombination mit systematischer Desensibilisierung bei starken Angstzuständen sinnvoll.

> Vor Beginn einer medikamentösen Therapie muss der Arzt genau abwägen, ob der zu erwartende Erfolg die möglichen Nebenwirkungen rechtfertigt. Oft wird er nur in sehr schwerwiegenden Fällen und verhaltenstherapiebegleitend zu Medikamenten greifen.

Butyrophenone

Butyrophenone (Haloperidol, Droperidol, Azaperon = Stresnil®) vermindern nach Hart und Hart (1991) die Belastungsanfälligkeit und die Aggressivität. Sie werden in der Humanmedizin gegen Psychosen eingesetzt. Bei Tieren vermindern sie Spannungen und Auseinandersetzungen bei der Neubildung von Gruppen.

Das therapeutische Fenster finden

Bei der Behandlung mit Tranquilizern ist es entscheidend, die individuell richtige Dosierung zu finden. Die therapeutische Dosisbreite ist relativ schmal. So steigt bei Tranquilizern die sedierende Wirkung mit der Höhe der Dosis. Es sollte mit der geringst möglichen, wirksamen Menge gearbeitet werden, da die Nebenwirkungen mit der Dosis und der Dauer der Einnahme zunehmen. Die Schwierigkeit besteht also darin, das therapeutisch wirksame Fenster zu finden, das zwischen einer zu geringen Dosierung, bei der kein Effekt zu sehen ist, und der zu hohen Dosierung angesiedelt ist, bei der die Tiere so ruhig gestellt werden, dass sie sich nicht nennenswert bewegen, geschweige denn Erfahrungen machen. Ganz allgemein muss die Dosierung immer im Einzelfall auf die erwünschte Wirkung abgestimmt werden, da die Reaktionen auf die Gabe von Tranquilizern individuell sehr unterschiedlich ausfallen. Auch unterscheiden sich die Dosierungsangaben verschiedener Autoren oft wesentlich. Deshalb – und um Mißbrauch vorzubeugen – wird an dieser Stelle auf Dosierungsvorschläge bewusst verzichtet und auf die im Anhang verzeichnete Literatur verwiesen.

> Als therapeutisches Fenster eines Medikaments bezeichnet man die Dosisbreite zwischen Unter- und Überdosierung. Die Dosierung muss durch den Arzt individuell auf Alter, Geschlecht, Gewicht und Stoffwechsel des Hundes abgestimmt werden.

Antidepressiva

Als Antidepressiva wirken unter anderem trizyklisches Amitriptylin-hydrochlorid, Monoaminooxydasehemmer oder Lithiumcarbonat. Amitriptylin blockiert die Aufnahme von Überträgerstoffen und ihren Vorstufen in den Zellen des Zentralnervensystems. Es hebt dadurch die Stimmung und beruhigt. Bis zu drei oder vier Wochen kann es dauern, bis sich die Wirkung der Antidepressiva bemerkbar macht. Als Nebenwirkung kann sich der Appetit vermindern. Amitriptylin wird aufgrund der Angst lindernden Wirkung beispielsweise bei Hunden mit Trennungsangst eingesetzt (Voith, 1984). Die Tiere werden über circa zwei Wochen mit einer wirksamen Anfangsdosis behandelt, die dann über mehrere Wochen allmählich gesenkt wird. Nebenwirkungen reichen von Herz-Kreislaufbeschwerden über Sehstörungen und Ausscheidungsprobleme bis hin zu allgemeiner Schwäche. Auch Clomipramin ist ein trizyklisches Antidepressivum, das nach Simpson (1997) bei Trennungsangst wirksam ist. Fluoxetin (Prozac®) ist ebenfalls ein Antidepressivum, das gegen Aggressionen und als Nebeneffekt beruhigend wirkt (s. Overall 1995, Dodman et al. 1996).

Monoaminooxydase-Hemmer
Monoaminooxydase-Hemmer erhöhen die Konzentration von Botenstoffen im Gehirn, wie Dopamin, Noradrenalin und Adrenalin, indem sie deren Abbau verhindern. Dies führt zu einer verbesserten positiven Grundstimmung. Sie werden deshalb zur Behandlung von Ängsten eingesetzt.

Lithiumcarbonat
Lithiumcarbonat wirkt stimmungsstabilisierend und hat auch in höherer Dosierung keine sedierende Wirkung. Allerdings besteht die Gefahr der Vergiftung, und der Einsatz muss daher mit einer regelmäßigen Blutkontrolle verbunden werden. (siehe Hart und Hart, 1991).

Antikonvulsiva

Antikonvulsiva (wie Phenobarbital, Phentoin und Primidon) werden zur Behandlung von epileptischen Anfällen eingesetzt. Während die Medikamente bei Katzen toxisch wirken und auf keinen Fall angewendet werden dürfen, vermindert Phentoin bei Hunden manche Fälle unerklärlicher Aggressivität. Insbesondere, wenn die Aggression mit epilepsieähnlichen Anfällen in Verbindung steht, sind Antikonvulsiva erfolgreich. Allgemein haben sie eine stimmungsstabilisierende Wirkung.

> Antikonvulsiva, auch Antiepileptika genannt, wirken ausschließlich im zentralen Nervensystem. Sie mindern dort entweder die generelle Erregbarkeit von Nervenzellen oder hemmen bzw. verlangsamen die Weiterleitung von Reizen.

Anregungsmittel

Anregungsmittel (Amphetamin, Methylphenidat) sind zentralnervöse Stimulantien. Sie werden bei der Behandlung hyperkinetischer Hunde eingesetzt (nach Voith 1984, Hart und Hart 1991, Dodman und Shuster 1994). Diese Hunde sind übermäßig aktiv, schwer erziehbar und kaum unter Kontrolle zu halten. Begleiterscheinungen sind häufig Überempfindlichkeit und Aggressivität. Bei diesen Hunden haben Anregungsmittel in geringer Dosierung paradoxerweise einen beruhigenden Effekt, der sich auch in einer Senkung der Atem- und Herzfrequenz bemerkbar macht. Erst eine höhere Dosierung führt zu einer Anregung und steigert die Aktivität. Mögliche Nebenwirkungen sind erhöhte Herz- und Atemfrequenz, Stereotypien, erhöhte Körpertemperatur und Krämpfe.

Nicergoline

Nicergoline (Fitergol®) fungiert als alpha-1- und alpha-2 Antagonist und blockiert entsprechende Rezeptoren des vegetativen Nervensystems. Es wirkt besonders auf das Blutgefäßsystem und die Zellen des Zentralnervensystems und führt zu einer verbesserten Sauerstoffaufnahme des Gehirns. Nach Penaliggon (1997) werden vor allem durch Sauerstoffunterversorgung entstandene, altersbedingte Probleme, wie Schlafstörungen, Lethargie und Verlust der Kontrolle über das Ausscheidungsverhalten, günstig beeinflusst. Ferner hat Nicergoline eine Schutzwirkung auf die Nervenzellen, wodurch Schäden durch Sauerstoffmangel verringert sowie Regeneration und Rehabilitation verbessert werden. In einer wissenschaftlichen Studie verbesserte sich der Zustand nach einer einmonatigen Behandlung bei etwa 75 Prozent der behandelten Hunde.

> Wie gut ein Organ durchblutet ist, hängt unter anderem vom Durchmesser der kapillaren Blutgefäße ab. Nicergoline greift in die Durchblutungskontrolle ein, indem es die Gefäße weiter stellt und so eine bessere Durchblutung und Sauerstoffversorgung gewährleistet.

Selegiline Hydrochlorid

Selegiline Hydrochlorid wird in der Humanmedizin bei der parkinsonschen Krankheit eingesetzt. Es ist eine Aminosäure, die auf verschiedenen Wegen die Funktionen des vegetativen Nervensystems beeinflusst. Es erhöht die Aktivität an den Synapsen (= Nervenverbindungen) und schützt vor körpereigenen Nervengiften. Bei Hunden sind damit Erfolge in der Behandlung altersbedingter Verhaltensprobleme zu verzeichnen. Nach Untersuchungen in Frankreich und Belgien von Pobel und Caudrillier (1997) an 141 Hunden werden emotionale Störungen in 80 Prozent der Fälle positiv beeinflusst. Die Therapiedauer beträgt hierfür 2–12, durchschnittlich vier Monate.

Opioid-Antagonisten

Opioid-Antagonisten (Naltrexon) werden erfolgreich bei der Behandlung von Stereotypien eingesetzt. Sie beruhigen und unterbinden die euphorisierende Wirkung der durch gleichförmige Bewegungen freigesetzten körpereigenen Opiate (= Endorphine). Die Stereotypien werden unter dem Einfluss des Medikaments nicht mehr ausgeführt. Opioid-Antagonisten werden zum Beispiel mit Erfolg bei Verhaltensstörungen, wie Leckdermatitis und Flankensaugen, angewendet.

Homöopathie

Homöopathie wird in der Verhaltenstherapie zwar immer häufiger angewendet, ist aber immer noch umstritten. Sie geht von einer ganzheitlichen Betrachtungsweise der Erkrankungen aus. Es wird nicht nur das Symptom behandelt, sondern der Mensch, beziehungsweise das Tier als ganzes Individuum soll sein Gleichgewicht wiedererlangen. Homöopathische Therapie beruht auf dem Prinzip Gleiches mit Gleichem zu heilen. Dabei werden in unendlich kleiner Dosis Substanzen gegen diejenigen Symptome eingesetzt, die bei der Vergiftung mit derselben Substanz auftreten. Dazu werden die wirksamen Stoffe in mehreren Schritten extrem stark verdünnt. Es bleiben bei den hohen Verdünnungen chemisch kaum noch oder sogar nicht mehr nachweisbare Spuren des Wirkstoffs im Therapeutikum zurück, was den zentralen Kritikpunkt der Homöopathie-Gegner darstellt. Dennoch zeigt die Gabe des richtigen „Simile" in der aktiven Verdünnung im Organismus eine empirische Wirkung, Stoffwechselprozesse werden korrigiert, und der Körper kommt wieder ins Gleichgewicht. Dieser Effekt ist naturwissenschaftlich gegenwärtig (noch) nicht erklärbar.

> Ein großer Vorteil der Homöopathie ist, dass pharmakologische Nebenwirkungen vermieden werden können. Wird sie jedoch nicht richtig und mit Erfahrung angewandt, bleibt auch diese Therapieform in der reinen Symptombehandlung stecken.

Wichtig: die detaillierte Vorberichtserhebung
Immer wieder kann durch homöopathische Behandlung auch bei Tieren eine überzeugende Wirkung erzielt werden, ohne dass die oft schweren Nebenwirkungen von Psychopharmaka in Kauf genommen werden müssen. Voraussetzung ist aber eine detaillierte homöopathische Vorberichtserhebung, bei der das entsprechende Simile für das Tier gefunden wird. Eine Kombinationstherapie, die sich nur an den Symptomen orientiert, vereinfacht die Problematik zu sehr und bleibt daher oft erfolglos. So wird zum Beispiel häufig Nux vomica (Brechnuß) gegen Aggres-

sivität empfohlen. Eine Wirkung kann aber nur bei einem ganz bestimmten Konstitutionstyp und in eingeschränkten Fällen erreicht werden.

Auch bei der Homöopathie besteht, wie bei konventionellen Pharmaka, das Risiko, dass haltungstechnische oder besitzerbedingte Ursachen der Probleme nicht berücksichtigt werden. Ein Medikament allein löst ein Verhaltensproblem nicht.

Hormone

Hormone werden häufig bei Verhaltensproblemen verabreicht, wobei vor allem synthetisches Gestagen – dies entspricht dem natürlich gebildeten weiblichen Gelbkörperhormon – zum Einsatz kommt. Medroxyprogesteronazetat wird als Injektion und Megestrolazetat oral appliziert. Bei Rüden werden Gestagene verwendet, um unerwünschte männliche Verhaltensweisen zu unterdrücken. Sie haben einen anti-androgenen Effekt, mit dem geschlechtsbedingtes Streunen, Hypersexualität, Aggressivität gegenüber Rüden, Dominanzprobleme und Urinmarkieren beeinflusst wird. Gelegentlich wird so auch die mögliche Wirkung einer Kastration getestet. Neben den hemmenden Einflüssen auf unerwünschte Eigenschaften männlicher Tiere haben Gestagene auch eine allgemein beruhigende, antiaggressive und angstlindernde Wirkung. Als Nebenwirkung wird ferner der Appetit angeregt. Dies führt bei Dauertherapie häufig zu Übergewicht. Außerdem können endokrine Störungen, wie Diabetes mellitus, Haut- und Haarveränderungen auftreten. Bei Hündinnen werden Gestagene eingesetzt, um die Läufigkeit zu unterbinden und ungewollte Trächtigkeit zu verhindern. Bei unsachgemäßer Gabe kann es zu Entzündungen der Gebärmutter und Gesäugetumoren kommen.

Jedes Tier produziert sowohl männliche als auch weibliche Geschlechtshormone, Androgene und Gestagene.
Bei Rüden ist der Androgen-Spiegel jedoch wesentlich höher als bei Hündinnen, bei denen umgekehrt der Gestagen-Spiegel erhöht ist.

Beeinflussung der Hormone durch Kastration

Durch eine Kastration wird die Sexualhormonbildung fast völlig eingestellt. Unter Kastration versteht man die operative Entfernung der Keimdrüsen, bei männlichen Tieren sind dies die Hoden, bei weiblichen

Medikamentöse und hormonelle Therapiemöglichkeiten

die Eierstöcke. Sie sind die Hauptbildungsstätten der Sexualhormone. Bei der Sterilisation werden dagegen nur die Samen- oder Eileiter durchtrennt. Beide Operationen führen zur Unfruchtbarkeit des Tieres. Bei einer Sterilisation werden jedoch weiterhin in den Keimdrüsen die entsprechenden Geschlechtshormone gebildet. Das Tier verhält sich immer noch geschlechtstypisch und kann auch geschlechtsbedingte Probleme zeigen. Bei Hündinnen besteht zudem die Gefahr einer Gebärmutterentzündung durch die weiter bestehende hormonelle Stimulation. In der Praxis werden Hunde und Katzen daher in der Regel immer kastriert und nicht sterilisiert.

Kastration nur bei eindeutiger Indikation
Die Kastration ist die am häufigsten durchgeführte Operation in der Kleintierpraxis. Nach dem Deutschen Tierschutzgesetz §6 ist das Entfernen eines Organs eines Tieres verboten. Es ist nur dann gestattet, wenn im Einzelfall eine tiermedizinische Indikation vorliegt oder der Eingriff für die vorgesehene Nutzung des Tieres unerläßlich ist und keine tierärztlichen Bedenken bestehen. Nach dem Europäischen Übereinkommen zum Schutz von Heimtieren ist die Kastration auch dann gerechtfertigt, wenn sie den Zweck hat, die übermäßige Vermehrung von Hunden und Katzen zu kontrollieren.

> Bei der Kastration werden die Geschlechtsorgane operativ entfernt, bei Rüden die Hoden, bei Hündinnen die Eierstöcke bzw. Ovarien. Ein solcher massiver Eingriff sollte nur bei gewichtiger tiermedizinischer Indikation erfolgen.

Kastration bei weiblichen Tieren
Die Kastration beziehungsweise die Entfernung von Eierstöcken und Gebärmutter bei weiblichen Tieren heißt Ovariohysterektomie. Sie erfolgt in etwa der Hälfte der Fälle, um unerwünschten Nachwuchs und die mit der Läufigkeit verbundenen Erscheinungen zu vermeiden. Bei einem Drittel liegen medizinische Gründe vor, wie Erkrankungen der Geschlechtsorgane, Scheinträchtigkeit und Tumorprophylaxe. Als Therapie bei Verhaltensproblemen spielt die Kastration nur bei fünf Prozent der Hündinnen eine Rolle.

Kastration bei männlichen Tieren
Anders ist die Situation bei den Rüden, wo die Kastration überwiegend zur Therapie problematischer männlicher Verhaltensweisen erfolgt. Am häufigsten werden ein zu starker Geschlechtstrieb, also Hypersexualität

Methoden der Verhaltenstherapie

(40 Prozent), Aggressivität (33 Prozent) und Streunen (20 Prozent) als Anlass für die Operation genannt. Vermeidung von unerwünschtem Nachwuchs, vor allem bei Gruppenhaltung, wird in 18 Prozent der Fälle angegeben. Medizinische Indikationen, wie Erkrankungen der Geschlechtsorgane, Kryptorchismus und Tumorprophylaxe spielen bei Rüden nur eine untergeordnete Rolle.

Die jeweilige Wirkung der Kastration auf verschiedene Verhaltensprobleme wird in den betreffenden Kapiteln besprochen. In vielen Fällen wird

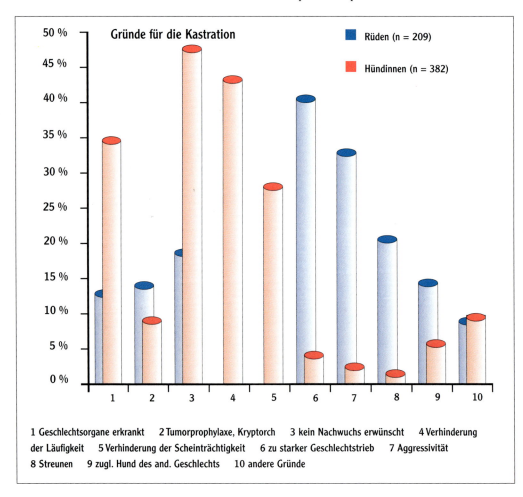

1 Geschlechtsorgane erkrankt   2 Tumorprophylaxe, Kryptorch   3 kein Nachwuchs erwünscht   4 Verhinderung der Läufigkeit   5 Verhinderung der Scheinträchtigkeit   6 zu starker Geschlechtstrieb   7 Aggressivität   8 Streunen   9 zugl. Hund des and. Geschlechts   10 andere Gründe

Medikamentöse und hormonelle Therapiemöglichkeiten

Zusammenfassung einer Auswahl der wichtigsten Psychotherapeutika beim Hund

Wirkstoffgruppen		Wirkungen
Tranquilizer	Phenothiazine	sedierend, aggressionshemmend, reduziertes Erkundungsverhalten,
	Benzodiazepine	beruhigend, angstlindernd, appetitfördernd, paradox gesteigerte Aggressivität
	Butyrophenone	spannungsmindernd
Antidepressiva	trizyklisches Amitriptylin-hydrochlorid	hebt Stimmung angstlindernd, beruhigend
	Fluoxetine	aggressionshemmend, beruhigend
	Monoaminoxydasehemmer	angstlindernd, positive Stimmung
	Lithiumcarbonat	stimmungsstabilisierend
Antikonvulsiva	Phentoin, Primidon	antiepileptisch, aggressionshemmend
Anregungsmittel	Amphetamine	in niedriger Dosis paradox beruhigend, in höherer Dosis anregend
Alpha Antagonist	Nicergoline	verbessert altersbedingte Probleme
Anti-Parkinsonmittel	Selegiline Hydrochlorid	verbessert altersbedingte Probleme
Opioidantagonisten	Naltrexon	blockiert Stereotypien, beruhigend
Homöopathie	hochverdünnte Simile	zahlreiche Anwendungen möglich
Hormone	synthetisches Gestagen	unterdrückt androgenbedingte Probleme und Läufigkeit, angstlindernd, beruhigend, appetitfördernd, endokrine Störungen
Kastration	operative Entfernung der Ovarien oder Hoden	Reduzierung der Produktion von Sexualhormonen, Beseitigung androgenbedingter Probleme

die Kastration vorschnell als alleinige Problemlösung angesehen, obwohl sie nur bei geschlechtsbedingten Problemen, bei denen der Hormonspiegel eine wesentliche Rolle spielt, wirksam ist. Vor allem bei der Behandlung von Aggressivitätsproblemen sollte dieser Umstand beachtet werden. Nur Aggressivität unter Rüden und geschlechtsbedingtes Dominanzverhalten werden durch eine Kastration und den nachfolgend reduzierten Hormonspiegel beeinflusst, andere Formen der Aggressivität bleiben dagegen unberührt. Sinnvoll ist eine Kastration auch bei sexuell bedingtem Streunen, Urinmarkieren und Hypersexualität. Diese werden in vielen Fällen verbessert oder behoben.

Nebenwirkungen
Nebenwirkungen einer Kastration, wie eine erhöhte Futterverwertung und Fettleibigkeit, gelegentliche Harninkontinenz bei Hündinnen und mögliche Veränderungen des Haarkleides – besonders bei Langhaarrassen – müssen in Kauf genommen werden. Der Gewichtszunahme nach Kastration kann durch Verringerung der täglichen Futtermenge vorgebeugt werden. Ob eine Kastration als Therapiemaßnahme gerechtfertigt und sinnvoll ist, muss immer im Einzelfall entschieden werden. Mögliche Nebenwirkungen und erhoffte Erfolge sind gegeneinander abzuwägen.

Literaturverzeichnis:
- Anonym: „Hundeernährung – leicht gemacht – richtig gemacht." Effem GmbH.
- Dodman, N. H. und L. Shuster: „Pharmacologic approaches to managing behavior problems in small animals." Veterinary medicine **89**, (10), 960–969 (1994).
- Dodman, N. H., I. Reisner, L. Shuster, W. Rand, U. A. Leuscher, I. Robinson, K. A. Houpt: „The effect of dietary protein content on aggression and hyperactivity in dogs." (Abstract) Appl. Anim. Behav. Sci. **39**, 185–186 (1994).
- Dodman, N. H. und R. Donnelly, L. Shuster, P. Mertens, W. Rand, K. Miczek: „Use of fluoxetine to treat dominance aggression in dogs." JAVMA, **209** (9), 1585–1587, (1996).
- Hart, B. L. u. L. A. Hart: „Verhaltenstherapie bei Hund und Katze". Enke, Stuttgart, 1991.
- Heidenberger, E. „Untersuchungen zu Verhaltensänderungen von Rüden und Hündinnen nach Kastration." Vet. med. Diss. München, 1989.
- Line, S. W.: „Techniques in Pet Behavior Therapy". Calif. Vet. **6** (38), 10–13 (1984)
- Marder, A. R.: „Psychotropic Drugs and Behavioral Therapy." Vet. clinics of North Am: Sm. Anim. Practice, **21**, (2), 329–342 (1991).
- Molcho, S.: „Körpersprache im Beruf." Goldmann, München, 1997.
- Mugford, R. A.: „Methoden zur Charakterisierung normaler und anormaler Verhaltensmuster bei Hund und Katze". In R. S. Anderson und H. Meyer (Hrsg): „Ernährung und Verhalten von Hund und Katze". Schlüter'sche Verlagsanstalt, Hannover, 140–146 (1984).
- Overall KL.: „Animal behavior case of the month." J. Am. Vet. Med. Assoc. **206**, 629–932 (1995).
- Penaliggon, J.: „The use of nicergoline in the reversal of behaviour changes due to ageing in dogs: A multi-centre clinical field trial." Proceedings of the 1. Internat. Conference on Vet. Behav. Medicine. Universities Federation for Animal Welfare, Birmingham, 37–41 (1997).
- Pobel, T., M. Caudrillier: „Evaluation of the efficacy selegiline hydrochloride in treating behavioural disorders of emotional origin in dogs." Proceedings of the 1. Internat. Conference on Vet. Behav. Medicine. Universities Federation for Animal Welfare, Birmingham, 42–51 (1997).

- Polsky R. H.: „Guidelines to follow when using drugs in behavior therapy." Veterinary medicine, **90** (9), 829–831 (1995).
- Richardson, J.: „Erfolgreich kommunizieren". Kösel, München 1992.
- Rogers C. R.: „Die nicht-direktive Beratung". Fischer, Frankfurt, 1991, 6. Auflage.
- Simpson, B: „Treatment of Separation-related Anxiety in dogs with Clomipramin. Results from a multicentre, blinded, placebo controlled clinical Trial." Proceedings of the 1. Internat. Conference on Vet. Behav. Medicine. Universities Federation for Animal Welfare, Birmingham, 143–154 (1997).
- Tierschutzgesetz, Fassung vom 25. 5.1998, BGBl. I, S. 1105. Verordnung über die Haltung von Hunden im Freien vom 6. 6. 1974, geändert 12.8.1986, BGBl. I S. 1309 f.
- Voith, V. L. and P. L. Borchelt: „Introduction to Animal Behavior Therapy". Vet. Clinics N. Am./Small Anim. **12** (4), 565–570 (1982).
- Voith, V. L.: „Möglichkeiten zur medikamentösen Behandlung von Verhaltensstörungen." in R. S. Anderson und H. Meyer (Hrsg.) „Ernährung und Verhalten von Hund und Katze." Schlüter'sche Verlagsanstalt, Hannover 229–237 (1984).
- Wilbur, R. H.: „Pets, pet ownership and animal control. Social and psychological attitudes." Proc. Natl. Conf. Dog Cat. Cont. Am. Hum. Assoc., Denver, Colorado (1976).

SPEZIELLER TEIL:
Verhaltensprobleme und ihre Therapie

Aggressivität

Die Einteilung der unerwünschten Verhaltensweisen erfolgt nach den auffälligsten Erscheinungen, den so genannten Leitsymptomen. Das normale Verhalten und die davon abweichenden störenden Verhaltensweisen sowie deren Behandlungsmöglichkeiten werden beschrieben und durch Fallgeschichten veranschaulicht.

Aggression in ihren verschiedenen Erscheinungsformen

Unter Aggression versteht man das Droh- oder Angriffsverhalten, während Aggressivität ein Maß für die Angriffsbereitschaft eines Individuums oder einer Art darstellt. Unangemessene, zu hohe Aggressivität ist das häufigste Verhaltensproblem bei Hunden und der häufigste Grund dafür, dass ansonsten gesunde Hunde eingeschläfert werden. Prinzipiell sind aggressive Verhaltensweisen ein Teil des natürlichen, hundetypischen Verhaltensrepertoires. Eigentlich sind sie typisch für alle in sozialen Verbänden lebende Tiere, weil erst durch den Gegenpol der Aggression auch das Gefühl von Zuneigung und Verbundenheit entstehen kann – beide Emotionen sind untrennbar miteinander verbunden.

Sinn und Zweck von Aggression

Gelegentliche Aggression ist sinnvoll. Der Stärkste und Selbstbewussteste erreicht durch Dominanzaggression einen hohen Rang und damit die besten Fortpflanzungschancen. Das Rudel verteidigt durch Aggres-

Aggression in ihren verschiedenen Erscheinungsformen

sion sein Territorium gegenüber fremden Artgenossen und anderen Nahrungskonkurrenten. Es sichert so sein Überleben und das seiner Gene. Aggression hat die natürliche Funktion, das Individuum, seine Gruppe und seine Nachkommen zu schützen und ihnen damit einen Überlebens- oder Fortpflanzungsvorteil zu verschaffen. Auch der Mensch schätzt in vielen Fällen die aggressiven Eigenschaften seines Hundes, zum Beispiel bei Wach- oder Jagdhunden. Im engen Zusammenleben mit Menschen kann das aggressive Verhalten aber Ausmaße annehmen, in denen es nicht erwünscht ist und zu Schäden führt.

Aggressives Verhalten ist aus der Sicht des Hundes meist erklärbar. Der Dominanteste im Rudel ordnet seine Rivalen unter oder vertreibt sie und hat damit die besten Fortpflanzungschancen.

Formen der Aggression

Prinzipiell unterscheidet man zwischen Aggressionen gegenüber Menschen und gegenüber anderen Hunden. Diese treten unabhängig voneinander auf, und ein Hund, der seinen Artgenossen gegenüber aggressiv ist, ist nicht zwangsläufig auch Menschen gegenüber aggressiv. Beim Hund kann man grundsätzlich zehn verschiedene Formen der Aggressivität anhand der auslösenden Reize unterscheiden (Moyer 1968; Hart und Hart 1991).

Dominanzaggression

Dominanzaggression dient zur Erlangung und Sicherung eines möglichst hohen sozialen Ranges innerhalb des Rudels. Hunde sehen die menschlichen Familienmitglieder als ihr Rudel an, aber sie kennen keine Gleichberechtigung, wie der Mensch, sondern nur über- und untergeordnete Rangbeziehungen. Sie sind bestrebt, die Leitposition einzunehmen, wenn ihnen nicht konsequent deutlich gemacht wird, dass diese den Menschen gebührt. Auch bei der Haltung mehrerer Hunde kommt es zu Rangstreitigkeiten, bis sich eine feste Rangordnung etabliert hat. Ist diese erst einmal geregelt, so sind offene Auseinandersetzungen der Ausnahmefall. Streitigkeiten klärt der Ranghöhere ein-

Aggressivität

fach nur durch angedeutete Imponier- oder Drohgebärden. Bewegung in das System kommt bei Gruppenneuzugängen oder -abgängen, unter Umständen auch nach längeren Abwesenheiten einzelner Rudelmitglieder. Auch Krankheit und Altwerden der Ranghöheren bewirkt eine Schwächung ihrer Position. Dann wird möglicherweise um eine neue Rangfolge gekämpft. Manchmal erfolgt die Neustrukturierung auch unmerklich und scheinbar in gegenseitigem Einverständnis. Durch die klare Festlegung, wer ranghöher ist, werden weitere Auseinandersetzungen vermieden. Je deutlicher die Unterschiede zwischen den Tieren sind, desto leichter fällt diese Festlegung und um so stabiler ist die Rangordnung. Dominanzaggression stellt häufiger bei männlichen, seltener bei weiblichen Hunden ein Problem dar.

Aggressivität unter Rivalen

Von rivalisierender Aggressivität spricht man, wenn Hunde ohne anerkannte Rangordnung um etwas kämpfen. Dies kann Futter, ein begehrter Liegeplatz oder die Aufmerksamkeit einer Person sein. Die Besitzer bezeichnen dies häufig als „futterneidisches" oder „eifersüchtiges" Verhalten. Rivalisierende Aggression ist besonders unter etwa gleichrangigen Tieren oder bei ungeregelter Rangfolge ein Problem und kann auch gegenüber Kindern auftreten.

Angstbedingte Aggression

Aggression unter Rüden ist häufig der unmittelbare Auslöser für Hundekämpfe.

Angstbedingte Aggression ist eigentlich ein Element der Selbstverteidigung. Das Tier versucht zunächst, der Angst einflößenden Situation zu entkommen. Gelingt dies nicht oder wird es in die Enge getrieben, so weiß es keinen anderen Weg mehr, als anzugreifen. Falsches Verhalten der Menschen, vorschnelles oder schmerzhaftes Anfassen kann vorangegangen sein. Durch negative Erfahrungen können Hunde zu Angstbeißern werden.

Aggression unter männlichen Tieren

Aggression unter Rüden ist ein angeborener, geschlechtsbedingter Hang, miteinander zu kämpfen. Er ist bei den

Aggression in ihren verschiedenen Erscheinungsformen

einzelnen Individuen unterschiedlich stark ausgeprägt. Als Auslöser genügt die Gegenwart eines männlichen Artgenossen. Diese Form der Aggression richtet sich nicht gegen Familienmitglieder oder andere Menschen.

Territoriale Aggression
Territoriale Aggression dient der Verteidigung des heimischen Lebensraumes gegenüber Artgenossen. Ziel ist die Sicherung der Nahrungsgrundlage und der Schutz des Nachwuchses vor Gefahren. Da der Hund auch den Menschen als Artgenossen betrachtet, verteidigen Hunde ihr Territorium auch gegen Menschen.

Aggression infolge von Schmerz
Schmerzbedingte Aggression ist eine Notwehrreaktion, die den eigenen Körper schützt. Hunde, die am Boden oder unter dem Tisch liegend aus Versehen getreten werden, können so reagieren. Auch der Tierarzt, der eine schmerzhafte Erkrankung behandeln will, kann mit diesem Aggressionsverhalten konfrontiert werden. Wenn Beißereien andauern, obwohl Verletzungen bestehen und der Grund für die Auseinandersetzung bereits beseitigt ist, ist oft schmerzbedingte Aggression für die Situation verantwortlich.

> Ein Hund zeigt aggressives Verhalten in unterschiedlichen Situationen und aus unterschiedlichen Beweggründen.
> Für den adäquaten Umgang mit Tieren und ein erfolgreiches therapeutisches Konzept muss man sich dieser Unterschiede bewusst sein.

Aggression als Element des Jagdverhaltens
Aggressives Jagdverhalten ist Teil des natürlichen Verhaltens. Es war für die wildlebenden Vorfahren unserer Hunde überlebensnotwendig und kann durch die Gegenwart eines kleinen Tieres ausgelöst werden. Schnelle Bewegung erhöht die Wahrscheinlichkeit für einen Angriff, besonders Flucht führt zu Nachlaufen und Hetzen. Typischerweise erfolgt der Angriff ohne vorangehendes Drohen, wodurch das Beutetier ja gewarnt werden würde.

Aggression von Muttertieren
Mütterliche Aggression tritt auf, wenn eine Hündin Welpen hat und diese bedroht glaubt. Dieser Verteidigungsinstinkt kann bei scheinträchtigen Tieren auch auf Gegenstände bezogen werden, oder

Aggressivität

Übersicht über die Aggressionsformen (nach Moyer (1968) und Hart und Hart (1991))

Aggressionsformen	typische Merkmale
Dominanzaggression	Erlangung und Sicherung eines möglichst hohen Sozialrangs
rivalisierende Aggressivität	Kampf um etwas (Besitz, Futter etc.) oder jemanden (Nähe, Aufmerksamkeit)
angstbedingte Aggression	Hund kann nicht fliehen, Angst vor Schmerz, Schreckfurchteinflößendes Gegenüber, Selbstverteidigung
Aggression unter Rüden	Gegenwart eines männlichen Artgenossen
territoriale Aggression	Verteidigung des Territoriums gegenüber Artgenossen und Nahrungskonkurrenten
schmerzbedingte Aggression	Notwehrreaktion zum Schutz
aggressives Jagdverhalten	Gegenwart und/oder Flucht eines Beutetieres
mütterliche Aggression	Hündin, auch scheinträchtige, verteidigt Welpen
erlernte Aggression	unterschiedliche, durch belohnende Erfahrungen erlernte Auslöser
krankhafte Aggression	Erkrankungen des ZNS, epileptiforme Anfälle, Stoffwechselstörungen, genetisch bedingte Formen u. a.

Hündinnen beschützen fremde Jungtiere oder auch Kinder, die sie quasi adoptiert haben.

Erlernte Aggression

Erlernte Aggression wird durch unterschiedlichste Reize ausgelöst. Sie wird immer häufiger auftreten, je öfter sie ausgelöst und mit einem Erfolgserlebnis verbunden wird. Dieser Trainingseffekt spielt bei vielen Aggressionsproblemen eine zusätzlich erschwerende Rolle.

Aggression in ihren verschiedenen Erscheinungsformen

Krankhafte Aggression

Krankhafte Aggression ist relativ selten. Es gibt Erkrankungen des Zentralnervensystems, die zu schweren Bewusstseinsstörungen und aggressiven Anfällen führen. Dazu gehören Gehirntumore, Wasserkopf, Epilepsie, Spätfolgen einer ZNS-Staupe, hepatoenzephales Syndrom, Tollwut und andere seltene Erkrankungen. Bei manchen Hunderassen kann es aufgrund genetischer Veranlagung zu erhöhter Aggressivität kommen. Beim Cocker Spaniel tritt beispielsweise die so genannte „Cockerwut" auf. Typisch ist, dass die Tiere anfallartig, anscheinend ohne jeden Grund und ohne vorangehendes Drohverhalten angreifen. Sie erscheinen dabei geistesabwesend, haben einen starren Blick und sind nicht ansprechbar.

Aggression gegenüber Menschen

Situationen, in denen Hunde Menschen angreifen, können unterschiedlichen Aggressionsformen zugeordnet werden. Typische gefährliche Situationen sind unter anderem: Dominanz- oder Besitzstreitigkeiten, Angst, ausgelöst durch unerwartetes Anfassen, Gefühl der Bedrohung, Betreten des Reviers und Auslösen des Jagdinstinktes, zum Beispiel bei der Begegnung mit Radfahrern oder Joggern. Aus Sicht der Betroffenen greift der Hund in vielen Fällen völlig grundlos und ohne jede Vorwar-

Den Knochen sieht dieser Hund als seinen Besitz an. Er knurrt warnend und wird ihn vehement verteidigen.

Aggressivität

nung an. Männliche Kinder, die in der Nachbarschaft des Hundes wohnen, werden statistisch gesehen am häufigsten gebissen.

Falsche Haltung und falscher Umgang

Die Analyse schwerer oder gar tödlicher Verletzungen von Menschen durch Hunde zeigt, dass es sich bei den Tieren häufig um Zwingerhunde handelt, die nicht angemessen gehalten werden. Sie sind häufig nur ungenügend sozialisiert, sind den Umgang mit Menschen nicht gewohnt und haben nur schwache Beziehungen zu ihren Besitzern und anderen Menschen. Eine unklare Rangordnung und angestauter Bewegungsdrang sind weitere Ursachen für schwere Unfälle. Manchmal führt ungewohnte Bekleidung oder Körperhaltung dazu, dass ein Hund seinen Besitzer nicht mehr erkennt und angreift. Häufig sind schwerwiegende Fehlhandlungen der beteiligten Menschen der unmittelbare Auslöser des Unglücks. Hunde sind umso ungefährlicher, je enger und vertrauter wir mit ihnen leben.

Deutsche Schäferhunde sind statistisch gesehen die häufigsten Verursacher von Beißunfällen. Die Verantwortung dafür liegt meist bei den Hundebesitzern, die den Hund nur mangelhaft führen.

Verhalten und Psyche des Halters

Bewusste oder unbewusste Unterstützung des aggressiven Verhaltens durch den Hundeführer spielt eine wesentliche Rolle. Die Persönlichkeit der Besitzer steht in enger Verbindung mit dem Auftreten von Aggressivität. Sehr aggressive Hunde gehören mit einer hohen statistischen Wahrscheinlichkeit Besitzern, die ein typisches Psychogramm aufweisen. So sind zum Beispiel Halter aggressiver Cocker Spaniels (nach Podberscek und Serpell 1997) häufiger verkrampft, emotional weniger stabil, schüchtern und undisziplinierter als Besitzer wenig aggressiver Hunde.

„Ererbte" Aggressivität

Die einzelnen Hunderassen zeigen unterschiedliche Veranlagung für Angriffsbereitschaft. Die Veranlagung ist das Ergebnis gezielter Zuchtwahl im Hinblick auf den erwünschten Verwendungszweck der Tiere, zum Beispiel als Schutzhund. Obwohl Hunde

Aggression in ihren verschiedenen Erscheinungsformen

bestimmter Rassen häufiger in Schadensfälle durch Beißereien verwickelt sind, muss diese aggressive Veranlagung differenziert und mit Fokus auf den individuellen Hund betrachtet werden – ohne einzelne Rassen pauschal mit einem Stigma zu versehen, wie dies leider oft in der Presse geschieht. Denn wie stark die Veranlagung innerhalb einer Rasse ausgeprägt ist, variiert von Einzeltier zu Einzeltier beträchtlich. Wie sich ein Tier verhält, hängt nicht nur von seiner genetischen Prädisposition, sondern auch von der aktuellen Situation, erlerntem Verhalten und Reaktionen der Umwelt ab.

Rassen mit überproportionaler Aggressivität

Eine Untersuchung von Schadensfällen durch Hunde in München (Unshelm, Rehm, Heidenberger 1993) ergab, dass am häufigsten Deutsche Schäferhunde die Verursacher sind. Auch wenn man berücksichtigte, wie viel Prozent der Haushunde Schäferhunde waren, ergab sich eine überproportional hohe Beteiligung dieser Rasse an Beißunfällen. So

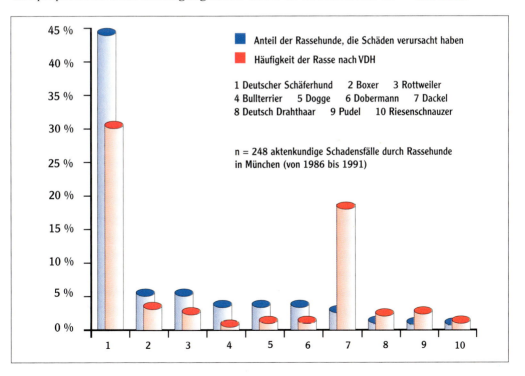

Durch Aggressivität auffällig gewordene Rassehunde im Vergleich zur Häufigkeit ihrer Rasse.

Aggressivität

waren von 330 Hunden, die in in den Jahren 1986 bis 1991 aktenkundige Schäden verursachten, 109 Schäferhunde. Im Vergleich dazu lag der Anteil der in München gemeldeten Schäferhunde nur bei etwa 10 Prozent. Weiterhin überproportional zur Häufigkeit ihrer Rasse verursachten Rottweiler (13 Tiere), Boxer (13), Doggen, Dobermänner und auch Bullterrier (mit je 9 Tieren) tatsächliche Schäden.

Der Halter als „Täter"
Die aggressiven Handlungen der Tiere richteten sich in 207 Fällen gegen Menschen und in 136 gegen andere Hunde. Bei zwei Drittel der Hunde waren zwei und mehr Vorfälle aktenkundig. Die Mehrheit der Hunde sind also „Wiederholungstäter". Erschreckend ist ferner, dass in 68 Prozent der Fälle der Halter bei Angriffen auf Menschen nicht eingriff. Weitere 15 Prozent stachelten ihren Hund sogar noch an! Das Verhalten der Hundehalter beeinflusste statistisch nachweisbar die Art, Häufigkeit und Schwere des Vorfalles – ein eindeutiger Beweis für die Verantwortung der Halter, also der Menschen für das Geschehen. Zwei Drittel dieser Hundehalter bezeichneten sich sogar selbst als ungeeignet zur Hundehaltung. Entsprechend sollte im Einzelfall nicht nur das Tier, sondern vor allem auch der Halter gemaßregelt werden. Auflagen, wie Leinen- und Maulkorbzwang, sollten nicht allgemein verhängt werden, sondern gezielt über die Hunde, die bereits aufgefallen sind. Wird ein Hund absichtlich und nachweislich als Waffe missbraucht, so sollte nicht gezögert werden, in diesem Fall ein dauerhaftes Hundehaltungsverbot durchzusetzen.

> Selbst bei Hunderassen, die zu höherer Aggressivität neigen, ist letztendlich der Umgang mit dem Tier, die entsprechende Erziehung und Ausbildung durch den Halter dafür ausschlaggebend, wie stark Aggressivität tatsächlich zutage kommt.

Spezialfall „Schutzhund"
Insgesamt tauchen in der Verhaltensberatung trotz verantwortungsbewußter Haltung neben dem Deutschen Schäferhund auch andere Schutzhunderassen, wie Riesenschnauzer, Hovawart und Airedale Terrier häufiger mit Aggressionsproblemen auf als vergleichbare große Rassen. Eine Mischung aus generationenlanger Selektion auf aggressives Schutzhundverhalten, trainierte Aggression und die typische halterbedingte Auswahl und Haltung dieser Hunde ist hierfür verantwortlich.

Altersabhängige Aggression

Das Alter der Tiere steht im Zusammenhang mit der Art der auftretenden Aggressionsprobleme: Ein Hang zur Aggressivität zeichnet sich meist schon in der Jugend des Hundes ab, in einem Alter von wenigen Monaten bis zu zwei Jahren. Rivalisierende Besitzaggressionen und angstbezogene Aggressionen treten deutlich früher als Dominanz- und territoriale Aggressionen auf (Borchelt 1984). Unfälle durch Beißen verursachen Hunde am häufigsten in ihrem 1. bis 4. Lebensjahr. In diesem Bereich liegt auch das Durchschnittsalter der Hunde, die in Verhaltensberatungsstellen vorgestellt werden.

Einfluss der Geschlechtshormone

Es bestehen deutliche Geschlechtsunterschiede in Bezug auf Aggressivität: Zwei Drittel der Hunde mit Aggressionsproblemen sind Rüden. Vor allem bei Rangstreitigkeiten sind wesentlich häufiger männliche Hunde die Verursacher; ungefähr 90 Prozent der dominant aggressiven Hunde sind männlich. Rüden beißen insgesamt etwa doppelt so oft wie Hündinnen und beißen auch ihre Besitzer häufiger als Hündinnen. Verglichen mit Hündinnen sind Rüden – vor allem ältere Tiere – im Durchschnitt auch gegenüber Kindern ablehnender. Testosteron, das männliche Geschlechtshormon, ist mitverantwortlich für das Auftreten von Aggressionsproblemen. Hunde mit einer krankheitsbedingten Testosteron-Überproduktion (Tumor oder Kryptorchismus) sind häufig auffallend aggressiv.

> Bezüglich aggressiven Verhaltens zeigt sich ein deutlicher Unterschied zwischen Rüden und Hündinnen sowie zwischen erwachsenen Tieren und Jungtieren: Verantwortlich dafür ist der unterschiedlich hohe Blutspiegel des Geschlechtshormons Testosteron.

Weniger aggressiv durch Kastration?

Die Kastration ist eine häufig durchgeführte Maßnahme in der Behandlung von unerwünschter Aggressivität. Sie ist jedoch nur bei hormonabhängigen Problemen sinnvoll. Auch kastrierte Hunde sind immer wieder unter den Verursachern von Beißunfällen. So berichten einige Hundebesitzer sogar, dass kastrierte Hündinnen aggressiver sind als nicht kastrierte. Sie zeigen unter anderem häufiger unfreundliches Verhalten gegenüber Kindern im gleichen Haushalt. Sind Hündinnen

Aggressivität

bereits vor der Kastration aggressiv, führt der Eingriff mitunter zu einer Verschlimmerung des Problems – besonders bei Dominanz- und Besitzaggression. Einige Hündinnen legen auch erst nach der Kastration ein problematisch aggressives Verhalten an den Tag. Zunehmende soziale Reife unterstützt den Mut und das Selbstbewusstsein der Tiere und damit möglicherweise ihre Angriffsbereitschaft. Nach der Kastration von Hündinnen fehlen die in den Eierstöcken produzierten weiblichen Geschlechtshormone, und es kommt zu einem Überwiegen der männlichen Resthormone. Das hormonelle Ungleichgewicht führt dann zu einer Maskulinisierung der kastrierten Hündinnen im Verhalten.

> Nicht jedes Tier legt nach der Kastration sein problematisch aggressives Verhalten ab. Hündinnen können unter Umständen noch aggressiver werden, da nach der Eierstockentfernung der Testosteronspiegel den des Gestagens überwiegt.

Das Diagramm zeigt die Veränderung der Aggressivität nach der Kastration nach einer Befragung der Besitzer. Bei der Mehrheit der Tiere tritt eine Verbesserung des Problems ein. Rund ein Viertel der aggressiven Hunde bleiben jedoch unverändert, in Einzelfällen kam es zu einer Verschlechterung. Bei etwa einem Fünftel der untersuchten aggressiven Hündinnen kam es erst nach der Kastration zur Entwicklung problematischer Aggresssivität.

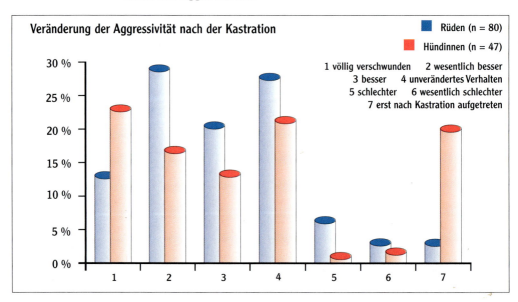

Dominanz- und rivalisierende Aggression

Dominanzaggression entsteht durch den Drang des Hundes, einen möglichst hohen Sozialrang einzunehmen. Sie ist das häufigste problematische aggressive Verhalten. Typisch für einen Hund mit dominanzproblematischem Verhalten ist, dass er sich durch Drohen mittels Knurren, Zähnezeigen und Anstarren, oder auch durch Angriffe mit Schnappen und Beißen anderen Sozialpartnern gegenüber durchsetzen will. Sein Gegenüber soll eingeschüchtert und zur Anerkennung seiner Vorrechte veranlasst werden.

Rivalisierende oder Besitzaggression tritt als Kampf um etwas oder jemanden vor allem bei annähernd gleichrangigen Individuen auf. Besitzansprüche werden durch Imponier- und Drohverhalten, vor allem Knurren, kenntlich gemacht. Werden die Ansprüche nicht anerkannt, kann das Schnappen und Beißen provozieren.

Beiden Problemen liegt eine instabile Rangordnung zugrunde. Sie treten sowohl gegenüber Menschen als auch gegenüber anderen Hunden auf. Die Therapieansätze sind ähnlich und beruhen im Wesentlichen darauf, eine stabile Rangordnung zu etablieren. Beide Probleme werden im Folgenden gemeinsam besprochen.

> Zeigt sich ein Hund Kindern in der Familie gegenüber aggressiv, könnte das Problem in einer unklaren Rangordnung liegen. Die Betroffenen sollten mit dem Tier dann konsequent Unterordnungsübungen durchführen, um ihren höheren Rang klar zu etablieren.

Dominanzaggression gegenüber Menschen

Dominanzaggression gegenüber Menschen, vor allem Familienmitgliedern, ist leider ein häufiges Problem. Erstes Anzeichen ist Drohverhalten des Hundes beim Füttern, Wegnehmen des Futters, versehentlich grobem Körperkontakt, wie Treten oder Anrempeln, Herunterweisen von Sitz- oder Liegemöbeln, beim Bürsten oder Anleinen. Die Hunde knurren, starren oder schnappen. Wenig Gehorsam ist ein weiteres Symptom. Nimmt ein Hund gegenüber seinem Besitzer eine ranghöhere Position ein, so droht oder knurrt er vor allem dann, wenn dieser versucht, sich durchzusetzen. Solche Verhaltensweisen müssen schon im Keim erstickt und dürfen keinesfalls geduldet werden.

Aggressivität

Wichtig: klare Rangordnung

Der Ranghöchste im Rudel bestimmt, wann was geschieht. Die anderen Rudelmitglieder richten sich nach ihm und folgen nach. Die Initiative für alle wesentlichen Beschäftigungen mit dem Hund muss also immer vom ranghöheren Menschen ausgehen. Dazu gehört insbesondere das Streicheln, Füttern und Spazierengehen. Der Hund wird auch erst, nachdem die Menschen gegessen haben, gefüttert. Besonders wenn bereits Aggressionsprobleme bestehen, sind menschliche Sitzgelegenheiten, wie Sofas oder Sessel, oder Räume, wie das Schlafzimmer, für den Hund tabu. Hoch gelegene, bequeme Ruheplätze sind besonders kritisch. Sie werden von Hunden gern belegt und als dem Ranghöchsten zustehende Orte angesehen. Problematisch wird dieser Umstand für Besitzer, die ihre Hunde vermenschlichen und dazu neigen, ihren Tieren derartige Verhaltensweisen zu gestatten. Dadurch kommt es zwischen Hund und Mensch zu grundlegenden Missverständnissen, die sich zu schwerwiegenden Problemen aufschaukeln können.

Stellt ein Hund, wie dieser junge Rottweiler, die Vorherrschaft seines Besitzers in Frage, sollte er unmittelbar mit arttypischen Gesten zurechtgewiesen werden.

Therapeutische Methoden bei Dominanzaggression

Das Ziel einer Therapie ist, dass der Hund Menschen als Ranghöhere akzeptiert. Die Maßnahmen liegen im Bereich der Haltung des Hundes und vor allem des Umgangs mit dem Hund. Schon eine Aufklärung der Betroffenen über typische Anzeichen von Dominanz beim Hund kann wesentliche Fortschritte erzielen. Außerdem sind Konditionierungsmaßnahmen zur Umerziehung erforderlich. In schweren Fällen kann der Beginn der Therapie mit Medikamenten oder bei Rüden durch Kastration unterstützt werden.

Direkt: Dominanz signalisieren

Direkte körperliche Unterordnung ist angebracht, wenn ein Hund seinen Besitzer androht, ihn etwa anknurrt. Der Tierhalter muss sofort dem Hund seine Ranghöhe demonstrieren. Dies kann durch

Dominanz- und rivalisierende Aggression

verbales Zurechtweisen, Platz schicken, Unterordnungsübungen oder durch hundetypische Dominanzgesten, wie Anstarren, Packen und Herunterdrücken oder Maulzuhalten erfolgen. Hundehalter, die schon beim ersten Anzeichen konsequent in dieser Form reagieren, haben keine Dominanzprobleme mit ihrem Hund. Es sind eher die schwächeren oder ängstlicheren Familienmitglieder, häufig die Kinder, die sich gegenüber dem Tier nicht durchsetzen. Fühlt sich der Betroffene körperlich nicht in der Lage, den Hund zurechtzuweisen – was häufig der Fall ist –, so muss indirekt vorgegangen werden. Eine unmittelbare Konfrontation mit dem Tier wird dabei vermieden.

SO NICHT! Lange Reden und Lamentieren mit menschlichen und ratlosen Gesten versteht der Hund nicht und werden ihn nicht zu mehr Gehorsam bewegen.

Indirekt: Entzug von Belohnung

Indirekte Maßnahmen sind beispielsweise der vorübergehende Entzug von Belohnungen, wie Zuwendung, Futter oder Sozialkontakt. Der Hund wird einige Zeit völlig ignoriert. Auch das Futter wird reduziert. Dieser Entzug macht ihn für Belohnungen empfänglicher. Er sucht nach Kontakt. Die Zuwendung soll immer zuerst vom ranghöheren Menschen ausgehen. Streicheln, Füttern, Spazierengehen und so weiter erfolgen nur noch auf Initiative des Menschen, der dadurch seine Rangposition gegenüber dem Hund indirekt sichert. Bei Problemen, die sich nur auf bestimmte Familienmitglieder beschränken, ist es besonders wichtig, dass alle anderen in der Zeit der Umerziehung den Hund völlig ignorieren. Er muss auf diejenige Person angewiesen sein, die sich ihm gegenüber durchsetzen soll. Diese lässt den Hund vor dem Erhalt von Belohnungen, Futter etc. erst einfache Kommandos befolgen. Der Hund erfährt dadurch, dass dieser Mensch ihm überlegen ist. Nur durch Unterordnung kann er seine Bedürfnisse decken. Durch sofortige Belohnung des erwünschten Verhaltens erfolgt dann eine positive Konditionierung. Diese Umerziehung führt zur Gewöhnung an die neue Rangordnung.

Aggressivität

Operativ: Kastration
Etwa 90 Prozent der dominant aggressiven Hunden sind Rüden. Das männliche Geschlechtshormon Testosteron kann nicht direkt für dieses Verhaltensproblem verantwortlich gemacht werden – es gibt auch nicht kastrierte Rüden, die nicht aggressiv sind, und aggressive kastrierte Rüden – allerdings unterstützt es die Aggressivität. Daher kann eine Kastration als Teil der Behandlung angeraten sein. Sie ist aber nur als unterstützende und eine Verhaltenstherapie begleitende Maßnahme zu sehen. Die Kastration allein führt in der Regel nicht zu einem zufriedenstellenden Behandlungserfolg. Statt der Kastration können auch vorübergehend weibliche Hormone verabreicht werden. Sie haben eine anti-androgene Wirkung und erleichtern damit den Beginn der Verhaltenstherapie.

Medikamentös: Psychopharmaka
In schweren Fällen kann die Verhaltenstherapie zu Beginn durch tierärztlich verordnete Psychopharmaka unterstützt werden. Eine tägliche Gabe von Fluoxetine dämpft die Angriffsbereitschaft. Sie unterstützt den Beginn einer Therapie und kann über einige Wochen fortgeführt werden, sollte aber nicht zur Dauermedikation führen. Medikamentöse Therapie ist besonders dann angezeigt, wenn eine Verhaltenstherapie nicht zufriedenstellend verläuft; oder wenn zu große Bedenken seitens der Besitzer vorliegen, überhaupt mit ihrem Hund umzugehen und sie Angst vor ihrem eigenen Tier haben.

Sind Kinder in die Verhaltenstherapie eines aggressiven Hundes involviert oder fühlt sich der Halter seinem Tier nicht gewachsen, kann die Therapie anfangs mit Medikamenten, die die Aggressionsbereitschaft herabsetzen, eingeleitet werden.

Therapieprognose
Prognose der Behandlung von Dominanzaggression: Umkonditionierungsprogramme sind in den meisten Fällen erfolgreich, vorausgesetzt sie werden konsequent durchgeführt. Auch eine körperlich schwache oder ängstliche Besitzerpersönlichkeit steht dem nicht im Wege. Durch ergänzende Maßnahmen, wie Haltungsverbesserung, Kastration oder Medikation wird die Verhaltenstherapie erleichtert und die Dominanzaggressivität reduziert. Der Besuch einer Hundeschule durch Halter und Hund erleichtert die Durchführung von Unterordnungsübungen und stabilisiert die Rangordnung.

Dominanz- und rivalisierende Aggression

Problem-Konstellation: Kind und Hund

Das Zusammenleben von Kindern und Hunden wirft immer wieder besondere Fragen auf. Mögliche Ursachen für Probleme liegen häufig im Rudelordnungsverhalten. In manchen Fällen fühlt der Hund sich ranghöher oder sieht seinen Rang durch das Kind gefährdet. Rivalisierende Aggression tritt im Kampf um Zuwendung, Besitz von Spielzeug oder Nahrung auf. Auch Erkundungsverhalten der Kinder kann missverstanden werden. Besonders Kleinkinder sind ungeschickt oder können bei ihren Annäherungs- und Streichelversuchen Schmerz verursachen. Hunde reagieren darauf, abhängig von ihrer eigenen Sozialisation, mit sehr unterschiedlicher Duldungsbereitschaft. Wenn möglich, ziehen sie sich zurück. Werden sie allerdings erschreckt oder fehlt ihnen eine Ausweichmöglichkeit, so setzen sie sich zur Wehr. Drohen, Knurren und Schnappen können hier aus der Sicht des Hundes Selbstverteidigung sein. Hunde, die Erfahrung mit Kindern haben, sind wesentlich geduldiger und reagieren zum Teil sogar mit Welpenpflegeverhalten. So versuchen sie zum Beispiel, die Kinder durch Abschlecken zu beruhigen. Unzureichende Gewöhnung oder schlechte Erfahrungen wirken sich dagegen negativ aus. Auch Stimmungsübertragung von Spannungen in der Familie führen zu aggressivem Verhalten. Die Einstellung und insbesondere Ängste der Eltern in Bezug auf Hunde spielen eine entscheidende Rolle. Manche Befürchtungen neigen dazu, sich selbst zu erfüllen, da sie entsprechendes Verhalten provozieren.

Erziehung von Kind und Hund

Für Haltung und Umgang mit dem Hund in einem Haushalt, in dem sich sowohl Kinder als auch Hunde befinden, gibt es einfache Grundregeln, mit denen man Problemen vorbeugen kann. Den Kindern sollte entsprechend ihrem Alter gezeigt werden, wie man mit Tieren umgeht. Sie sollten lernen, dass sie den Hund ansprechen und ihm die Hand hinhalten, bevor sie ihn anfassen, und dass sie bei fremden Hunden immer erst den Besitzer um Erlaubnis fragen und zum Hund lang-

Hier ist die Rangordnung geregelt: Die 7-jährige Hündin akzeptiert freudig wedelnd die Zuwendung und typischen Dominanzgesten des 4-jährigen Mädchens, wie eine Hand auf den Rücken zu legen und zu drücken.

Aggressivität

Die Dalmatinerhündin führt einfache Kommandos des Kindes, wie „Sitz!", bereitwillig aus. Sie duldet mit unterordnungsbereiter Mimik das Festgehaltenwerden durch Umarmen.

sam Kontakt aufnehmen, bevor sie ihn streicheln. Mit den Kindern soll geübt werden, wie man streichelt. Es muss betont werden, dass man dem Tier dabei nicht wehtun darf. Dazu gehört auch, nicht an Schwanz und Ohren zu ziehen oder absichtlich auf die Pfoten zu treten. Durch den ständigen Umgang mit den Kindern wird der Hund gleichzeitig auch an die ungeschicktere Berührung der Kinder gewöhnt. Unter viel Lob und Zuwendung wird er gegenüber der etwas unbeholfeneren Behandlung quasi desensibilisiert. Dies ist außerordentlich wichtig, denn gerade kleine Kinder experimentieren natürlich mit den Reaktionen des Hundes. Durch Gewöhnung und enge Bindung steigt seine Toleranz. Als Ausweg muss ihm immer eine Rückzugsmöglichkeit zur Verfügung stehen, und auf seinem Ruheplatz dürfen die Kinder den Hund nicht stören oder gar wecken. Auch beim Fressen darf er von den Kindern nicht belästigt werden.

Viele Kontakte zwischen Kind und Hund zulassen! Gemeinsame Erlebnisse, Spiele und Spaziergänge fördern und den Hund nicht ausschließen! Dadurch entsteht eine enge, positive Mensch-Tier-Beziehung. Die Kinder dürfen den Hund zur Stabilisierung der Rangordnung unter Aufsicht füttern. Selbstbewusste Kinder dürfen mit ihm auch Unterordnungsübungen oder Agility-Übungen durchführen.

Zur Sicherheit nie ohne Aufsicht

Zur Sicherheit dürfen besonders Kleinkinder nie mit dem Hund allein gelassen werden! Dies gilt individuell unterschiedlich so lange, bis die Kinder eine stabile, ranghöhere Position als der Hund etabliert haben und vernünftig genug sind, diese nicht zu missbrauchen. Dem Hund sollte jederzeit eine Rückzugsmöglichkeit zur Verfügung stehen, damit

Dominanz- und rivalisierende Aggression

er sich dem Zugriff der Kinder entziehen kann. Andererseit muss er konsequent zurechtgewiesen werden, wenn er auch nur im Ansatz aggressives Verhalten zeigt.

Gesundheits-Check
Regelmäßige Gesundheitskontrolle des Hundes, besonders auf Ekto- und Endoparasiten, beugt unter anderem der Übertragung von Würmern und Flöhen vor. Hygiene im Haushalt, wie konsequentes Händewaschen vor dem Essen, getrenntes Spülen der Hundenäpfe und keine Hunde im Bett, verhindert ebenfalls die Übertragung von Krankheiten.

Viele gemeinsame Beschäftigungen verstärken die Freundschaft. Im Spiel und beim Spaziergang folgt die Hündin freudig dem ranghöheren Kind.

Das Kind als positive Erfahrung
Der Hund wird auf die Kinder positiv konditioniert, indem er in ihrer Gegenwart, durch Streicheln, Spiel und Füttern, belohnt wird. Die Beziehung zu den Kindern wird auf diese Weise positiv erfahren. Die Freude bei gemeinsamen Beschäftigungen macht für den Hund die Erfahrungen durch Stimmungsübertragung noch intensiver. Der Hund wird für freundliches Verhalten als ständige Verstärkung immer wieder intensiv belohnt. Ziel ist nicht allein, dass der Hund nicht aggressiv ist, sondern, dass er zum Kind auch Zuneigung fasst.

Zur Sicherheit dürfen Kleinkinder nie mit einem Hund alleingelassen werden. Hier könnte zwischen den beiden Streit über die Leckereien entstehen.

Aggressivität

Dominanzaggression gegenüber Artgenossen

Dominanzprobleme unter Hunden können zu heftigen Raufereien führen. Im Hunderudel herrscht eine hierarchische Rangordnung, und das Leittier, der Alpha-Hund, hat in allen wichtigen Dingen Vortritt. Er kommt als Erster ans Futter, geht zuerst durch die Tür ins Freie und liegt auf dem beliebtesten Ruheplatz. Nach ihm richten sich die anderen Rudelmitglieder. Bei Raufereien unter Hunden im Rudel besteht eine starke Stimmungsübertragung. Das kann dazu führen, dass sich, ausgelöst durch eine Meinungsverschiedenheit zwischen zwei Hunden, plötzlich das ganze Rudel auf ein Tier stürzt. Hat dieses keine Möglichkeit zu entkommen, so schwebt es in Lebensgefahr. Die Aggression richtet sich besonders gegen Neulinge oder rangtiefe Tiere. Gegenüber gruppenfremden Artgenossen ist die Beißhemmung vermindert, die Angriffsbereitschaft ist am ausgeprägtesten gegenüber ähnlichen Hunden, etwa gleicher Rasse, gleicher Größe und gleichen Alters. Einander fremde, gleich große und gleich alte Tiere, insbesondere ältere Rüden, müssen deshalb mit besonderer Vorsicht miteinander bekannt gemacht und aneinander gewöhnt werden. In der Meute kommt es zwischen Tieren mit geringem Rangabstand häufiger zu aggressiven Auseinandersetzungen als zwischen Tieren mit deutlichem Rangabstand, bei denen das Andeuten eines Drohens genügt, um Ansprüche geltend zu machen.

> Innerhalb eines Rudels mit etablierter Rangordung kommt es unter den Tieren selten zu aggressiven Auseinandersetzungen, die zu ernsthaften Verletzungen führen, da die Beißhemmung unter Rudelmitgliedern hoch ist.

Stabilisierung der Rangordnung

Treten innerhalb eines Hunderudels immer wieder Raufereien auf, muss die Rangordnung gefestigt werden. Häufig liegt ein unbewusster Fehler in der Haltung der Hunde oder im Umgang mit den Tieren zu Grunde. Der Besitzer bevorzugt beispielsweise den rangniedrigeren Hund. In der Regel ist dies das kleinere, schwächere, jüngere oder neue Tier, dem der Besitzer unwillkürlich helfen will. Durch die vermehrte Zuwendung untergräbt er jedoch die Anerkennung sozialer Rangunterschiede und damit die Stabilisierung der Rangordnung. Im folgenden Fall war dieser Umstand die Ursache wiederholter schwerer Auseinandersetzungen zwischen den Hunden.

Dominanz- und rivalisierende Aggression

Problemstellung: *Großer Hund beißt wiederholt kleinen Hund der gleichen Besitzer.*

Signalement: *„Max", Dt. Schäferhund, 5 Jahre, Rüde, und „Moritz", Dackel-Mischling, 1,5 Jahre, Rüde.*

Herkunft, Haltung und Mensch-Tier-Beziehung: *„Max": im Alter von 1 Jahr von Diensthundeschule übernommen, Polizeihund, Haltung teilweise im Zwinger, Hund des Mannes, tagsüber mit ihm abwesend. „Moritz": mit 3 Lebensmonaten aus dem Tierheim geholt, Gesellschaftshund der Frau, starke emotionale Beziehung, hält ständig Körperkontakt mit ihr, schläft auch mit im Schlafzimmer.*

Vorbericht (Zusammenfassung):
Was ist genau passiert und seit wann besteht das Problem?
  Seit einigen Monaten greift der kleine „Moritz" zunehmend häufiger den Schäferhund an. Er springt ihm an die Kehle, ins Gesicht oder an die Lefzen. Anfangs war das Spiel, aber nun wird er immer wütender. Anfangs war der große „Max" mit dem Kleinen sehr geduldig. Jetzt reagiert er sauer. Kürzlich biss er zurück und verletzte dabei den Kleinen. „Max" folgt aufs Wort und lässt sich wegrufen, sonst wäre wohl viel mehr passiert. So kann es nicht weitergehen . . .
Was passierte unmittelbar vorher? Wo? Wer war anwesend?
  Der Große kommt nach Hause oder betritt den Raum. Die Attacken finden überall im Haus statt, besonders in der Küche vor dem Füttern oder im Schlafzimmer vor dem Zu-Bett-Gehen. Die Besitzerin war immer anwesend und „konnte so das Schlimmste verhindern."
Wie häufig kommt es zu Auseinandersetzungen? Sind objektivierbare Schäden entstanden?
  Zuletzt griff der Kleine den Großen bei fast jeder Gelegenheit an. „Moritz" wurde einmal so gebissen, dass er genäht werden musste.

Beschreibung der **Einzelfälle**, insbesondere Haltung, Mimik und Bewegungen der Tiere und die Reaktion der Besitzerin:
  „Moritz springt mit angelegten Ohren , wütend und kläffend auf Max los. Er fällt ihn richtig an. Dabei sieht er sich immer wieder nach mir um. Er folgt aber nicht , wenn er zurückgerufen wird. „Max" bleibt zunächst ruhig und aufrecht stehen. Er macht ein sehr leidendes, auch unwilliges Gesicht. Irgendwann wird es ihm sicherlich zuviel! Ich rede besänftigend auf „Moritz" ein, streichle ihn und nehme ihn auf den Arm."

Verlauf: *Die Auseinandersetzungen wurden zunehmend kritischer. Allerdings vertragen sich die beiden Hunde im Freien bestens.*
Bereits durchgeführte Maßnahmen und Erfolg:
  Die Hunde wurden getrennt, im Wesentlichen durch Aussperren des Großen. Die kritischen Räume darf „Max" überhaupt nicht mehr betreten. Vor 4 Wochen wurde der Kleine kastriert. Seine Aggressivität veränderte sich nicht.

Gesundheitszustand: *Das Allgemeinbefinden ist ungestört. Der Ernährungs- und Pflegezustand ist bei beiden Tieren gut.*

Diagnose: *Dominanzbezogene Aggression: Ursache ist die Rangverschiebung durch ständige Stärkung der Position des kleinen Hundes.*

Prognose und Therapieziel: *Die Prognose ist gut, da beide Besitzer hoch motiviert sind. Das Ziel ist, die Hunde wieder zusammen halten zu können*

Aggressivität

Therapie:
- Die Rangordnung unter den Hunden muss richtig gestellt werden. Der Schäferhund sollte als der Ältere und Größere auch als der Ranghöhere anerkannt werden.
- Fehler im Umgang mit den Hunden werden den Besitzern verdeutlicht: So darf „Moritz" nicht unbeabsichtigt in seinem Tun gelobt oder gar durch Streicheln belohnt werden. Dagegen muss „Max" gestärkt werden. Er darf nicht durch Aussperren bestraft oder zurückgesetzt werden. Dagegen muss er beim Füttern, Streicheln, Spazierengehen u.s.w. immer als Erster an der Reihe sein.
- Die Hunde wieder zusammen lassen. Sobald der Kleine anfängt zu stänkern, ihn zurechtweisen und sofort alleine raussetzen, bis er wieder ruhig ist! Er wird darauf zunächst sehr wütend reagieren, nach einigen Wiederholungen aber erkennen, dass seine Attacken keinen Erfolg mehr haben. Konsequentes Handeln ist entscheidend!
- Die Besitzerin soll mit „Moritz" einen Begleithundekurs besuchen. Auch ihr gegenüber muss die Rangordnung klargestellt werden. Auch ein kleiner Hund muss unbedingt einige grundlegende Unterordnungsübungen, wie zuverlässiges Herankommen auf Ruf, beherrschen.
- Durch das veränderte Verhalten der Besitzer findet eine Umgewöhnung der Hunde an eine realistische Rangordnung statt.

Eine **Nachbesprechung** nach 14 Tagen ergab einen sehr guten Erfolg der durchgeführten Maßnahmen. Die Hunde leben jetzt friedlich zusammen im Haus

Angst- und schmerzbedingte Aggression

Angstbedingte Aggression ist durch das Bestreben des Hundes gekennzeichnet, einer bedrohlichen Situation zu entkommen. Gelingt ihm dies nicht, versucht er den Furchtauslöser mittels Drohverhalten zu vertreiben. Er bellt, knurrt, schnappt und beißt, wenn nötig. Zurückgelegte Ohren, gesenkter Schwanz und geduckte Körperhaltung zeigen die Angst und Unsicherheit des Hundes. Angst-aggressives Verhalten taucht bei Rüden fast doppelt so häufig auf wie bei Hündinnen.

Schmerzbedingte Aggression entsteht durch die Abwehr absichtlich oder unbewusst zugefügter Schmerzen. Sie kann durch unabsichtliches Berühren schmerzhafter Körperpartien hervorgerufen werden, zum Beispiel durch Streicheln bei Ohrenentzündungen oder Wirbelsäulenerkrankungen. Auch versehentliches Treten des im Wege liegenden Hundes oder an Ohren und Schwanz Ziehen durch Kinder löst schmerzbedingtes Abwehrverhalten aus.

Angst- und schmerzbedingte Aggression

Ursache: schlechte Erfahrung und Stress

Häufig sind die Ursachen für angst-aggressives Verhalten vorangegangene negative Erlebnisse mit bestimmten Menschen. So bezieht sich dieses Problemverhalten meist nur auf einen bestimmten Typ, beispielsweise nur auf Männer, Kinder, Uniformträger oder angetrunkene Personen. Unvorbereitetes, plötzliches Anfassen der Hunde, besonders durch Fremde oder Kinder, provoziert diese Form aggressiven Verhaltens. Auch unbekannte Situationen, Gegenstände oder Tiere, merkwürdig gekleidete oder sich ungewöhnlich bewegende Personen können angst-aggressives Verhalten auslösen. Die Neigung einzelner Hunde, bei Stress aggressiv zu reagieren, ist schon im ersten Lebensjahr zu erkennen.

Erlernte Aggression als Co-Faktor

Es entsteht leicht eine Verknüpfung von angstbedingter und erlernter Aggression. Der ängstliche Hund erfährt, dass er durch Bellen, Knurren, Schnappen und Beißen einen angsteinflößenden Menschen vertreiben kann. Dieser Erfolg wirkt als Belohnung und damit positiver Verstärker. Der Hund wird das gezeigte Verhalten daher in Zukunft bei ähnlichen Anlässen wiederholen. So entwickelt sich ein typischer Angstbeißer. Bei Tierheimhunden ist Angstaggression aufgrund der oft tragischen Vorgeschichten leider ein häufiges Problem. Die folgende Fallgeschichte ist ein Beispiel hierfür und zeigt, wie in der Tierheimsituation mit diesem Problem umgegangen werden kann.

Der rangtiefere Hund liegt und wehrt mit geöffnetem Maul und ängstlich geweiteten Augen die Annäherungsversuche des Anderen durch Schnappen ab.

Aggressivität

Problemstellung: *Findlingshund greift Menschen an.*

Signalement: *„Wölfchen", langhaariger Schäferhundmischling, ca. 2 Jahre, Rüde.*

Herkunft, Haltung und Mensch-Tier-Beziehung:
Der Hund wurde von der Polizei völlig verwahrlost im Keller eines unbewohnten Hauses gefunden. Er befindet sich jetzt seit zwei Wochen im Zwinger des Tierheims. Der Besitzer ist unbekannt.

Vorbericht (Zusammenfassung):
Der Hund verweigert aggressiv Kontakt mit Menschen. Er liegt im hintersten Winkel seines Zwingers. Nähert sich eine Person, knurrt er, springt vor, fletscht die Zähne und bellt. Öffnet die Person die Tür, so weicht er zunächst in geduckter Haltung, mit eingeklemmtem Schwanz und abgewandtem Blick zurück. Er greift dann unvermittelt, geduckt, mit zurückgelegten Ohren, unter Knurren und Bellen an und versucht in die Beine zu beißen. Dies ist ihm bisher nicht gelungen.

Verlauf, durchgeführte Maßnahmen und Erfolg: *Die Angriffe werden heftiger. Eine erhoffte Gewöhnung an die Betreuer hat nicht stattgefunden. Der Hund frißt nur und schlingt dann hastig, wenn sich die Pfleger entfernen.*

Gesundheitszustand: Das Allgemeinbefinden ist ungestört. Der Ernährungs- und Pflegezustand ist mäßig. Der Hund ist zu mager und im Fell befinden sich Knoten.

Diagnose: Angstbedingte Aggressivität. Mögliche Ursachen sind eine unzureichende Sozialisation und/ oder schlechte Erfahrungen.

Prognose und Therapieziel: Die Prognose ist gut bis fraglich. Es müssen Bezugspersonen gefunden werden, die mit dem Hund üben. Die Angst vor Menschen soll dem Hund genommen, ein normaler Umgang mit ihm und damit eine Vermittlung als Haushund ermöglicht werden.

Desensibilisierung als Therapie

Die allgemein bewährte Therapie bei angstbedingter Aggressivität ist die systematische Desensibilisierung. Die Besitzer werden zunächst über die Ursachen des Verhaltens des Hundes aufgeklärt. Sie müssen lernen, die Körpersprache ihrer Hunde richtig zu interpretieren. Dadurch verbessert sich die Verständigung zwischen Mensch und Tier wesentlich, und die Probleme verringern sich. Die Reize, die bei dem betreffenden Tier Angst auslösen, müssen erkannt werden. Dann wird der Hund langsam an sie gewöhnt, was schrittweise und unter ständiger Belohnung erfolgt. Wesentlich ist, dass die Annäherung in so kleinen Schritten erfolgt, dass der Hund dabei noch keinerlei Anzeichen von Angst zeigt. Nur dann wird tatsächlich angstfreies Verhalten belohnt und nicht etwa vermeintlicher Trost für Angstreaktionen gespendet, was diese womöglich noch verstärkt. Als Belohnung dienen aus der Hand gefütterte Leckerbissen, Streicheleinheiten oder Spiel. Die erste Annäherung kann durch einen anderen, verhaltenssicheren Hund, der als Vorbild dient, erleichtert werden. In besonders schweren Fällen kann der erste Kontakt mit dem Tier zu Beginn der Therapie durch ein leichtes Beruhigungsmittel unterstützt werden.

Therapie:
- Änderung der Haltung: Der Hund wird über eine Klappe regelmäßig zweimal am Tag für mehrere Stunden mit einem Hunderudel in einen Freilauf gelassen.
- Ein Desensibilisierungsprogramm wird durchgeführt. „Wölfchen" kann sich im Freilauf zunächst an die anderen Hunde gewöhnen. Er beobachtet den Betreuer im Umgang mit den anderen Tieren aus sicherer Distanz. Die Freude bei Begrüßung des Pflegers durch die Meute führt zur Stimmungsübertragung.
- Er wird vom Betreuer zunächst ignoriert, später immer wieder nebenbei, von der Seite angesprochen, ohne dass ein Kontakt erzwungen wird. Der Pfleger nimmt dabei eine nicht bedrohliche, kauernde Haltung ein. Der Hund kann von sich aus schrittweise näher kommen, ohne in die Enge getrieben zu werden. Schließlich wird er mit der Schnauze kurz Berührungskontakt aufnehmen.
- Nach dem ersten Kontakt wird der Hund ausgiebig gelobt und gestreichelt. Dies wird täglich wiederholt. Heranrufen, Fellpflege, Spiele, Anleinen und kurze Spaziergänge mit ständigen Belohnungen schließen sich an. (siehe S. 182)
- Wurde eine weitgehend angstfreie Beziehung zur ersten Person aufgebaut, so muss unbedingt gewechselt werden. Der Hund übt mit anderen Personen weiter. Sein Verhältnis zu Menschen generell soll verbessert werden!
- Gehorsamkeitsübungen auf der Basis von Belohnungen für erwünschtes Verhalten können angeschlossen werden. Negative Erfahrungen (Strafmaßnahmen) sind unbedingt zu unterlassen!

Aggressivität unter Rüden

Die Anwesenheit eines anderen Rüden kann genügen, um bei einem männlichen Hund Aggressionen auszulösen. Mitunter führt dies zu wiederholten Raufereien mit immer schwerer werdenden Folgen. Die Besitzer solcher Hunde wagen sich kaum noch auf einen Spaziergang, aus Angst anderen Rüden zu begegnen. Die hohe Angriffsbereitschaft mancher Rüden gegenüber männlichen Artgenossen ist stark hormonell

Aggressivität

bedingt, zum Teil ist aber auch eine lückenhafte Sozialisation mit gleichgeschlechtlichen Artgenossen mitverantwortlich. Als vorbeugende Maßnahme soll daher schon dem Junghund reichlich kontrollierter Kontakt mit anderen Hunden gestattet werden. Der Hund darf dabei allerdings nicht durch aggressives Verhalten Erfolgserlebnisse sammeln. Raufereien müssen im Ansatz verhindert oder sofort unterbrochen werden.

Der Anblick eines anderen Rüden genügt bei manchen Hunden mit hoher Aggressionsbereitschaft, um einen Angriff auszulösen.

Mögliche therapeutische Methoden

Therapiemaßnahmen bei bereits bestehender Aggressivität unter Rüden liegen im Bereich der Haltung und Erziehung: Der Hund benötigt täglich ausreichend Bewegung durch lange Spaziergänge, um Spannungen abzubauen. Die Haltung in einem Hunderudel wäre ideal, weil regelmäßiger Sozialkontakt mit verträglichen Tieren hier besonders wichtig ist. In Frage kommen vor allem Hündinnen. Der Kontakt mit anderen Hunden sollte zunächst nur über eine gewisse räumliche Distanz und immer unter Aufsicht erfolgen. Der Hund muss jederzeit zurückgerufen werden können, was durch intensive Gehorsamkeitsübungen trainiert wird. Unter Umständen muss das Tier zunächst aus Sicherheitgründen einen Maulkorb tragen.

Konditionierung

Eine Verhaltenstherapie durch Konditionierung ist möglich. Ziel ist die Gewöhnung an andere Hunde desselben Geschlechts. Dazu werden Begegnungen mit anderen Rüden im Voraus genau geplant und arrangiert. Am besten eignet sich hierfür offenes, dem Problemhund relativ unbekanntes Gelände. Dabei dürfen sich die Tiere nur so weit näherkommen, wie keine Aggressionen auftreten. Der Anblick des anderen Hundes auf einige Entfernung genügt anfangs. Die Begegnungen werden täglich wiederholt. Dabei verringert sich der Abstand zwischen den Tieren allmählich. Dies muss so sanft und vorsichtig geschehen, dass kein Angriff provoziert wird. Braves Verhalten, und nur das, wird gelobt und belohnt. Es wird mit verschiedenen Hunden geübt, um eine generelle Verhaltensänderung gegenüber anderen Rüden zu erreichen. Spaziergänge mit anderen Hunden haben an und für sich schon einen belohnenden Charakter. Auch die Teilnahme an Hundekursen oder Agility fördert die Gewöhnung an andere Rüden.

Hormon-Präparate
Da das Problem zum Teil hormonell bedingt ist, können auch Präparate mit weiblichen Hormonen, die den androgenen Effekten entgegenwirken, zur Therapie beitragen. Eine Therapie mit Gestagen führt durchschnittlich bei 75 Prozent der behandelten Tiere zu einer Besserung des Problemverhaltens. Bei Dominanzaggression dagegen führt die Gabe von Gestagenen nur bei einem Siebtel der Tiere zum Erfolg.

Kastration
Die Angriffsbereitschaft unter Rüden wird auch durch eine Kastration wesentlich gemildert. Sie ist von allen Aggressionsformen diejenige, die durch eine Kastration am stärksten beeinflusst wird, da sie geschlechtsbedingt ist. Nach der Kastration sinkt die Angriffsbereitschaft der Rüden deutlich. Nach Hart und Hart (1991) zeigen rund 60 Prozent der Rüden eine teilweise oder starke Verminderung ihrer Aggressivität nach Entfernung der Hoden, 40 Prozent bleiben unverändert aggressiv. Erhalten die Tiere zusätzlich noch Gestagen-Präparate, kann der Behandlungserfolg sogar auf 75 Prozent gesteigert werden.

> Zeigen sich Rüden gegenüber anderen Hunden aggressiv, sollte abgeklärt werden, ob es sich dabei um Dominanzaggressivität oder Aggressivität gegenüber gleichgeschlechtlichen Artgenossen handelt. Letztere lässt sich sehr erfolgreich hormonell therapieren.

Mischen sich Dominanz- und zwischenmännliche Probleme bei der Haltung zweier Rüden im gleichen Haushalt, so empfiehlt es sich, den Rangtieferen zu kastrieren. Seine Angriffsbereitschaft wird dadurch reduziert. Die möglichen Nebenwirkungen einer Gestagengabe oder Kastration müssen dabei sorgfältig abgewogen werden. So sind die verbesserte Futterverwertung, der beruhigende Effekt und mögliche Haut- und Haarveränderungen zu berücksichtigen. Durch die Kastration ändert sich auch der Geruch des Tieres. Es löst nun weniger Aggression, dafür gelegentliche Irritation oder gar sexuelles Interesse bei anderen Rüden aus. Verhaltenstherapeutische Maßnahmen sollten die hormonellen Therapien unbedingt unterstützen und ergänzen.

Aggressivität

Territoriale und erlernte Aggression

Territoriale Aggressivität beruht auf dem angeborenen Instinkt, ein Heimrevier in Besitz zu nehmen und gegen Eindringlinge zu verteidigen. Die territoriale Aggressivität wird stark von Erfahrungen geprägt. Im eigenen Revier fühlen sich Hunde viel sicherer als in fremder Umgebung. Sie sind mutiger und verteidigen den Zugang zum Grundstück auch gegenüber größeren Artgenossen oder vermeintlichen Feinden energisch. Heftiges Bellen und beeindruckendes Zähnefletschen hinter dem Zaun wirken eindrucksvoll und abschreckend. Passanten, die der Hund als mögliche Eindringlinge betrachtet, verschaffen dem Hund ein Erfolgserlebnis und führen so zu einem Lerneffekt, weil sie weitergehen und deshalb vom Hund als vertrieben erachtet werden. Der Hund lernt, dass sein aggressives Verhalten Artgenossen und Menschen am Betreten des eigenen Territoriums hindert, und deshalb wiederholt er es. Befindet sich derselbe Hund in offenem Gelände, muss er sein Revier nicht verteidigen und gibt sich dort als durchaus freundlicher Zeitgenosse. Spätestens dann, wenn auch bekannte Personen bedroht werden, wird das Territorium-verteidigende Verhalten des Hundes meist mit weniger Wohlwollen betrachtet als sonst.

Dieser Mischling bewacht mit deutlicher Drohmimik, Knurren und Bellen angriffsbereit das Auto und den Koffer seines Herrn.

Vorbeugen ist besser als therapieren

Es werden vor allem der Eingang und die Grenzlinie verteidigt. Vorbeugend sollten deshalb Hundebegegnungen in der Eingangstür vermieden werden. Erwarteter Hundebesuch wird am besten vor der Tür oder auf neutralem Gelände begrüßt. Der Besitzer hat durch sein eigenes Verhalten großen Einfluss auf den Hund. Seine Stimmung überträgt sich. So mildert freundlich-freudiges Verhalten gegenüber Besuchern die Aggressionen des Hundes. Stillschweigende Duldung aggressiven Verhaltens oder eigenes unfreundliches Verhalten fördert dagegen die Angriffsbereitschaft.

Der Einfluss von Nahrungseiweiß

Der Eiweißgehalt der Nahrung beeinflusst die Bereitschaft zur territorialen Aggression. Nach einer Untersuchung von Dodman (et al. 1994) ist die Angriffsbereitschaft bei einem hohen Proteingehalt des Futters höher als bei einem niedrigen. Besonders deutlich ist dieser Effekt bei ängstlicheren Tieren. Serotonin dient als Überträgerstoff im Nervensystem, und über das Nahrungseiweiß wird der Serotonin-Stoffwechsel beeinflusst. Ein niedriger Eiweißgehalt im Futter begünstigt die Aufnahme von Serotonin durch die Blut-Hirn-Schranke. Der erhöhte Serotoningehalt im Gehirn verringert die Impulsivität bei ängstlichen Hunden.

> Wird der Eiweißgehalt des Futters reduziert, sollte gleichzeitig der Kohlenhydratanteil erhöht werden. Dadurch wird nicht nur die Energiebilanz ausgeglichen, sondern indirekt die Aufnahme von Serotonin ins Gehirn noch weiter verstärkt.

Weichenstellung durch die Ausbildung

Territoriale Aggressivität ist bei Wachhunden in kontrollierbarem Maß erwünscht und wird bei ihnen trainiert. Es findet also ein unbewusstes Erlernen einer erhöhten Angriffsbereitschaft statt, die besonders schwierig zu therapieren ist, wenn sie unerwünschte Formen annimmt und zum Problem wird. Bei der Ausbildung von Polizei- und Schutzhunden werden die Tiere darauf trainiert, auf Kommando eine Person anzugreifen und zu stellen, wobei der Schutzhund zu jeder Zeit kontrollierbar bleiben soll. Insgesamt wird jedoch durch den Übungseffekt die Reizschwelle zum Angriff gesenkt. Die Aggression ist gewollt und wird gelobt und belohnt. Dadurch besteht die Gefahr, dass aggressives Verhalten generell leichter auslösbar ist.

Aggressivität

Therapeutische Möglichkeiten

Die Therapie bei unangebrachter territorialer Aggressivität beruht im Wesentlichen auf einer Umerziehung. Sie beinhaltet zum einen die sofortige, konsequente Unterbrechung der unerwünschten aggressiven Handlung bei jedem Auftreten. Zum anderen erfolgt ein Umlernen durch positive Konditionierung des erwünschten Verhaltens.

Konditionierung

Der Hund wird für braves, freundliches Verhalten gelobt und belohnt. Dies wird beispielsweise mit Hilfspersonen geübt, die sich auf unterschiedliche Entfernungen dem Grundstück immer weiter nähern. Der Hund wird gestreichelt, gelobt und eventuell auch gefüttert, solange er brav ist. Auch der Helfer belohnt den Hund, sobald dies möglich ist. Die Übung wird täglich wiederholt, bis die Besucher das Grundstück betreten dürfen, ohne dass der Hund aggressive Verhaltensmerkmale zeigt.

> In der Therapie eines Tieres mit übertriebener territorialer Aggressivität ist man auf die Mithilfe mehrerer Personen angewiesen. Die positive Konditionierung soll ja ganz generell und nicht nur auf eine einzige Person bezogen erfolgen.

Zunächst wird mit einer bestimmten Person geübt, später wechseln sich verschiedene Helfer – Männer und Frauen – ab, damit eine generelle Verhaltensänderung und nicht nur die Gewöhnung an eine bestimmte Person erreicht wird. Zu Beginn des Konditionierungsprogramms ist es notwendig, in Abwesenheit des Besitzers den Hund räumlich so einzuschränken, dass er keine territoriale Aggression zeigen kann. Ist dies nicht möglich, so muss er mitgenommen oder einer anderen Person zur Betreuung übergeben werden.

Futter

Die Verringerung des Eiweißgehaltes im Futter unterstützt die Behandlung territorialer Aggressivität. Zum Beispiel wird der Fleischanteil erringert und stattdessen mehr Haferflocken oder Reis gefüttert. Dadurch wird die Reizschwelle zur territorialen Aggression, besonders bei ängstlicheren Hunden, gesenkt. Es muss natürlich darauf geachtet werden, dass der Gesamtenergiegehalt des Futters ausreichend ist und keine Unterernährung entsteht. Es ist schließlich nur eine Umverteilung der Nahrungszusammensetzung beabsichtigt.

Territoriale und erlernte Aggression

Problemstellung: *Hund greift Besucher an.*

Signalement: *"Charly", West Highland White Terrier, 3 Jahre, Rüde, weiß.*

Herkunft, Haltung und Mensch-Tier-Beziehung:
"Charly" wurde im Alter von 8 Wochen von der Züchterin übernommen. Die Besitzerin lebt mit dem Hund allein in einer Etagenwohnung. "Charly" hängt sehr an seinem Frauchen und sucht ständig Körperkontakt zu ihr. Sie ist halbtags berufstätig, in der Zeit ist der Hund allein.

Vorbericht (Zusammenfassung):
Der Hund ist in der Wohnung sehr wachsam und bellt viel. Das Problem ist: Er verbellt Besucher, besonders Männer, knurrt, greift an und schnappt auch. Das problematische Verhalten beginnt in der Tür, beim Hereinkommen des Besuchs. "Charly" springt in aufrechter Haltung, mit aufgestellten Ohren, gesträubtem Fell, knurrend und zähnefletschend auf den Gast los. Er lässt sich zurückrufen, aber die Aggressionen flackern immer wieder auf, wenn die Besitzerin nicht damit rechnet. Zum Beispiel, wenn er ruhig unter dem Tisch liegt oder sie kurz den Raum verlassen hat. Dies geschieht nur in der eigenen Wohnung. Gegenüber Frauen ist er freundlich. Auf dem Hundeübungsplatz ist er folgsam und lässt sich jederzeit heranrufen. Insgesamt ist er wenig an anderen Hunden interessiert, bei Auseinandersetzungen unterwirft er sich.

Verlauf, bereits durchgeführte Maßnahmen und Erfolg:
Das problematische Verhalten tritt seit etwa einem Jahr auf und ist allmählich schlimmer geworden. Inzwischen geht "Charly" jeden männlichen Besucher an, egal, ob bekannt oder fremd. Da er sich zurückrufen lässt, ist bisher noch niemand verletzt worden. Die Besitzerin beruhigt ihn auch durch Streicheln und auf den Schoß nehmen. Manchmal sperrt sie ihn auch einfach weg. Ein Tierarzt hat erfolglos eine Hormonbehandlung vorgenommen.

Gesundheitszustand:
Das Allgemeinbefinden ist ungestört. Der Ernährungs- und Pflegezustand ist gut.

Diagnose:
Territoriale und erlernte Aggressivität.

Prognose und Therapieziel:
Die Prognose ist günstig, da eine hohe Motivation der Besitzerin zur Mitarbeit besteht. Der Hund soll Besucher akzeptieren.

Therapiemaßnahmen:
- Die Besitzerin muss konsequent gleich reagieren: Beim ersten aggressiven Anzeichen, meist Knurren, wird "Charly" sofort zurechtgewiesen, nicht gestreichelt oder beruhigt!
- Konditionierungsprogramm:
  - vor einem erwarteten Besuch Zuwendung und Futter vorenthalten
  - auf neutralem Gelände Begrüßung des Besuchs und erste Kontaktaufnahme
  - zunächst im Freien von Besuchern füttern und streicheln lassen,
  - die Wohnung gemeinsam betreten, dort füttert und streichelt Besuch den Hund
  - erst mehrmals mit bekannten Personen üben,
  - dann auf verschiedene männliche Personen ausdehnen

Aggressivität

Therapie erlernter Aggression

Die Therapie erlernter Aggression ähnelt der Therapie territorialer Aggression. Dadurch dass das unerwünschte Verhalten nicht mehr belohnt und verstärkt wird, findet eine allmähliche Umerziehung des Hundes statt. Eine unabdingbare Voraussetzung für den Erfolg der Therapie ist, dass das Tier auf keinen Fall durch sein aggressives Verhalten ein Erfolgserlebnis erzielen darf. Gleichzeitig wird ein gegenläufiger Lernvorgang aufgebaut, bei dem erwünschtes Verhalten verstärkt wird und bereits Ansätze von freundlichem Verhalten belohnt werden. Vor Beginn der Therapie muss allerdings das Ziel klar definiert werden: Wie freundlich soll der Hund sein? Soll er wirklich jeden Besuch freudig begrüßen?

Das Postboten-Syndrom: erlernte und territoriale Aggression

Die heftige Abneigung und Anfeindung der meisten Hunde gegenüber Briefträgern ist ein schönes Beispiel für die Verschränkung von erlernter und territorialer Aggression: Die Aggression hat ihren Ursprung in der Verteidigung des Territoriums, das durch den Postboten, der die Grenze teilweise verletzt, scheinbar bedroht ist. Da der Postbote immer wieder geht, führt sein Abwehrverhalten aus Sicht des Hundes zum Erfolg. Dies wirkt als Belohnung für das aggressive Verhalten und führt dadurch, dass sich die Situation immer aufs Neue wiederholt, zu seiner Verstärkung und folglich zu einer erlernten, erhöhten Aggressivität. Bei der territorialen Aggression spielt auch Stimmungsübertragung vom Besitzer auf den Hund eine wichtige Rolle: Ärgert sich der Besitzer etwa über die Post, Rechnungen oder Ähnliches? Oder freut er sich, wenn der Postbote kommt?

Hier knüpfen mögliche Therapiemaßnahmen an. Der Besitzer muss dem

Der Hund stellt sich in Imponierhaltung, mit gehobenem Schwanz und leicht knurrend zwischen den Eindringling, den Postboten, und seine Besitzerin und sein Zuhause.

Hund klarmachen, dass der Postbote erwünscht ist – er soll seine Freude zeigen, den Hund loben und für freundliches Verhalten belohnen. Dagegen soll aggressives Verhalten konsequent und bereits im Ansatz unterbunden werden. Der Hund wird vom Eingang weggerufen, muss sich ablegen oder wird auf seinen Platz geschickt. Bleibt er brav, wird er belohnt. Häufig genügen diese Maßnahmen, um eine Änderung des Verhaltens herbeizuführen. Lernt der Hund den Postboten außerdem in einiger Entfernung von der Wohnung als neutralen Menschen kennen, wird er die Grenzverletzung in Zukunft noch leichter akzeptieren.

Aggressives Jagdverhalten

Jagdverhalten ist Teil des natürlichen Verhaltensrepertoires eines Fleischfressers. Der Instinkt, ein potentielles Beutetier zu jagen, ist sehr ausgeprägt. Drohverhalten, wie Knurren, Bellen oder den Körper aufrichten, wird bei dieser Aggressionsform vor dem Angriff auf ein Beutetier nicht gezeigt, weil so die Beute gewarnt und zur Flucht veranlasst werden würde. Stattdessen wird das potentielle Opfer beschlichen und dann plötzlich angefallen. Der Hund macht sich zunächst kleiner und lauert mit nach vorne gestrecktem Kopf, Hals und Ohren. Einige Hunde »stehen-vor« – sie verharren in Lauerstellung mit gespitzten Ohren und angehobener Vorderpfote.

Ein Jagdhund mit langgestrecktem Hals auf der Pirsch. Aggressives Verhalten im Rahmen des Jagens enthält keine Drohelemente, da diese die Beutetiere warnen würden.

Wer flieht, wird gehetzt

Zum Jagdverhalten gehört ebenfalls, ein fliehendes Beutetier zu hetzen. Diese Reaktion kann auch durch Jogger, Radfahrer oder spielende, rennende Kinder ausgelöst werden. Die Handlungskette der Jagd setzt sich in Anspringen und Zupacken fort, wobei der Biss typischerweise quer über den Rücken ausgeführt wird. Nicht alle Hunde, die gerne hetzen, packen auch zu, aber einige Tiere führen die Handlungskette einschließlich dieses

Aggressivität

Beutetiere oder Nahrungskonkurrenten, wie hier ein Marder, werden gezielt durch Biss in den Nacken oder Rücken und Schütteln getötet.

Elements aus und versuchen dann teilweise, die Beute durch Schütteln, Beißen und Zerreißen zu töten. In anderen Fällen wird das Jagdverhalten abgebrochen, weil der Hund seinen Fehler erkennt. Er hält irritiert inne, kehrt um oder fängt an, das potentielle Opfer zu verbellen.

„Klein" gleich „Beute"

Der Jagdinstinkt richtet sich gelegentlich auch auf andere kleine Haustiere, die mit Hunden vergesellschaftet leben, wie Geflügel, Schafe oder Katzen, und auch auf Hunde sehr kleiner oder ungewöhnlicher Rassen. Gefährdet sind auch Babys im Krabbelalter und weglaufende Kinder. Tragische Tötungsfälle von Babys durch Hunde beruhen häufig auf Verwechslungen mit Beutetieren. So wurde in einem Fall ein Babykorb auf dem Futtertisch einer Hundemeute unbeaufsichtigt abgestellt. In einem anderen Fall wurde ein Hund zusammen mit einem Säugling, der nach Grillfleisch roch, allein im Auto gelassen. Gefährlich wird es vor allem dann, wenn der Hund nicht vertraut mit Kleinkindern ist. Grundsätzlich sollten deshalb kleine Kinder und Hunde nie zusammen allein gelassen werden.

Ergebnis von Zucht und Selektion

Bei der Zucht von Jagdhunden wurde das Jagdverhalten durch gezielte Selektion noch weiter verstärkt. Bei anderen Rassen, wie den Hüte- und Hofhunden, war es dagegen unerwünscht und wurde absichtlich reduziert, um das Zusammenleben mit anderen Haustieren zu erleichtern. Bei der Ausbildung von Jagdhunden wird das Beutesuchen durch Fährtenlesen, Stöbern und Hetzen geübt und gefördert. Windhunde trainieren besonders das Hetzen auf Sicht. Sie laufen bei Rennen hinter einer Hasenattrappe her. Hüte- und Hofhunde lernen dagegen durch frühzei-

Aggressives Jagdverhalten

tige Gewöhnung, mit potentiellen Beutetieren zusammenzuleben. Häufig besteht eine Art »Burgfriede«, und die anderen, bekannten Tiere des Haushalts werden nur auf dem heimatlichen Grundstück toleriert, während sie bei Begegnungen außerhalb des gemeinsamen Territoriums gejagt werden.

Therapie: Positive und aversive Konditionierung

Die Therapie bei unangebrachtem Jagdverhalten ist die schrittweise Gewöhnung an die potentiell gefährdeten Lebewesen. Unerwünschtes Verhalten, wie Hetzen, wird sofort unterbrochen und auch im Ausnahmefall nicht geduldet. Am besten wird der Hund schon im Ansatz zum Loslaufen zurechtgewiesen oder erschreckt, etwa durch ein lautes unangenehmes Geräusch, wie einen Knall, durch Händeklatschen oder auch mittels einer Wurfkette. Auch dass der Hund Käfigtiere belauert, sollte nicht geduldet werden. Wird der Hund ganz plötzlich und ohne dass er den Verursacher sieht, mit Wasser angespritzt, wird er dem Käfig gegenüber eine aversive Haltung aufbauen und sich künftig nicht mehr in seine Nähe wagen.

Hunde, die mit anderen Tieren, etwa Katzen, in einem gemeinsamen Heim leben, halten eine Art „Burgfrieden". Besonders wenn sie von klein auf aneinander gewöhnt sind, können tiefe individuelle Freundschaften entstehen.

Aggressivität

Freundliches Verhalten gegenüber kleineren Tieren wird dagegen belohnt. Häufiger, kontrollierter Kontakt fördert die Gewöhnung aneinander. Die Abstände der Tiere zueinander werden allmählich verringert, und freundliches Verhalten wird immer wieder belohnt. So kann eine Umerziehung und positive Konditionierung gegenüber den möglichen Beutetieren erreicht werden.

Mütterliche Aggression

Durch erhöhte Angriffsbereitschaft schützt eine Hundemutter ihre Welpen. Sie ist Teil des natürlichen Verhaltens, und die mütterliche Aggression ist unter ursprünglichen Lebensbedingungen für die jungen Hunde lebenswichtig. Andere Fleischfresser oder auch fremde Artgenossen können für die noch hilflosen Welpen sehr leicht zur Lebensgefahr werden. Die Angriffsbereitschaft des Muttertieres ist vor allem in den ersten Tagen nach der Geburt ausgesprochen hoch. Sie kann, muss sich aber nicht notwendigerweise auch gegen vertraute Personen oder Artgenossen richten. Auch sehr friedliche Hündinnen können auf einmal zähnefletschend, drohend und schnappend über ihren Welpen sitzen. Sie lassen unter Umständen niemanden, oder zumindest keinen Unbekannten, an ihren Wurf heran. Will man einen Welpenwurf besichtigen, sollte man die Möglichkeit der erhöhten mütterlichen Aggressivität berücksichtigen.

Hundemütter und andere Rudelmitglieder bewachen ihre Welpen. Ihre Angriffsbereitschaft ist natürlicherweise erhöht. Das sollte man vorsichtshalber berücksichtigen, wenn man einen Wurf Welpen besichtigt.

Einer Mutterhündin sollte deshalb möglichst kein Grund zur Beunruhigung gegeben werden. Fremde werden besser vom Wurflager fern gehalten. Im Laufe der folgenden Wochen normalisiert sich das Verhalten der Hündin mit dem Älter- und Selbstständigwerden der Welpen wieder von selbst.

Aggressivität bei Scheinträchtigkeit

Auch scheinträchtige Hündinnen zeigen gelegentlich eine Art mütterliche Aggressivität. Gegen Ende der Scheinträchtigkeit kommt es mitunter zu einer Scheingeburt. Die Hündinnen bauen ein Nest, es fließt Sekret aus der Gebärmutter, und sie beginnen, Milch zu geben. In das Nest tragen sie Spielzeug, Gegenstände aus Leder oder andere Dinge und verteidigen es vehement. Entfernt man das Nest und die Gegenstände und bringt die Hündin in einen anderen Raum, so verhält sie sich wieder normal. Möglicherweise wird sie auch noch einige Tage unruhig sein, winseln und nach den Gegenständen suchen oder ein zweites Mal ein Lager bauen.

> In freier Wildbahn bietet die Scheinträchtigkeit weiblicher Tiere dem Wolfsrudel einen Überlebensvorteil. Durch die hormonelle Umstellung können auch die scheinträchtigen Tiere Milch geben, sodass sich die Last der Aufzucht auf mehrere Tiere verteilt.

Relikt aus Wolfstagen
Dieses Verhalten ist keine Verhaltensstörung, sondern eine Besonderheit, die auf ursprünglichem Verhalten beruht.
Im Wolfsrudel wird nur die ranghöchste Hündin gedeckt und bekommt Junge. Der hormonelle Zyklus der anderen Hündinnen des Rudels läuft zeitlich synchron mit der trächtigen Wölfin ab. Das ist der Grund dafür, dass die Tanten zum Zeitpunkt der Geburt der Welpen eine Scheingeburt erleben und ebenfalls beginnen Milch zu geben. Sie können so die Mutter bei der Aufzucht der Welpen wesentlich unterstützen, und der auslaugende und schwächende Effekt der mehrwöchigen Säugezeit wird für das Muttertier deutlich gemildert.

Unter dem Einfluss der Hormone
Die Scheinträchtigkeit unterliegt einem hormonell gesteuerten Regelmechanismus. Das Gelbkörperhormon Progesteron wird nach der Läufigkeit von den Eierstöcken gebildet und täuscht eine Trächtigkeit vor. Nach der (Pseudo-)geburt wird das Milchgeben der Hündin durch das Hormon Prolaktin aus der Hirnanhangsdrüse (HVL = Hypophysenvorderlappen) aufrechterhalten; ein Hemmfaktor (PIF = Prolaktin-Inhibitor-Faktor) aus dem Zwischenhirn (Hypothalamus) reguliert wiederum die Freisetzung des Prolaktins. Wird zu wenig Hemmfaktor (PIF) gebildet, steigt das Prolaktin stark an, und es kommt zu Milchfluss.

Aggressivität

Therapeutische und unterstützende Maßnahmen
Im Regelfall verschwindet das auffällige Verhalten und der Milchfluss nach einigen Tagen wieder von selbst. Unterstützende Therapiemaßnahmen sind, zunächst alle möglichen „Pseudowelpen" aus der Reichweite des Hundes zu entfernen. Der Schlafplatz der Hündin wird gewechselt, und sie muss möglichst viel beschäftigt und abgelenkt werden. Belecken und Besaugen des Gesäuges muss verhindert werden, damit die Milchbildung nicht weiter angeregt wird. Bahnt sich eine Gesäugeentzündung an, helfen kühlende Umschläge und entzündungshemmende Salben.

Die Hündin sollte sich möglichst viel im Freien aufhalten. Lange Spaziergänge führen über körperliche Beanspruchung zur Entspannung und regen auch die Umstellung des Hormonhaushaltes an, sodass die die Brutpflegebereitschaft abnimmt. Sollten diese Maßnahmen nicht genügen, kann durch die medikamentöse Gabe von Prolaktinhemmern eine Verhaltensänderung unterstützt werden. Besonders in schweren Fällen und bei wiederholten Scheinträchtigkeiten besteht die Gefahr einer eitrigen Gebärmutterentzündung oder der Stimulierung von Gesäugetumoren. Dann ist vorbeugend die Kastration der Hündin anzuraten.

Problemstellung: *Hündin ist plötzlich vehement aggressiv gegen Besitzer.*

Signalement: *„Nanni", Rauhaardackel, 1,5 Jahre, Hündin, saufarben.*

Herkunft, Haltung und Mensch-Tier-Beziehung:
„Nanni" wurde im Alter von 10 Wochen von der Züchterin übernommen. Sie lebt als Familienhund in einem Haus mit Garten. Sie hat zu allen Mitbewohnern eine gute Beziehung.

Vorbericht (Zusammenfassung):
Die Hündin ist immer freundlich, lieb und verspielt gewesen. Vorgestern hat sie sich im dunklen, vorne offenen Garderobenschrank verkrochen und will nicht mehr rauskommen. Sie greift zähnefletschend, knurrend und schnappend jeden an, der sie anspricht. Sie liegt auf einer Ledertasche und Schuhen und schleckt sich und diese Gegenstände ständig.

Verlauf, bereits durchgeführte Maßnahmen und Erfolg:
Sie frisst auch nichts mehr und will nicht spazieren gehen. So hat sie sich noch nie benommen. Die Besitzer sind entsetzt und trauen sich nicht mehr an ihren Hund heran.

Gesundheitszustand: Das Allgemeinbefinden ist ungestört. Der Ernährungs- und Pflegezustand ist gut. Die letzte, insgesamt 2. Läufigkeit war vor etwa 10 Wochen. Das Gesäuge ist geschwollen, warm und gibt Milch. Die Hündin ist immer ordnungsgemäß geimpft worden.

Diagnose: Mütterliche Aggressivität aufgrund einer Scheingeburt.

Prognose und Therapieziel: Die Prognose ist günstig. Die Hündin soll sich wieder wie vorher freundlich benehmen.

Therapiemaßnahmen:
- Aufklärung der Besitzer über die Ursache des Verhaltens.
- Die Hündin vorsichtig mit sanfter Gewalt aus dem Nest entfernen. Das Nest und die adoptierten Gegenstände und anderes Spielzeug unzugänglich machen.
- Die Hündin vorübergehend für etwa eine Woche vor allem tagsüber im Garten halten, viel spazieren gehen und beschäftigen.
- Unterstützend kann ein Prolaktinhemmer verabreicht werden.
- Prophylaktisch kann die Hündin, nach Abklingen der akuten Symptome, kastriert werden, um eine erneute Scheinträchtigkeit nach der nächsten Läufigkeit zu verhindern.

Krankhafte und idiopathische Aggressivität

Verschiedene organische Erkrankungen betreffen auch das zentrale Nervensystem. Sie können damit Verhaltensänderungen und insbesondere gesteigerte Aggressivität zur Folge haben. Anfallsleiden verschiedenster Ursache bewirken Bewusstseins- und Wahrnehmungsstörungen. Ursache kann eine primäre Gehirnerkrankung sein, häufiger sind jedoch erworbene Störungen des Gehirns, beispielsweise durch Verletzung, Gehirntumor, Gehirnblutung, Wasserkopf oder Entzündungen durch verschiedenste Infektionen (Staupe, Tollwut, Toxoplasmose und andere mehr). Abhängig von der Ursache kann möglicherweise eine medizinische Behandlung durchgeführt werden. Um diesen Fall abzuklären, sollte ein Hund mit schwerwiegenden Verhaltensproblemen immer einem Tierarzt vorgestellt und entsprechend untersucht werden.

Krankhafte Veränderungen des Gehirns

Bei Bullterriern treten beispielsweise gehäuft Probleme durch unprovozierte Aggressivität auf. Die betroffenen Tiere fallen auch durch andere Verhaltensstörungen auf, wie Kreisbewegungen und Ins-Leere-Starren oder auch durch Hautentzündungen. Werden bei den Tieren die Hirn-

Aggressivität

ströme gemessen, zeigen sich im Elektroenzephalogramm (EEG) krankhafte, epilepsieähnliche Veränderungen. Oft ist auch ein Hydrocephalus (Wasserkopf) die Ursache, der einen erhöhten Hirndruck zur Folge hat. Die Hautveränderungen sind meist auf einen – genetisch bedingt – gestörten Zinkstoffwechsel zurückzuführen. Eine medikamentöse Therapie mit Antikonvulsiva oder Antidepressiva kann unter tierärztlicher Aufsicht versucht werden, allerdings mit unterschiedlichen Erfolgen; Dodman und Mitarbeiter (1996) beschreiben bei 5 von 7 betroffenen Hunden unterschiedliche Besserungsgrade durch eine Behandlung mit Beruhigungsmitteln, wie Phenobarbital.

Idiopathische Aggressivität

Bei idiopathischer Aggressivität ist die Ursache des aggressiven Verhaltens nicht erkennbar. Die Hunde greifen ohne vorherige Warnung oder Drohverhalten plötzlich an, haben dabei einen starren Blick, wirken geistesabwesend und sind nicht ansprechbar. Die Angriffe sind heftig, unkontrollierbar und können zu schweren Verletzungen führen. Ein erkennbarer Zusammenhang mit Umweltbedingungen, bestimmten Situationen, auslösenden Reizen oder Personen besteht nicht. Die Angriffe erfolgen unregelmäßig und sind nicht vorhersagbar, was die Tiere unberechenbar gefährlich macht. Therapieversuche finden keinen Ansatzpunkt und bleiben daher erfolglos.

> Ist ein Tier unberechenbar aggressiv – das heißt, es ist kein Zusammenhang mit auslösenden Reizen oder Situationen zu erkennen und das Verhalten lässt sich keiner der Aggressionskategorien zuweisen – spricht man von idiopathische Aggressivität.

Die „Cockerwut"

Idiopathische Aggression kann die Folge gehirnorganischer Erkrankungen oder genetisch bedingt sein. Sie tritt bei bestimmten Rassen häufiger auf als bei anderen, ist jedoch insgesamt sehr selten. Betroffen sind unter anderem Berner Sennenhund, Dobermann, Deutscher Schäferhund, Bullterrier und Bernhardiner. Am bekanntesten ist die so genannte „Cockerwut", eine Krankheit, die bei einfarbigen Cocker-Spaniel-Rüden beschrieben wird. Sie entwickelt sich in den ersten zwei Lebensjahren. Typisch ist, dass die Hunde plötzlich, ohne Vorwarnung oder Drohverhalten, ihre Besitzer attackieren. Dabei haben die Tiere einen starren Blick und Gesichtsausdruck und machen einen geistesabwesenden Eindruck. Ein „blickloses" Vor-sich-Hinstarren kann vorausgehen oder sich anschließen. Schwere Bissverletzungen sind bei der Cockerwut nicht auszuschließen.

Zumindest ein Teil der idiopathischen Aggressionsprobleme lässt sich nach gründlicher Untersuchung anderen Ursachen und Aggressionsformen zuordnen. In wissenschaftlichen Untersuchungen von Podbersceck und Serpell (1996 und 1997) wird diskutiert, ob nicht ein wesentlicher Teil oder gar alle der als Cockerwut beschriebenen Fälle auf extremes Dominanzverhalten zurückzuführen sind. Als mögliche Ursache kommen auch epilepsieähnliche Anfälle in Frage. Die Autoren fanden in 46 Prozent der Fälle Verteidigung des Territoriums und in ca. 12 Prozent der Fälle Dominanzaggression als Ursache für aggressives Verhalten beim Englischen Cocker Spaniel.

> Nur in seltenen Fällen handelt es sich tatsächlich um idiopathische Aggressivität, deren Therapieprognose äußerst schlecht ist. Vielfach stellt sich bei genauer Problemanalyse heraus, dass es sich um extremes Dominanz- oder Territorialverhalten handelt.

Schlechte Therapieprognose
Die Prognose für eine Therapie von unberechenbar aggressiven Hunden ist sehr schlecht. Eine Ursache oder ein Auslöser für die Attacken wird oft nicht gefunden, weshalb eine Verhaltenstherapie keinen Anknüpfungspunkt findet. Medikamentöse Therapien wirken symptommildernd, aber sie verhindern die aggressiven Anfälle nicht zuverlässig. Mitunter sind die Abstände zwischen den einzelnen Attacken sehr lang und unregelmäßig. Aufgrund der Gefährdung von Menschen muss bei diesen Tieren nach Ausschluss anderer Ursachen zur Euthanasie geraten werden.

Angstbedingte Probleme einschließlich Trennungsangst

Angstbedingte Probleme bei Hunden entstehen beispielsweise durch Angst vor plötzlichen lauten Geräuschen, wie Schüsse, Staubsauger oder Feuerwerk. Die angeborene Angst vor unbekannten lauten Geräuschen wird durch die Reaktion des Besitzers unbewusst verstärkt. Dieser will den Hund beruhigen, spricht mit ihm, streichelt ihn oder nimmt ihn auf den Arm und lobt damit ungewollt die Angstreaktion. Sie wird verstärkt und damit steigt die Wahrscheinlichkeit, dass sie erneut auftritt. Auch Stimmungsübertragung kann eine Rolle spielen, wenn die Besitzer selbst Angst haben.

Verbreitet ist auch die Angst vor dem Autofahren, vor bestimmten Menschen, zum Beispiel alkoholisierten Personen, dunkel gekleideten Männern, Kindern, Uniformträgern oder ganz bestimmten Gegenständen, wie Leine oder Besen. Meist gehen diesen Ängsten negative Erfahrungen voraus. Für Angst vor anderen Hunden kann einfach eine unzureichende Gewöhnung an Sozialkontakte in der Junghundzeit verantwortlich sein. Unter Trennungsangst versteht man die Angst vor dem Alleinsein, der sozialen Isolierung.

Die Wurzeln der Angst

Mögliche Ursachen für die Ängste sind also negative Erfahrungen, wie Schmerzen oder auch Schreck, die den Hund gelehrt haben, sich vor dem Auslöser zu fürchten. Weitere Ursachen sind mangelnde oder fehlende Gewöhnung, wie Angst vor fremden Menschen, und fehlende

Die Wurzeln der Angst

Sozialisation bei Tieren, die wild oder ausschließlich im Zwinger aufgewachsen sind. Hunde, die in einem Umfeld aufgewachsen sind, das insgesamt arm an Außenreizen ist, können Ängste entwickeln. Zu einem solchen Umfeld ist auch die reine Aufzucht in der Wohnung zu rechnen. Außerdem gibt es bei einigen Tieren eine genetische Prädisposition (Neigung) zu vermehrter Ängstlichkeit oder Nervosität. Diese kann rassebedingt sein, wie beim Windhund, oder auch ein individuelles Persönlichkeitsmerkmal darstellen. Wie beim Menschen gibt es auch bei Hunden ängstlichere Charaktere.

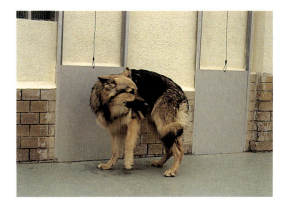

Angst hat viele Ursachen. Dieser Zwingerhund war nicht an Menschen gewöhnt. Bei ihrem Anblick versucht er durch die Klappe in den Stall zu fliehen. Da der Fluchtversuch nicht gelingt, duckt er sich, zieht den Schwanz ein, nimmt die Ohren zurück und den Kopf tief.

Therapeutische Möglichkeiten

Die Therapie muss immer individuell auf das betroffene Tier, die jeweilige Ursache sowie Art und Schwere des Problems abgestimmt werden. Zunächst wird die angstauslösende Ursache gesucht und möglichst genau beschrieben. Gemeinsam mit dem Besitzer wird dann ein detailliertes Desensibilisierungsprogramm entwickelt. Das Tier soll dabei dem angstauslösenden Reiz zunächst in stark abgemilderter Form ausgesetzt werden. Die Reizstärke wird schrittweise in den folgenden Übungsstunden ganz allmählich gesteigert. Die Milderung des Reizes kann beispielsweise durch Verringerung der Lautstärke oder größere Entfernung zum Angstauslöser erfolgen. Auch eine Veränderung des Aussehens in Bezug auf Größe oder Form kann die Ängste reduzieren.

Umlernen durch gegenläufige Konditionierung

Gegenläufige Konditionierung unterstützt das Verschwinden der Ängste. Durch Belohnung angstfreien Verhaltens wird eine positive Grundstimmung aufgebaut, die mit dem Angstgefühl in Widerspruch steht und nicht gleichzeitig mit der Angst empfunden werden kann. Als Belohnung dienen abhängig von den Vorlieben des Tieres Lob, Futterhäppchen, Streicheleinheiten oder Spiel.

Angstbedingte Probleme einschließlich Trennungsangst

Bei der Therapie wird eine schrittweise Annäherung zunächst an eine Person geübt. Im Rudel gemeinsam mit anderen Hunden fällt dies leichter.

Beruhigen durch Tranquilizer

Medikamentöse Beruhigungsmittel sollten nur im Ausnahmefall und nur dann eingesetzt werden, wenn Angstreaktionen schon bei der geringst möglichen Reizreduzierung auftreten. In vielen Fällen, in denen überhaupt kein Kontakt mit dem Tier möglich ist, kann zu Beginn der Therapie die Gabe von Tranquilizern nötig sein, beispielsweise bei Tieren, die ganz ohne Kontakt zu Menschen aufgewachsen sind und sich infolgedessen wildtierhaft scheu verhalten. Die Dosierung sollte prinzipiell nur so erfolgen, dass die Angst gemildert, aber keine Bewegungsstörung oder Bewusstseinstrübung hervorgerufen wird. Die Dosis wird anfangs eher niedrig gewählt und dann gesteigert, bis die gewünschte Wirkung eintritt. Unter Einfluss dieser leichten Beruhigung wird das Desensibilisierungsprogramm begonnen. Zunächst wird bei einer geringeren Reizstärke geübt. Ist das Tier angstfrei, wird das Medikament weiter reduziert und schließlich abgesetzt. Die weitere Gewöhnung an den Angstauslöser erfolgt ohne medikamentöse Unterstützung, da das Wahrnehmungs- und Lernvermögen dann wesentlich besser ist.

Fehlerhaftes Verhalten des Halters

Trost an der falschen Stelle

Ein häufiger Fehler ist, dass die Hunde im Moment der Angst vermehrte Zuwendung und Trost erfahren. Die Besitzer wollen das Tier dadurch beruhigen und ihm seine Angst nehmen. Eine gut gemeinte Absicht, die aber leider nicht bewirkt, was sie soll, weil dem Hund die Einsicht in die Vorgänge und das Verständnis für die gesprochenen Worte fehlt. Die Zuwendung belohnt stattdessen die Angstreaktion, verstärkt sie und führt zu ihrer Wiederholung.

Die Wurzeln der Angst

Fehlinterpretation des Hundeverhaltens
Ein weiterer Fehler der Hundehalter beruht auf einem grundlegenden Missverständnis und einer Fehlinterpretation des Verhaltens der Hunde. So werden manchmal Hunde für unerwünschtes Verhalten heftig bestraft. Zum Beispiel bei angstbedingtem Urinieren oder Verweigern des Herankommens zum Anleinen. Die Besitzer ärgern sich über die vermeintlich „grundlose" Reaktion ihrer Tiere, ihr scheinbar absichtliches Fehlverhalten oder die Aggression, die ebenfalls angstbedingt sein kann. Die Bestrafung führt dann einen zusätzlichen Angstfaktor ein und verstärkt die ursächliche Angst des Tieres.

> Erkennt der Hundehalter nicht, dass dem Fehlverhalten seines Tieres Angst zugrunde liegt, reagiert er oft fälschlicherweise mit Ärger und bestraft den Hund: Ein Circulus vitiosus wird angestoßen, weil sich die Angst des Tieres nur weiter verstärkt.

Als unmittelbare Reaktion auf das ängstliche Verhalten eines Hundes ist es am besten, es zunächst zu ignorieren. Der Hund wird ruhig angeleint und fortgeführt. Dann wird ein Therapieplan entworfen und durchgeführt.

Sonderfall: Der Hund aus dem Tierheim

Ungewöhnlich ängstliches Verhalten ist bei Tierheimhunden besonders häufig. Sie leiden unter den Folgen schlechter Aufzucht- und Haltungsbedingungen, mangelnder Sozialisierung und negativen Erfahrungen bis hin zur Tierquälerei. Manchmal lässt das Verhalten des Hundes Rückschlüsse auf seine Erlebnisse zu; diese schlechten Erfahrungen können dann in Zukunft durch andere, bessere Erlebnisse überdeckt werden. So ist die Prognose für die Behandlung angstbedingter Probleme in der Regel recht gut, wenn die Hundehalter engagiert sind und mit ihrem Tier ein Desensibilisierungsprogramm konsequent durchführen.

Das A und O: Geduld, Engagement und Konsequenz
Entscheidend bei der Durchführung der Angsttherapie ist, dass der angstauslösende Reiz ausreichend abgemildert und reduziert wird. Die Beteiligten müssen sich auch darüber im Klaren sein, dass ein erheblicher Zeitaufwand erforderlich ist, und es müssen sich Personen finden, die konsequent über längere Zeit mit dem Hund arbeiten. Es darf kein Zwang ausgeübt oder gar bestraft werden. Hat der Hund Angst vor Menschen, muss ihm die Zeit zugestanden werden, die er braucht, um von

Angstbedingte Probleme einschließlich Trennungsangst

sich aus heranzukommen. Die betreffende Person soll sich ruhig und gleichmäßig bewegen, sanft sprechen und den Hund nicht frontal angehen, sondern sich eher kleiner machen und ihn anlocken. Der Hund wird schließlich irgendwann näher kommen, da sein Bedürfnis nach sozialem Kontakt sehr stark ist. Bei angstfreiem Verhalten wird das Tier laufend belohnt, wobei die Art der Belohnung auf die individuellen Vorlieben des Hundes abgestimmt ist und in Spiel, Futter oder Streicheln bestehen kann. Erst dann wird langsam die Reizstärke gesteigert und werden auf jeder Stufe mehrere, zum Beispiel 20 Übungen, durchgeführt. Das Tier muss dabei immer entspannt bleiben, ansonsten wird in der Reizstärke wieder eine Stufe zurückgegangen. Die Übungen können sich, je nach Schwere des Falls, über Tage bis Wochen hinziehen. Am günstigsten ist es, wenn regelmäßig jeden Tag einige Minuten geübt wird.

Problemstellung: *Ein Tierheimhund lässt sich nicht berühren und hat Angst vor Menschen, Halsband und Leine.*

Signalement: *„Bessy", mittelgroßer, langhaariger, braun-weiß gescheckter Mischling, ca. 2 Jahre, Hündin.*

Herkunft, Haltung und Mensch-Tier-Beziehung:
Der Hund wurde vom Amtstierarzt aus einer nicht artgerechten Zwingerhaltung beschlagnahmt. Er befindet sich seit vier Wochen im Tierheim. Dem Besitzer wurden Auflagen für die Hundehaltung erteilt, er wollte daraufhin den Hund nicht wieder.

Vorbericht (Zusammenfassung): *„Bessy" zeigt starke Bewegungsstereotypien. Sie läuft im Zwinger ständig im Kreis und springt an den Wänden hoch. Nähert sich eine Person, so verkriecht sie sich in der hintersten Ecke. Betritt ein Pfleger den Zwinger, so duckt sie sich mit abgewandtem Blick und zittert.*

Verlauf, durchgeführte Maßnahmen und Erfolg: *Berührungen werden unter großen Angstzeichen, wie auch Urinieren, passiv erduldet. Der Anblick von Halsband und Leine führt zu panikartigen Fluchtversuchen aus dem Zwinger. Die Hündin frisst nur in Abwesenheit von Menschen, sie nimmt auch keine Belohnungen aus der Hand.*

Gesundheitszustand: Das Allgemeinbefinden ist ungestört. Der Ernährungs- und Pflegezustand ist mäßig. Die Hund ist zu mager. Ein starker Befall mit Spul- und Hackenwürmern macht eine Behandlung notwendig.

Diagnose: Angst vor Menschen, Halsband, Leine und Umwelt aufgrund mangelnder und schlechter Erfahrungen.

Prognose und Therapieziel: Die Prognose ist gut, wenn Helfer gefunden werden, die mit dem Hund üben. Die Angst vor Menschen soll dem Hund genommen, eine normaler Kontakt und damit eine Vermittlung als Haushund ermöglicht werden.

Therapie:
- Änderung der Haltung: „Bessy" darf mehrmals am Tag für einige Stunden mit einem Hunderudel frei laufen. In dieser Situation zeigt sie sich entspannt und angstfrei.

- Ein Desensibilisierungsprogramm wird durchgeführt. Eine Betreuungsperson beschäftigt sich zunächst im Freilauf mit der Hündin. „Bessy" beobachtet die Freude der anderen Tiere bei der Begrüßung des Pflegers. Dies führt zur Stimmungsübertragung. Leine und Halsband bleiben vorläufig außer Sicht, bis die Hündin Vertrauen entwickelt hat und sich berühren lässt. Für jedes angstfreie Verhalten und jede Hinbewegung zum Menschen wird sie ausgiebig gelobt und gestreichelt. Dies wird täglich wiederholt. Heranrufen, Fellpflege und Spiele unter ständigen Belohnungen schließen sich an. Erst dann werden Halsband und Leine allmählich dem Hund immer näher gebracht. Es kann mehrere Stunden dauern bis ein angstfreies Anlegen gelingt! Erst dann schließen sich ganz kurze Spaziergänge an, um das Tier an seine Umgebung zu gewöhnen.

- Nachdem zum ersten Helfer eine angstfreie Beziehung aufgebaut wurde, muss „Bessy" unbedingt mit anderen Personen weiter üben. Ihr generelles Verhältnis zu Menschen soll verbessert werden!

Problemverhalten durch Trennungsangst

Das Trennungsangstsyndrom ist eine besondere Form der Angst. Die Ursache ist die enorme psychische Belastung der Hunde durch plötzliches Alleinsein. Der Hund ist ein ausgesprochen sozial lebendes Wesen. In der freien Natur ist für ihn die Gruppe lebensnotwendig. Sein menschlicher Besitzer ist für ihn Rudel- und Leithundersatz. Eine Trennung von ihm ist nicht natürlich und führt zu Unsicherheit und starken Angstgefühlen. Der Hund muss erst lernen, dass der Besitzer ihn nur vorübergehend allein lässt und wieder zurückkommt.

Charakteristika des Trennungsangstsyndroms

Der zeitliche Ablauf
Die Symptome für das Trennungsangstsyndrom beginnen in den ersten Minuten nach dem Alleinlassen und steigern sich während der ersten

Angstbedingte Probleme einschließlich Trennungsangst

Trennungsangst: Allein zu Hause zurückgelassene Hunde zerreißen häufig Gegenstände an denen Gerüche der Besitzer besonders haften. Dies können Schuhe oder, wie in diesem Fall, Kinderspielzeug sein.

halben Stunde noch. Umgekehrt bedeutet das, dass – wenn es gelingt, einem Hund beizubringen, eine halbe Stunde allein zu sein – er meist auch wesentlich länger problemlos allein bleibt.

Typische Aktivitäten und Verhaltensweisen

Die typischen Symptome sind Unruhe, Umherlaufen und Suchen des Besitzers oder eines Ausgangs. Lautäußerungen, wie anhaltendes Jaulen, Bellen und Winseln empören die Nachbarn, und zerstörerisches Verhalten während des Umhersuchens kann zu enormen Verwüstungen der Wohnung führen. Persönliche Gegenstände des Besitzers werden zerbissen oder angekaut. Grab- und Kratzversuche beschädigen Türen und Fenster. Das Ausscheidungsverhalten wird aus Panik nicht mehr kontrolliert. Infolgedessen werden Harn und Kot in der Wohnung abgesetzt.

Psychosomatische Reaktionen

Einige Hunde leiden infolge Trennungsangst auch an depressiven Zuständen mit völliger Inaktivität. Sie trauern und nehmen kein Futter auf. Psychosomatische Reaktionen, wie Durchfall, Erbrechen und ununterbrochenes Fell-Lecken, sind die Folge. Kommt der Besitzer zurück, löst er übermäßige Aktivität und exzessives Begrüßungsverhalten aus. Für Hunde, die unter Trennungsängsten leiden, ist typisch, dass sie ständig Kontakt zu ihrem Besitzer suchen und förmlich an ihm kleben.

„Typische" Vorgeschichte

Die Vorgeschichten der betroffenen Hunde zeigen einige typische Gemeinsamkeiten. Häufig sind Hunde betroffen, die in einem Haushalt aufgewachsen sind, in dem den ganzen Tag jemand zu Hause war. Die Probleme setzen bei plötzlichen Veränderungen ein, wenn zum Beispiel alle Personen arbeiten oder die für den Hund wichtigste Person den Haushalt verlässt und der Hund unvorbereitet zum ersten Mal für längere Zeit allein gelassen wird. In anderen Fällen geht der Trennungsangst ein längerer Zwingeraufenthalt oder eine andere längere Trennung vom Besitzer voraus; oder eine grundlegende Veränderung in der Familie, die zur permanenten Abwesenheit einer Person führt, bewirkt den Ausbruch der Angstsymptome. Besonders häufig sind Trennungsängste, wenn ein Hund an einem fremden, unbekannten Ort oder in einer neuen Wohnung zurückgelassen wird.

Viele Findlings- und Tierheimhunde zeigen Trennungsangst, wenn sie allein gelassen werden. Die Zeit ohne eigenen Besitzer im Tierheim hat sie besonders empfänglich für intensive Bindungen zum Menschen gemacht. Sobald sie die Gelegenheit dazu bekommen, hängen sich diese Hunde stark an ihre neuen Besitzer; wird der Hund dann zum ersten Mal von dieser neuen Bezugsperson getrennt, gerät er unter extremen Stress.

Die Abbildung zeigt das Ansteigen und Nachlassen der Angstsymptome (nach Voith + Borchelt 1985) bei verschiedenen Hunden mit Trennungsangst. In der 1. Stunde des Alleinseins sind die Symptome am heftigsten.

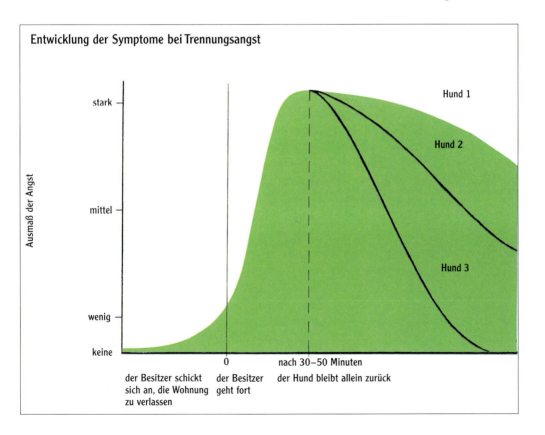

Angstbedingte Probleme einschließlich Trennungsangst

Differentialdiagnose: Ausschluss anderer Ursachen

Bei Trennungsangst muss eine Reihe von möglichen Differentialdiagnosen überprüft werden, um eine Verwechslung mit anderen Ursachen auszuschließen.

Symptom „Ausscheidungsverhalten"

Für Ausscheidungsverhalten in der Wohnung gibt es mehrere Gründe: Erkrankung oder Altersschwäche muss durch eine tiermedizinische Untersuchung als Ursache ausgeschlossen werden. Mangelnde Stubenreinheit ist ein Problem für sich und beruht auf einem Mangel an Hemmungen, im Haus Kot oder Harn abzusetzen. In diesem Fall hängt das Ausscheidungsverhalten vom Zeitpunkt des letzten Lösens ab und erfolgt nicht bald nach dem Weggehen des Besitzers, wie bei Trennungsangst, sondern erst einige Zeit danach. Es kann auch sein, dass die Tiere zu wenig Gelegenheit haben, sich im Freien zu lösen. Dann werden sie sich zwangsläufig im Haus erleichtern und allmählich die Hemmung davor verlieren. Eine weitere Ursache kann Furcht oder Aufregung bei der Begrüßung sein, wo die Hunde dann aus Unterwürfigkeit urinieren. Dies ist besonders bei Welpen und Junghunden oft der Fall. Sehr selbstbewusste Hunde dagegen zeigen Ausscheidungsverhalten in der Wohnung als Markierungsverhalten. Vor allem Rüden verspritzen kleine Mengen Harn, meist unabhängig davon, ob der Besitzer anwesend ist. Bestimmte Außenreize, etwa andere vorbeilaufende Hunde, können dieses Verhalten auslösen.

Angst kann sich in ganz verschiedenen Verhaltensweisen äußern. Bei Trennungsangst verlieren Hunde häufig ihre Stubenreinheit. Vor Beginn einer Therapie müssen aber andere mögliche Ursachen für den Verlust der Stubenreinheit ausgeschlossen werden.

Symptom „zerstörerisches Verhalten"

Zerstörerisches Verhalten bezieht sich bei Trennungsangst vor allem auf Ausgänge, wie Türen und Fenster, oder auf Objekte, die häufigen Kontakt mit dem Körper des Besitzers haben. Dagegen beschädigen Jungtiere im Spiel Gegenstände, die Spaß machen, und die An- oder Abwesenheit des Besitzers hat auf dieses Verhalten relativ wenig Einfluss. Das Benagen von harten Objekten tritt häufig im Zusammenhang mit der Zahnentwicklung bei Welpen auf. Auch spielerisches Erkundungsverhalten kann zu Zerstörungen führen. Schäden durch übermäßige Aktivität kommen vor allem bei jungen Hunden lebhafter Rassen relativ häufig vor und sind abhängig vom Ausmaß der Spiel- und Bewegungsmöglichkeiten, die der Hund hat, und ohne Bezug zur Anwesenheit des Besitzers.

Angstreaktionen werden auch durch Geräusche von außen, wie Gewitter oder Motorenlärm, ausgelöst. Sie können sich zu panischen Ausbruchsversuchen steigern und Zerstörungen auf der Suche nach einem Ausgang zur Folge haben. Auch Briefträger oder vorbeigehende Passanten oder Hunde können heftige Angriffe auf Türen oder Fenster auslösen. Möglicherweise zeigen die Hunde dieses Verhalten in abgemilderter Form auch in Anwesenheit der Besitzer.

Symptom „übermäßiges Lautgeben"
Übermäßige Lautäußerungen sind häufig Reaktionen auf anregende Reize von außen. So wird in das Bellen der Nachbarhunde eingestimmt. Bei diesem sozial bedingten Verhalten spielt Stimmungsübertragung eine wesentliche Rolle. Auch Spiel oder territoriale Aggression kann für die Lautäußerungen verantwortlich sein.

Therapeutische Möglichkeiten

Die Therapie für das Trennungsangstsyndrom beruht darauf, das Fortgehen, Alleinbleiben und Zurückkommen des Besitzers zu üben und entspricht einer allmählichen Gewöhnung des Hundes an das Alleinsein. Anfangs ist die Bezugsperson nur ganz kurz abwesend, eventuell nur für Sekunden, dann wird die Dauer der Abwesenheit ganz allmählich gesteigert. Zusätzlich wird eine gegenläufige Konditionierung hinsichtlich der Reize, die Angst auslösen, durchgeführt. In besonders schweren Fällen werden unterstützend angstmildernde Medikamente verabreicht.

Gewöhnung ans Alleinsein
Bei der Therapie wird folgendermaßen vorgegangen: Dem Hund werden zunächst die Kommandos „Sitz!" und „Bleib!" beigebracht. Er soll mit ihnen eine Belohnung, wie Lob oder Futter, assoziieren. Dem Hund wird dann befohlen, sich abzulegen, und der Besitzer geht nur einige Meter zurück und kommt wieder. Allmählich verlängert der Besitzer den

Angstbedingte Probleme einschließlich Trennungsangst

Zusammenfassung der Symptome für Trennungsangst:	Differentialdiagnose:
• Unruhe: Umherlaufen und Suchen des Besitzers oder eines Ausgangs	• nicht in Anwesenheit des Besitzers
• Lautäußerungen: anhaltendes Jaulen, Bellen, Winseln	• Reaktion auf Außenreize, Bellen, andere Hunde, territoriale Aggression
• zerstörerisches Verhalten bezieht sich auf Ausgänge und persönl. Dinge	• Spiel im Zahnwechsel, Neugier, übermäßige Aktivität, unabhängig von der Anwesenheit des Besitzers, abhängig vom Ausmaß der Bewegung
• Ausscheidungsverhalten: Harn- und Kotabsatz in der Wohnung	• Erkrankung, Altersschwäche, mangelnde Stubenreinheit, erst nach längerer Zeit des Eingesperrtseins, Markierungsverhalten
• Futterverweigerung, Apathie, Durchfall, Erbrechen, exzessives Felllecken	• Erkrankung anderer Ursache
• übermäßige Aktivität: exzessive Begrüßung, ständiges Kontaktsuchen zum Besitzer	• Junghund, lebhafte Rasse

Abstand und die Dauer, die er sich vom Hund entfernt. Dabei wird zunächst immer im selben Raum geübt. Der Hund braucht einen eigenen Platz, an dem er sich sicher fühlt, den er gut kennt und an dem er sich auch ansonsten häufig und gerne aufhält. Geeignet ist etwa ein Hundekorb, der normalerweise auch als Schlafplatz dient.

Ergänzend werden Handlungen ausgeführt, die der Hund mit dem Weggehen des Besitzers in Verbindung bringt. Zum Beispiel wird mit dem Hausschlüssel geklappert, die Wohnungstür geöffnet und wieder geschlossen. Währenddessen wird der Hund auf seinen Platz geschickt, gelobt und für sein ruhiges Verhalten belohnt. Als Nächstes geht der Besitzer bei offen stehender Tür außer Sichtweite. Dann schließt er die Tür und wartet nur einige Sekunden außerhalb, bevor er zurückkommt. Gewöhnung an die angstauslösenden Reize kann auch durch Reizüberflutung, also durch ständige Wiederholung erreicht werden: Zum Beispiel wird ständig mit dem Schlüsselbund geklappert, die Jacke oder die Schuhe an- und ausgezogen oder die Tür auf- und zugemacht.

Neue Reize für positive Assoziation

Andere neu eingeführte Reize wiederum nehmen dem Hund die Angst und werden zu Signalen für Sicherheit und baldiges Zurückkommen des Besitzers. Solche Signale können ein regelmäßig beim Weggehen gesprochener beruhigender Satz, wie „bin gleich wieder da . . .", ein bestimmtes Spielzeug, ein persönlicher Gegenstand oder ein Knochen, der dem Tier beim Weggehen überlassen wird, sein. Die Hunde müssen erst lernen, dieses Signal mit der Trennung und einem angstfreien Zustand zu verbinden. Es muss ausführlich eingeübt und wiederholt werden. Das Signal wird erst kurz vor dem Weggehen gegeben.

Allmähliche Steigerung

Wichtig ist, dass im Übungsprogramm die Zeiten der Abwesenheit nur ganz allmählich verlängert werden und der Hund dabei immer angstfrei bleibt. Er darf kein gesteigertes Begrüßungsverhalten zeigen. Die Verlängerung der Zeiten erfolgt nach einem variablen Muster, zum Beispiel eine Steigerung von ein auf zwei Minuten, dann wieder nur ein und zwei Minuten, dann drei, zwei und vier Minuten und so fort.

Moderate Begrüßungszeremonie

Beim Zurückkommen soll der Hund nicht stürmisch und nicht zu ausführlich, sondern eher beiläufig begrüßt werden. Regt er sich sehr auf, so wird er am besten ignoriert! Insbesondere verfressene Hunde dürfen beim Zurückkommen nicht mit Futter belohnt werden, weil sie aufgrund ihrer Futtergier nur noch sehnsüchtiger und erregter auf die Rückkehr des Besitzers warten. Manche Hunde regen sich schon bei einer kurzen Abwesenheit auf. Dann muss man mit den weiteren Übungen warten, bis das Tier sich wieder entspannt hat. Die Grundregel, nur erwünschtes Verhalten zu belohnen, muss immer beachtet werden!

Angstfreie Umerziehungsphase

Während der Umerziehungsphase darf der Hund keine weiteren traumatischen Trennungen erleben. Diese würden die gesamte Therapie und das neu gewonnene Vertrauen in das Zurückkommen des Besitzers in Frage stellen. Notfalls muss der Hund mitgenommen oder ein Hundesitter gefunden werden. Hat der Hund erst einmal gelernt, für etwa eine Stunde allein zu bleiben, so ist er meist auch längere Zeit brav und angstfrei.

Mangelnde Stubenreinheit

Organisch-physiologische Ursachen

Eine Verunreinigung des Heimreviers „Wohnung" mit Ausscheidungen entspricht nicht dem Normalverhalten des Hundes. Mangelnde Stubenreinheit kann sowohl krankheitsbedingt als auch ein eigenständiges Verhaltensproblem sein. Bevor eine verhaltenstherapeutische Behand-

Altersschwäche und damit verbundene Erkrankungen können die Ursache für Koten und Harnen in der Wohnung sein.

lung begonnen wird, müssen differentialdiagnostisch alle möglichen körperlichen Ursachen bedacht werden. Häufig führen rein organische Erkrankungen, vor allem akute Entzündungen, wie Blaseninfektion oder Durchfall, zu vorübergehender Unsauberkeit. Chronische Harninkontinenz tritt immer wieder bei kastrierten, also ovariohysterektomierten Hündinnen auf. Typischerweise tröpfeln die Tiere Harn oder verlieren im Schlaf größere Mengen Urin. Diese Inkontinenz ist unwillkürlich und von den Hündinnen nicht kontrollierbar. Die Symptome können auch erst Jahre nach der Kastration beginnen. Als mögliche Ursachen werden hormonelle oder organische Störungen und Verletzungen der Nerven durch die Operation diskutiert. Inkontinenz tritt bei bindegewebsschwachen Rassen, zum Beispiel Boxern, eindeutig häufiger auf als bei anderen Rassen.

Altersinkontinenz

Auch Altersschwäche kann für unangemessenes Ausscheidungsverhalten in der Wohnung verantwortlich sein. Die möglichen Ursachen sind vielfältig. Oft verlieren die Tiere im Alter die Kontrolle über die Schließmuskeln. Altersinkontinenz tritt ebenfalls gehäuft bei älteren Hündinnen bindegewebsschwacher Rassen auf. Bei manchen Tieren kommt es zu Wahrnehmungs- und Orientierungsproblemen durch Nachlassen der Sinne, sodass sie den Weg nach draußen oder einen geeigneten Ort nicht schnell genug finden. Gelegentlich sind die Tiere mit dem Weg nach draußen auch rein körperlich überfordert, wenn zum Beispiel viele Treppen überwunden werden müssen oder die Temperaturen unangenehm kalt sind.

> Bei älteren Hunden kann Stubenreinheit zunehmend zum Problem werden. Da ist dann größere Aufmerksamkeit des Halters angesagt: Die Tiere müssen in kürzeren Abständen ausgeführt werden, und der Weg nach draußen sollte einfach zu bewältigen sein.

Erkrankungen des Urogenital-Traktes

Durch eine gründliche tiermedizinische Untersuchung, einschließlich Urin- und Blutanalyse, werden Erkrankungen der Ausscheidungsorgane, einschließlich Niere, Blase, des Verdauungssystems und des Geschlechtsapparates sowie Stoffwechselstörungen ausgeschlossen oder können entsprechend medikamentös behandelt werden.

Mangelnde Stubenreinheit

Verhaltensprobleme als Ursache

Stubenunreinheit als Verhaltensproblem beruht auf verschiedenen Ursachen und wird entsprechend unterschiedlich behandelt. Im Vorbericht müssen zunächst Zusammenhänge mit dem Tagesablauf geklärt, Haltungs- und Fütterungsfehler aufgedeckt werden. Es ist wichtig, wann der Hund gefüttert wird, wann und wie oft er nach draußen darf und wie lange er allein gelassen wird. Auch wann, wie oft und wo er seine Ausscheidungen hinterlässt, wird festgehalten. So können grundlegende Fehler entdeckt und behoben werden.

Welpen haben eine natürliche Neigung zur Stubenreinheit. Sie müssen nur oft genug ins Freie gelassen werden.

Stubenreinheit richtig trainieren

Stubenreinheit ist natürliches Verhalten. Dem Hund ist die Neigung, den Heimbereich sauber zu halten, angeboren. Die entsprechenden Verhaltensweisen müssen allerdings mit dem Heranwachsen erst noch reifen. Auch muss das Heimrevier als solches erkannt werden. Bei der Gewöhnung eines Welpen an die Stubenreinheit genügt es in der Regel, ihm ausreichend oft die Möglichkeit zu geben, seine Ausscheidungen im Freien abzusetzen. Anfangs ist ein Ausführen alle zwei Stunden, sofort nach dem Schlafen und nach dem Fressen zu empfehlen. Ergänzend kann Zeitungspapier an der Ausgangstür ausgelegt werden, wenn anfangs der Weg nach draußen noch zu weit ist. Ist der Hund mit der Wohnung noch nicht vertraut, darf er sich zunächst nur in einem Zimmer frei bewegen. Erst allmählich wird sein Aktionsradius erweitert. Bestrafung ist nicht angebracht.

Folge falscher Hundehaltung

Manche Hunde entwickeln in ihrer Jugend keine Stubenreinheit, wenn die Haltungsbedingungen schlecht waren, sie nicht ausreichend ausgeführt wurden oder sie nur im Zwinger aufgezogen wurden. Sie müssen später wie Welpen das saubere Verhalten erst noch üben. Es gelingt zwar, Zwingerhunde erst als erwachsene Tiere an Wohnung und Stubenreinheit zu gewöhnen, der Prozess ist jedoch etwas langwieriger und zeitaufwendiger als beim Welpen, da die Tiere an Unsauberkeit gewöhnt sind und sie sie wieder abtrainieren müssen. Ehemalige Zwingerhunde können in den ersten Tagen in einer Wohnung kurzzeitig, vor allem in den Zeiten, in denen sie nicht beobachtet werden, an ihrem Schlafplatz angebunden werden, der in der Regel nicht verunreinigt wird. Von dort aus wird ihr Aktionsradius erst auf ein Zimmer und dann auf alle ihnen erlaubten Zimmer erweitert. Die Hunde werden wie Welpen regelmäßig und anfangs besonders häufig ins Freie geführt. Dadurch gewöhnen sie sich an bestimmte, im Freien liegende Orte und geeignete Oberflächen. Sie suchen diese dann weiterhin bevorzugt zum Lösen auf und werden dort an Ort und Stelle nach erfolgreichem Ausscheidungsverhalten auch intensiv gelobt und belohnt.

Verlust bereits bestehender Stubenreinheit

Setzt ein erwachsener Hund, der bereits stubenrein war, Harn und Kot in der Wohnung ab, hat er die Hemmung, das Heimrevier zu beschmutzen, entweder ganz oder teilweise verloren. Dies kann die Folge von Erkrankungen sein, die ursprünglich zur Unsauberkeit führten, wie Durchfall oder Blasenentzündung, die inzwischen abgeheilt sind. Das enthemmte Ausscheidungsverhalten wird dennoch beibehalten, weil eine Umgewöhnung auf bevorzugte Stellen in der Wohnung stattgefunden hat. Ursache kann auch ein vorübergehender Zwingeraufenthalt im Tierheim oder häufiges, zu langes Eingesperrtwerden in der Wohnung sein. Der Hund war infolgedessen gezwungen, sich in der Wohnung zu erleichtern und hat sich daran gewöhnt.

> War ein Hund durch eine langwierige organische Erkrankung dazu gezwungen, seine Stubenreinheit aufzugeben, kann es zur Gewöhnung kommen. Die Stubenreinheit muss dann wieder trainiert werden, ähnlich wie man sie mit Jungtieren einübt.

Eine Frage des Trainings

Die Therapie bei Verlust der Stubenreinheit beim erwachsenen Hund entspricht in etwa dem Sauberkeitstraining des Welpen. Die Stubenreinheit muss wie beim jungen Hund wieder eingeübt werden. Gleichzeitig erfolgt auch ein organisches Training des Verdauungsapparates. Dadurch werden Blase und Darm wieder an größere Mengen gewöhnt und müssen dann wieder längere Zeit nicht entleert werden. Zu Beginn erfolgt eine gründliche Reinigung der verunreinigten Stellen mit geruchsneutralen Reinigern, am besten Essigessenzen. Der Hund ist dabei nicht anwesend. In seiner Gegenwart seinem Vergehen so viel Aufmerksamkeit zu widmen, könnte sonst eine verstärkende Funktion haben. Eine Bestrafung des unerwünschten Verhaltens ist weder gerechtfertigt noch sinnvoll und deshalb zu unterlassen.

Stubenunreinheit in Folge von Markierungsverhalten

Markierungsverhalten ist eine der häufigsten Ursachen für Urinabsatz in der Wohnung. Meist sind geschlechtsreife Rüden die Verursacher. Die Urinmarken werden überwiegend an auffälligen Ecken und senkrechten Flächen abgesetzt. Das Markierungsverhalten ist völlig unabhängig von der Häufigkeit und den Orten des normalen Auscheidungsverhaltens. Es wird von der Umwelt und vor allem hormonellen Reizen angeregt. So sind zum Beispiel Besucher, vor allem Gasttiere, neue Familienmitglieder, neue Haustiere oder läufige Nachbarshündinnen mögliche auslösende Reize.

Bei entsprechenden Reizen – beispielsweise Besucher oder neue Haustiere – markiert der Hund sein Revier auch in der Wohnung durch Absatz von Urin. Therapiert wird dieses Verhalten mittels aversiver oder gegenläufiger Konditionierung.

Therapeutische Möglichkeiten

Als Therapie für unerwünschtes Markierungsverhalten werden aversive oder gegenläufige Konditionierung, unterstützt von Hormongaben oder Kastration, eingesetzt. Findet das Markierungsverhalten in Gegenwart des Besitzers statt, soll es sofort energisch unterbrochen und der Hund zurechtgewiesen werden. Verunreinigt das Tier wiederholt bestimmte unangebrachte Stellen, werden ihm die betreffenden Stellen durch aversive Konditionierung verleidet. Der Hund erfährt sozusagen die Bestrafung durch den Ort selbst, an dem er sich unerwünschterweise löst. Dazu kann man ihn mit Wasser anspritzen, jedoch so, dass er nicht feststellen kann, wer spritzt; oder er wird durch Auslegen von Klingelmatten oder Gegenstände, die ähnliche, unangenehme Geräusche erzeugen, erschreckt. Dadurch wird das Tier verunsichert und wird künftig die entsprechende Stelle meiden.

Ist der unmittelbare Auslöser des unerwünschten Ausscheidungsverhaltens bekannt, so kann ein gegenläufiges Konditionierungsprogramm aufgebaut werden. Dem Hund wird ein Verhalten beigebracht, das nicht mit dem Urinieren vereinbar ist. Er soll sich zum Beispiel, wenn Besuch kommt, hinsetzen oder ablegen, auf eine Belohnung warten oder einen Kauknochen fressen.

Durch Kastration allein wird die Häufigkeit von Urinmarkieren nur etwa bei der Hälfte der Hunde reduziert. Die Gabe weiblicher Hormone (Gestagen) hat mit etwa 60 Prozent eine etwas bessere Erfolgsrate. Aufgrund dieser nicht zufriedenstellenden Bilanz sollten diese hormonellen Methoden, wenn überhaupt, nur in Verbindung mit einer Verhaltenstherapie eingesetzt werden.

Stubenunreinheit infolge von Angst

Ängste können ebenfalls die Ursache für Ausscheidungsverhalten in der Wohnung sein: Trennungsangst, Unterwürfigkeit, Aufregung, Begrüßung, Angst oder Abneigung vor der Außenwelt führen zu Harnabsatz. Vor allem junge Hunde neigen aus Unsicherheit und Unterwürfigkeit dazu, Harn abzusetzen. Auch beim Spiel können sie plötzlich Urin

---

Zusammenfassung der Ursachen für Ausscheidungsverhalten in der Wohnung:

- körperliche Gründe:
    - Erkrankung des Ausscheidungs- oder Geschlechtsapparates
    - Altersschwäche
- Haltungs- und Fütterungsfehler
- noch nicht erfolgte Reifung und Gewöhnung des Welpen an stubenreines Verhalten
- Gewöhnung an Verunreinigung des Heimreviers bei unangemessener Haltung
- Verlust der Hemmungen vor Verunreinigung als Folge von Erkrankungen
- Markierungsverhalten
- Ängste:
    - Trennungsangst
    - Unterwürfigkeitsharnen oder Harnträufeln bei Aufregung
    - Angst vor Außenwelt

Mangelnde Stubenreinheit

Die freudige und unterwürfige Erregung bei heftigen Begrüßungsszenen führt besonders bei jungen Hunden leicht zum Kontrollverlust über die Blase. Die Begrüßung sollte deshalb besser ins Freie verlegt werden und nicht so heftig sein.

verlieren. Meist bessert oder löst sich das Problem mit dem Älterwerden von selbst. Auch durch strenges Heranrufen, über den Hund beugen, Augenkontakt, Bestrafung oder Unterordnungsübungen kann es zu Unterwürfigkeitsharnen kommen.

Therapie durch Desensibilisierung
Als Therapie wird die auslösende Situation zunächst gemieden oder der Angstauslöser gemildert, das Ausscheidungsverhalten wird ignoriert. Zum Beispiel sorgt man dafür, dass die Begrüßung möglichst kurz und beiläufig ausfällt. Der Hund wird außerdem nicht von oben herab gestreichelt, sondern der Besitzer kauert sich hin und krault ihn an Brust und Kinn. Oder die Begrüßung wird ins Freie verlegt und der Hund sofort erst einmal spazieren geführt. Im Rahmen eines Desensibilisierungsprogramms werden die angstauslösenden Reize ganz allmählich und unter häufigem Wiederholen stufenweise gesteigert. Auf gar keinen Fall darf der Hund für das Unterwürfigkeitsharnen bestraft werden! Bestrafung würde noch mehr Angst auslösen und zu einer Verschlimmerung des Problems führen.

Verhaltensprobleme als Ursache

Problemstellung: *„Die Hündin ist nicht stubenrein und bleibt nicht allein."*

Signalement: *„Lilly", Beaglehündin, ca. 1 Jahr alt.*

Herkunft, Haltung und Mensch-Tier-Beziehung: Die Hündin wurde vor einigen Tagen aus einer Labortierhaltung übernommen. Im Haushalt leben ein weiterer Hund und zwei Katzen. Die Besitzerin hat drei Wochen Urlaub genommen, um die Neue einzugewöhnen. Sie soll danach den halben Tag problemlos mit den anderen Tieren allein bleiben.

Vorbericht (Zusammenfassung):
Die Hündin ist sehr freundlich bis unterwürfig und hängt sehr an ihrer neuen Besitzerin. Sie hält ständig Körperkontakt, lässt sie nicht aus den Augen und folgt ihr überall hin. „Lilly" bleibt gar nicht, auch nicht kurz allein, ohne zu heulen. Außerdem verunreinigt sie die Wohnung überall. Kann sie noch lernen, sauber zu sein? Probleme mit den anderen Tieren gibt es nicht. „Lilly" ist organisch gesund.

Diagnose: Stubenunreinheit durch Zwingerhaltung und Trennungsangstsyndrom

Prognose: Gut, die Besitzerin ist äußerst engagiert und flexibel in ihren Zielvorstellungen. Das Normalverhalten wird erklärt. Zwingerhunde brauchen länger als Welpen, um stubenrein zu werden, aber eine entsprechende Erziehung ist möglich.

Therapie: Trainingsprogramm für Stubenreinheit: Wie bei einem Welpen vorgehen:
- nach jeder Fütterung, nach dem Schlafen und spätabends ins Freie bringen, tagsüber ca. alle 2 Stunden.
- Verhalten gut beobachten und sofort rausbringen, wenn „Lilly" zur Tür läuft oder mit gesenktem Kopf am Boden schnüffelnd ein geeignetes Plätzchen sucht.
- Bewegungsfreiheit im Haus zunächst auf nur einen Raum beschränken.
- entleert sich „Lilly" an einer erwünschten Stelle, außerordentlich loben!
- Missgeschicke in der Wohnung ignorieren, nicht schimpfen oder gar schlagen!

Trainingsprogramm gegen Trennungsangst: Alleinbleiben schrittweise üben:
- zunächst an einem sicheren Ort (Schlafplatz) ablegen, „Platz!" und „Bleib!" üben.
- nun ins Nebenzimmer gehen, wiederkommen und loben
- Dauer der Trennung im Minutenbereich steigern, täglich mehrmals üben
- dann erst aus der Wohnung gehen und wiederkommen
- beim Weggehen Beschäftigung (Knochen, Spielzeug) geben, gleichen Satz sagen braves Verhalten loben, unerwünschtes ignorieren und auf geringerer Stufe Übungen fortsetzen
- in der Lernphase keine längeren erzwungenen Abwesenheiten

=> allmählich lernt der Hund, dass die Trennungen nur vorübergehend sind.

Störungen der Aktivität: Hyperaktivität, Bellen und Depression

Für das durchschnittliche Aktivitätsniveau eines einzelnen Hundes existiert eine gewisse Streuungsbreite, innerhalb der das Verhalten als normal beurteilt wird. Das Verhalten kann sich innerhalb dieses statistischen Fensters durchaus nach oben oder unten verschieben, liegt dabei aber immer noch im normalen Bereich. Sehr lebhafte Hunde wirken häufig übermäßig oder unerwünscht aktiv. Sie zeigen in den Augen ihrer Besitzer unangemessenes, freches, aufdringliches, lästiges oder gar destruktives Verhalten. Manche Hunde bellen viel und fallen deshalb den Nachbarn unangenehm auf. Exzessives Bellen oder Kläffen ist das zweithäufigste Problem und wird von 12 Prozent der Hundebesitzer bei ihrem eigenen Hund als störendes Verhalten angegeben (Beaver 1994). Kläffende Hunde werden vor allem von Anwohnern schnell als Ruhestörung empfunden, weshalb es sich nicht selten schwierig gestaltet, für Mietwohnungen eine Hundehaltungsgenehmigung zu erhalten.

Probleme durch bewegungsüberaktive Hunde

Lebhafte Hunde springen gerne an Personen hoch. Dabei kann es sich um aktives, freundliches Begrüßungsverhalten eines unterordnungsbereiten Hundes oder aber auch um eine Dominanzgeste handeln. Nicht immer ist dieses Verhalten vom Besitzer und der Familie erwünscht, und von Fremden kann es als bedrohlich empfunden werden. Auch Zerstörungen im Haus können die Folge übermäßiger Aktivität sein. Etwa 11 Prozent der Hundebesitzer geben zerstörerisches Zerbeißen

Probleme durch bewegungsüberaktive Hunde

von Gegenständen als Problem an, womit dieses unerwünschte Verhalten an dritthäufigster Stelle liegt (Beaver 1994). Besonders junge Hunde zerbeißen gerne aus Langeweile persönliche Gegenstände und Kleidungsstücke des Besitzers, an denen auch dessen Geruch haftet. Besonders beliebt sind Gegenstände aus Leder, wie Schuhe oder Handtaschen.

Gelegentlich unerwünschtes Verhalten, wie das Hochspringen an Personen, soll konsequent unterbunden werden, auch wenn es manchmal nicht stört. Der Hund weiß nicht, wann er dreckige Pfoten hat und er ist nicht jeder Person willkommen.

Die Wurzeln des Problems

Für diese Problematik sind einerseits das Temperament des Hundes und andererseits die falschen Erwartungen der Besitzer verantwortlich. Häufig mangelt es an Verständnis für die natürlichen Bewegungs- und sozialen Ansprüche des Tieres. Der hohe Aktivitätsdrang ist meist alters-, besser gesagt, „Jugend"-bedingt.

Langeweile führt häufig zu unerwünschten Kauaktivitäten. Der intensive Geruch von Lederschuhen regt besonders junge Hunde gerne zum Beißen an.

Störungen der Aktivität: Hyperaktivität, Bellen und Depression

Mensch und Hund sind eigentlich „Lauftiere". Mehr Bewegung ist manchmal auch für das psychische Wohlbefinden notwendig.

Vor allem Junghunde lebhafter Rassen leiden schnell unter Langeweile, mangelnder Bewegung und unzureichendem Kontakt mit anderen Hunden. Fehlende oder ungenügende Erziehung und Inkonsequenz lassen den Tieren Raum für eine ganze Reihe unerwünschter Aktivitäten. Es handelt sich also im Grunde genommen meist um einen Haltungsfehler.

Therapie durch artgerechte Haltung und Erziehung

Zu Beginn einer Therapie empfiehlt es sich, die Halter über den tatsächlichen Bewegungsbedarf ihres Hundes aufzuklären. Vor allem bei Ersthundebesitzern bestehen oft völlig falsche Vorstellungen. Die Hintergründe und Auslöser für einzelne störende Verhaltensweisen zu erläutern, führt zu mehr Verständnis und damit manchmal schon zur Lösung des Problems.

Therapeutische Ratschläge betreffen zunächst vor allem Änderungen in der Haltung und Erziehung. Es wird empfohlen, regelmäßig und ausgiebig spazieren zu gehen, mit dem Hund zu joggen oder Rad zu fahren und zu spielen. Auch der Mensch ist ja eigentlich ein „Lauftier" und ausreichend Bewegung ist für beide Beteiligten nur gesundheitsfördernd. Hundetreffs und Spielgruppen erweitern die sozialen Kontakte von Mensch und Tier. Die Teilnahme an Begleithundelehrgängen unterstützt eine angemessene und artgerechte Erziehung. Konsequente Unterbindung oder auch Bestrafung der störenden Verhaltensweisen, wie Bellen oder Hochspringen, machen dem Hund deutlich, dass sein Verhalten nicht erwünscht ist.

Mütterliche Erziehungsmethoden als Vorbild

Hundemütter reagieren übrigens unmittelbar und eindeutig, wenn sie ihre Welpen zurechtweisen und erzieherische Maßnahmen ergreifen. Ein kurzer strenger Blick genügt in der Regel, und aufdringliche Rabauken werden auch schon mal kurz und heftig angefahren, gepackt oder geschüttelt. Durch ähnlich unmittelbare und konsequente Reaktionen sollte auch der Hundebesitzer seinem Tier deutlich machen, welches Verhalten unerwünscht ist. Dabei ist es wichtig, dass das unerwünschte Verhalten immer, also jedesmal, wenn es auftritt, bestraft oder blockiert wird und bereits im Ansatz unterbrochen und unterbunden wird.

Geregelter Wechsel von aktiven und ruhigen Phasen

Ein geregelter Tagesablauf hilft dem Hund, zur Ruhe zu kommen oder Ruhephasen zu akzeptieren. Zu bestimmten Zeiten stehen Spaziergänge an, zu anderen sollte diesbezüglich keine Erwartungshaltung bestehen. Der Hund kann sich entspannen und auf seinem Platz ruhen. Entspannung wird durch beruhigenden Körperkontakt mit dem Besitzer erleichtert. Viele Hunde lieben es, einfach unter dem Schreibtisch zu Füßen ihrer Besitzer zu liegen. Einige wenige Hunde haben das Glück, ihre Besitzer an ihren Büroarbeitsplatz begleiten zu dürfen. Sie liegen dort unauffällig und zufrieden. Sie verschlafen die Arbeitszeit, wohl wissend, dass sie jetzt nicht an der Reihe sind, danach allerdings durch hinreichende Spaziergänge zu ihrem Recht kommen.

> Bei temperamentvollen Hunden, die viel Bewegung und Auslauf brauchen, ist ein geregelter Tagesablauf wichtig, um Ruhephasen akzeptieren zu lernen.
> Auch wiederholtes Streicheln und Körperkontakt hilft den Tieren zu entspannen.

Im Grunde genommen entspricht dies einer gegenläufigen Konditionierung. Die ständige Nähe des „Rudelführers" und beiläufige Streicheleinheiten wirken stark belohnend. Das Streicheln allein hat eine entspannende Wirkung. Durch Belohnen des braven, in diesem Fall des ruhigen Verhaltens wird das erwünschte Verhalten verstärkt. Zu Beginn einer Umkonditionierung müssen als Ansatzpunkte Situationen gesucht werden, in denen sich der Hund zumindest kurzzeitig ruhig verhält. Vorteilhaft ist es, wenn er schon gelernt hat, sich vorübergehend auf Kommando abzulegen. Dieses erwünschte Verhalten wird dann durch Belohnung verstärkt, wiederholt geübt und verlängert. Die Konditionierung führt zu einer bleibenden Veränderung des Verhaltens. Bei lebhaf-

Störungen der Aktivität: Hyperaktivität, Bellen und Depression

ten Hunden ist es sinnvoll, neben den Streicheleinheiten, vor und nach den Ruhepausen vor allem Bewegung und Spiel als Belohnung einzusetzen. Der Bedarf an Bewegung ist vorhanden und muss auch gedeckt werden.

Bellen – eine andere Form der Hyperaktivität

Ständiges Bellen ist eine besondere Form der unerwünschten Aktivität, die schnell zu erheblichen Problemen mit Nachbarn führen kann – obwohl es eigentlich ein völlig normales, angeborenes Verhalten ist, das den Tieren zur Kommunikation und Abstecken ihres Reviers dient. Zum Teil beruht Bellen auf Stimmungsübertragung und entsteht aus dem starken Bedürfnis der Hunde nach Kontakt.

Bellen allein ist kein aggressives Verhalten, sondern signalisiert nur die Erregung des Tieres. In Maßen ist es sogar erwünscht, da es uns die Sicherheit verleiht, dass kein Eindringling unbemerkt in unseren Wohnbereich gelangen kann. Artet es jedoch in ständiges lästiges Kläffen aus – egal ob aus Gewohnheit, individueller Veranlagung, Kontaktsuche, übersteigertem Territorialverhalten, Stimmungsübertragung, Langeweile oder schlicht, weil es belohnt wurde –, wird es zum Verhaltensproblem. Nicht-Hundehalter empfinden es als Bedrohung, und auf die Nachbarn wirkt es natürlich ruhestörend.

Bellen und Heulen dient der Warnung vor und von Eindringlingen und der akustischen Verständigung mit Artgenossen. Von den menschlichen Nachbarn wird es oft als Belästigung empfunden.

Therapie durch Umkonditionierung

Die Therapie besteht auch hier in Umkonditionierung durch Unterbinden des unerwünschten und

Belohnen des erwünschten, ruhigen Verhaltens. Unerwünschtes Bellen muss sofort und konsequent unterbrochen werden. Besonders bei Junghunden hat sich die Geste bewährt, die das „Über-die-Schnauze-Beißen" der Mutterhündin imitiert. Dem Hund wird dabei mit der Hand kurz die Schnauze zugehalten. Damit ahmt man das Verhalten der Hundemutter nach, die ihre aufmüpfigen Welpen so zur Ruhe bringt. Das Bellen eines älteren Hundes wird durch Erschrecken oder Heranrufen unterbrochen. Er lernt, auf das Kommando „Ruhe!" sofort still zu sein. Das erwünschte, ruhige Verhalten wird belohnt. Der Hund kann auch lernen, auf ein Geräusch hin, das ursprünglich Bellen ausgelöst hatte, beispielsweise zum Besitzer zu kommen oder sich niederzulegen. Diese Reaktion oder das Fressen einer Belohnung ist mit gleichzeitigem Bellen, etwa an der Grundstücksgrenze, nicht vereinbar.

Wechselwirkungen zwischen Mensch und Tier

Bei alldem darf die Wechselwirkung mit dem Verhalten des Menschen nicht vergessen werden. Der Hund übernimmt durch Stimmungsübertragung Verhaltensweisen seines Besitzers. So kann nervöses, hektisches Benehmen des Besitzers zu ständiger Unruhe des Hundes führen. Auch ein betriebsamer, unübersichtlicher Arbeitsplatz kann Bewegungsaktivität und Winseln beim Hund auslösen. Er ist dann als Aufenthaltsort für einen Hund ungeeignet.

> Hunde sind sehr sensibel und reagieren leicht auf Stimmungen, die sich von Menschen oder anderen Hunden auf sie übertragen. Auch ein betriebsames Umfeld oder ein nervöser Halter kann so zur Hyperaktivität eines Tieres beitragen.

Häufig suchen sich Menschen bereits Hunde, deren Temperament zu ihrem eigenen passt. In selteneren Fällen reagieren Tiere auch durch entgegengesetztes Verhalten ausgleichend auf das Benehmen ihrer Besitzer. Extrem lebhafte Menschen haben also manchmal einen besonders ruhigen, geduldigen und gemütlichen Hund und umgekehrt. Diese Besitzer haben sich dann mehr oder weniger bewusst einen Hund mit der ihrem Temperament entgegengesetzten Veranlagung ausgewählt; denn ein ruhiger Hund hat auch eine beruhigende Wirkung auf seine Besitzer, ein lebhaftes Tier dagegen wird zu körperlicher Aktivität auffordern und anregen.

Störungen der Aktivität: Hyperaktivität, Bellen und Depression

Hyperkinese – krankhafte Hyperaktivität

In seltenen Fällen besteht eine über die normale Streuungsbreite hinausgehende, krankhafte Hyperaktivität. Dieses Krankheitsbild wird als Hyperkinese bezeichnet und äußert sich in extremer Unruhe und starkem Bewegungsdrang. Die Tiere können nicht still sitzen oder liegen und ruhen in Gegenwart des Besitzers nie. Da sie ständig in Bewegung sind, lässt ihre Aufnahme-, Konzentrations- und Lernfähigkeit nach; sie sind schwer kontrollierbar und damit verbunden gelegentlich auch aggressiv.

Kombinierte Therapie

Nach Ausschluss anderer Ursachen ist bei Hyperkinese eine medikamentöse Behandlung angezeigt. Paradoxerweise hat die Gabe von Amphetaminen hier einen beruhigenden Effekt. Die Dosierung muss sehr vorsichtig durch den Tierarzt erfolgen und dem individuellen Fall genau angepasst werden. Unter Einfluss der Medikamente wird mit den Hunden dann ein Erziehungs- und Konditionierungsprogramm durchgeführt, um eine bleibende Veränderung nach Absetzen der Medikamente zu erreichen.

Trägheit bei Trennungsschmerz, Trauer oder Scheinträchtigkeit wird durch energisches Anregen zur Bewegung gebessert.

Übermäßige Trägheit als Problem

Die Störung der Aktivität in umgekehrter Richtung äußert sich in übermäßiger Trägheit, die bis zur Depression führen kann. Allmähliches Ruhigerwerden und Abnehmen der Aktivität ist bei älteren Hunden normal. Auch eine hormonelle Disposition bei Scheinträchtigkeit oder tatsächlicher Trächtigkeit kann für extrem ruhiges Verhalten verantwortlich sein. Die Wirkung des Gelbkörperhormons Progesteron führt zu dieser vorübergehenden Verhaltensänderung. Sie kann auch durch die Gabe von Gestagenen als „Anti-Läufigkeitsspritze" oder Pillen künstlich hervorgerufen worden sein. Das Gelbkörperhormon wird auch als Schwangerschaftsschutzhormon bezeichnet.

Die Rolle der Hormone

Nach Kastration tritt durch das Fehlen der Geschlechtshormone ein ähnlicher, beruhigender Effekt ein. Sowohl bei Rüden als auch Hündinnen beobachten die Besitzer ein allgemein vermindertes Aktivitätsniveau als Folge dieser Operation. Zur Überprüfung dieser Beobachtung, wurden die Besitzer von kastrierten Hunden nach Verhaltensänderungen ihrer Tiere auf den Eingriff hin befragt. Kriterien, an denen die Aktivität gemessen werden sollte, waren die Ruhezeit, das Bewegungsbedürfnis und der Spieltrieb der Tiere, und die Besitzer sollten über Gleichbleiben oder Zu- bzw. Abnahme berichten. Es ergab sich folgendes Bild: Zwei Drittel der Rüden blieben nach der Kastration in ihrem Aktivitätsniveau unverändert. Bei einem Drittel der Rüden nahm die Ruhezeit zu und (bei 22 Prozent) entsprechend das Bewegungsbedürfnis ab. Der Spieltrieb nahm bei 13 Prozent der männlichen Hunde ab, wird aber bei 17 Prozent sogar als verstärkt wahrgenommen. Bei den Hündinnen blieben drei Viertel nach der Kastration in ihrem Aktivitätsniveau unverändert. Allerdings nahm bei 18 Prozent die Ruhezeit zu. Das Bewegungsbedürfnis nahm aus der Sicht der Besitzer etwa zu gleichen Teilen ab oder zu. Der Spieltrieb ist bei kastrierten Hündinnen eher verstärkt (bei 19 Prozent) als reduziert (bei 9 Prozent). Das folgende Diagramm gibt einen Überblick über die Veränderungen der Aktivität nach der Kastration.

> **Das weibliche Gelbkörperhormon Progesteron dämpft bei trächtigen oder scheinträchtigen Hündinnen das Aktivitätslevel. Durch Fehlen der männlichen Hormone werden etwa ein Drittel der Rüden nach Kastration in ihrem Verhalten insgesamt ruhiger.**

Zusammenfassend ist festzustellen, dass bei Rüden Verhaltensänderungen nach der Kastration häufiger und ausgeprägter sind. Die Wahrscheinlichkeit, dass Rüden nach einer Kastration deutlich ruhiger werden, liegt bei 36 Prozent. Bei Hündinnen ist das Bild uneinheitlicher. Sie zeigen eine verstärkte Motivation in Bezug auf Bewegung und Spiel, und es wird erhöhte Wachsamkeit und Ausdauer beobachtet.

Störungen der Aktivität: Hyperaktivität, Bellen und Depression

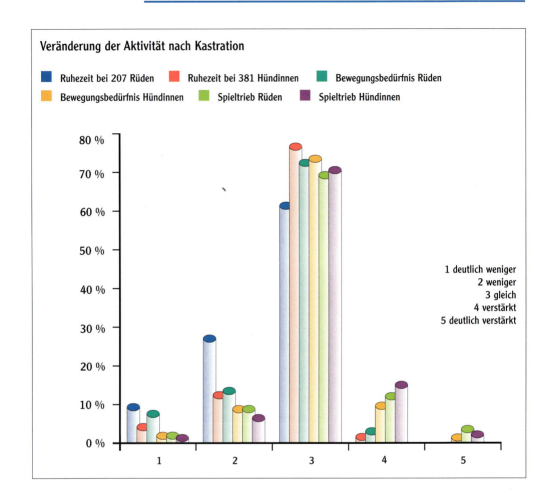

Die Rolle der Psyche

Plötzliches Abnehmen der Aktivität von Hunden beruht in anderen Fällen auf dramatischen Veränderungen in der sozialen Umgebung der Tiere. Hunde können mit tiefer Trauer reagieren, wenn ihr Besitzer, ein anderes nahes menschliches oder tierisches Rudelmitglied stirbt oder das Familienrudel verlässt. Trauer um diesen Verlust führt zu Rückzug, Futterverweigern und Desinteresse an der Umwelt. Auch unruhiges Umherlaufen und nächtliche Schlaflosigkeit passen in dieses Verhaltensbild, das einer reaktiven Depression entspricht. Begleitet wird die Depression von allgemeiner Abwehrschwäche, weshalb die Anfälligkeit für Erkrankungen, Infektionen und die Schwere der Symptome steigt. Es kommt zu Magen-Darm-Beschwerden, wie Verstopfung oder Durchfall, Erbrechen und Bauchschmerzen ohne erkennbare Ursache. Merkmale des Allgemeinbefindens, wie Körpertemperatur, Herz- und Atemfrequenz, sind ebenfalls oft gestört. Das Fell wirkt stumpf und struppig, die Reaktionen auf die Umwelt sind verlangsamt und der Blick getrübt. Die Tiere machen insgesamt einen schwerkranken Eindruck. Die Symptome beruhen auf einer psychosomatischen Reaktion des Körpers auf den Trennungsschmerz, für den das Tier keine Erklärung findet.

> Körperliche Apathie kann auch beim Hund Ausdruck einer psychischen Verstimmung bzw. Depression sein. Besonders wenn wichtige Bezugspersonen sein „Familienrudel" verlassen, kann das Tier mit Rückzug und Teilnahmslosigkeit reagieren.

Erhöhte Krankheitsanfälligkeit durch Verlust-Stress
Auch Hunde, die ins Tierheim kommen, trauern in den ersten Tagen meist um den Verlust ihrer gewohnten Umgebung und ihre Rudelgenossen. Besonders auf Quarantänestationen, in denen die Hunde sozial isoliert gehalten werden müssen, sind die Tiere starkem Verlust-Stress ausgesetzt, was zu schweren Verläufen eigentlich banaler Infektionskrankheiten führen kann. Nach einigen Tagen in einer artgerechten Haltungsumgebung löst sich das Trauern jedoch normalerweise auf und geht über in ein vermehrtes Interesse an der neuen Umgebung.

Nach abgeschlossener, individuell unterschiedlich langer Trauerphase, ist bei Hunden die Bereitschaft neue Bindungen einzugehen, sehr hoch. In schweren Fällen, vor allem bei sehr alten, bereits kranken, ängstlichen oder durch Blindheit oder Taubheit wahrnehmungsgestörten Tieren entsteht durch den Trennungsstress eine erhöhte Krankheitsanfälligkeit. Manche Hunde geben sich auf, fiebern hoch, fressen und trinken nicht mehr und geraten so in einen lebensbedrohlichen Zustand. Sie würden ohne medizinische Versorgung eingehen oder einfach verhungern, wenn sich nicht eine Person findet, die sich dem Tier persönlich zuwendet und es von Hand füttert. In dieser Situation wird auch wieder die Möglichkeit zu einer direkten Beziehung geschaffen, und die Tiere finden aus ihrer Trauersituation wieder heraus.

Störungen der Aktivität: Hyperaktivität, Bellen und Depression

Interessante Spaziergänge bieten die Möglichkeit, den Hund abzulenken und so Verluste schneller zu überwinden.

Therapie: Interesse wecken und ablenken

Die Therapie bei zu ruhigem Verhalten oder einer reaktiven Depression besteht vor allem darin, das Tier dazu anzuregen, seine Umwelt wieder vermehrt wahrzunehmen. Wie aus dem Diagramm hervorgeht, sind kastrierte Hunde teilweise insgesamt etwas ruhiger und in einigen Fällen ist auch der Spieltrieb verstärkt. Durch einen Tagesablauf, der interessante Spaziergänge oder/und Spielstunden enthält, kann ein Anreiz zur aktiveren Teilnahme am Geschehen geschaffen werden. Vor allem Begegnungen mit Artgenossen durch gemeinsame Spaziergänge oder andere Unternehmungen sind anregend. Ablenkung in jeder möglichen Form hilft dem Tier, eine Trauersituation schneller zu überwinden. Persönliche Zuwendung und Trost durch viele Streicheleinheiten ist vorübergehend hilfreich, weil noch bestehende soziale Beziehungen dadurch bestätigt werden. Auch das Schaffen neuer Kontaktmöglichkeiten führt zu Ablenkung.

> **Hunde trauern um Verluste vertrauter Menschen oder Umgebung. Bei sehr sensiblen oder älteren Tieren kann das bis zum körperlichen Verfall führen. Solche Hunde müssen mit viel Zuwendung aus ihrer Isolation gelöst und ihr Interesse neu geweckt werden.**

Glücklicherweise passt sich die Mehrheit der Hunde relativ leicht an veränderte Situationen ihres Umfelds an. Halter ehemaliger Tierheimhunde bestätigen, dass die Tiere nach etwa vier Wochen in ihrem Besitz bereits eine sehr enge Beziehung zu ihnen aufgebaut hatten, und 90 Prozent der Halter beschreiben ihren Hund nach dieser Zeit als sehr treu und anhänglich.

Streunen und Wildern

Hunde laufen aus den unterschiedlichsten Beweggründen von zu Hause fort. Mögliche Erscheinungsformen dieses Problemkreises sind das Streunen, Ausbrechen und Weglaufen bei Spaziergängen, aber auch das Wildern. Ursachen sind unter anderem Langeweile, Erkundungsverhalten, geringe Bindung an das Zuhause oder den Besitzer, Futtersuche oder sexuelle Kontaktsuche.

Analyse der Ursachen

Mangel an Bewegung und sozialem Kontakt

Wie bei anderen Problemen müssen zunächst die Ursachen identifiziert und beseitigt werden. Besonders bei jungen Hunden lebhafter Rassen sind Langeweile und Bewegungsmangel die Hauptgründe dafür, auszureißen oder sich der Kontrolle zu entziehen. Eine weitere Motivation ist die Suche nach sozialem Kontakt zu anderen Hunden oder Menschen. Die Hunde wollen bereits erlebte, positive Erfahrungen wiederholen. Es ist für die Hunde verlockend, zu benachbarten Hunden, Kindern oder in den Park zu laufen, wo mögliche Gefährten zu finden sind.

Das Verhältnis zu Besitzer und Zuhause

Einige Tiere brechen nur aus der Wohnung oder Umzäunung aus und bleiben dann in der Nähe des Hauses. Die Bindung zum Besitzer ist in diesen Fällen meist gut. Die Hunde langweilen sich in seiner Abwesenheit, suchen Beschäftigung und warten in der Nähe auf seine Rückkehr.

Analyse der Ursachen

Weglaufen bei Spaziergängen und die Weigerung, sich wieder anleinen zu lassen, weisen dagegen auf eine gestörte Beziehung zum Hundeführer hin. Dieser Kontrollverlust kann auch zu Belästigung anderer Spaziergänger oder zu Raufereien mit Artgenossen führen. Gefährlich wird es vor allem dann, wenn sich regelrechte Meuten streunender Hunde bilden, die dann mitunter gemeinsam wildern gehen oder Weidetiere angreifen. Während in Deutschland dieses Problem selten auftritt, kommt es in Ländern, in denen Geländebegrenzungen wie Zäune weniger gebräuchlich sind, schneller dazu, dass sich die Nachbarhunde zusammenrotten und dann die Gegend unsicher machen. Die Wahrscheinlichkeit, dass streunende Hunde auch Beute machen, ist in der Meute wesentlich höher als allein. Von solchen Meuten geht eine ganz andere objektive Gefahr aus als von einem einzelnen freilaufenden Hund.

Stark ausgeprägter Jagdinstinkt

Das eigentliche Wildern wird vor allem auf dem Land und in Waldnähe zum Problem. Besonders Tiere, bei denen der Jagdinstinkt noch stark ausgeprägt ist, sind nur schwer davon abzuhalten, Spuren zu verfolgen,

Langeweile einerseits und andererseits enormer Bewegungsdrang und unbändige Freude an der Bewegung und dem Stöbern im Wald sind häufige Gründe für Ausreißen und Streunen. Dieser Retriever genießt einen Abstecher ins Wasser.

Wild aufzustöbern und zu hetzen. Vorbeugend ist konsequente Aufsicht, sichere Einzäunung des Gartens und striktes Anleinen im Wald zu empfehlen.

Auf der Suche nach Futter

Eine andere Ursache für Streunen kann die Suche nach Futter sein. Kastrierte Hunde haben mitunter ständig Hunger – wenn sie gelernt haben, an bestimmten Stellen etwa für Katzen ausgelegtes Futter oder Essensabfälle zu finden, werden sie diese bekannten Fundplätze immer wieder aufsuchen. Die Fütterung durch wohlmeinende Nachbarn kann zu regelmäßigem Ausreißen führen. Komposthaufen, Abfalleimer, fremde Küchen oder Gaststättenterrassen sind beliebte Ziele. Es handelt sich dabei um erlerntes Verhalten, das durch wiederholte Erfolgserlebnisse verstärkt wird.

Trennungsangst als treibende Kraft

Auch Trennungsangst bewegt die Hunde, auszubrechen und sich auf die Suche nach ihrem Besitzer zu machen. Die Begrenzungen, die den Hund in Abwesenheit seines Besitzers zu Hause halten, müssen absolut ausbruchsicher sein. Zwinger und Gartenzäune sollen von Anfang an so gebaut werden, dass der Hund sie nicht überwinden kann. Hat der Hund einmal gelernt auszubrechen, so wird er es wieder versuchen, da er bereits ein Erfolgserlebnis hatte.

Im Bann der Hormone

In Verbindung mit dem Geschlechtstrieb streunen Rüden vor allem, wenn Hündinnen in der Nachbarschaft läufig sind. Erstaunlich ist, dass Rüden offensichtlich über mehrere Kilometer wittern, wenn im Nachbarort eine Hündin läufig ist, und sich dann auf Freiersfüße begeben. Die Neigung zu diesem sexuell bedingten Streunen ist individuell unterschiedlich. Ein hoher Androgenspiegel, Erfolgserlebnisse und Gewohnheit spielen eine verstärkende Rolle. Triebstarke Hunde fallen auch durch andere Anzeichen von Hypersexualität auf, wie Aufreiten und Urinmarkieren in der Wohnung. Durch die Pheromone angeregt, leiden

Analyse der Ursachen

Ursachen für Streunen können mannigfaltig sein und bedürfen einer differenzierten Betrachtung.

die Rüden unter Appetit- und Schlaflosigkeit, heulen nachts und wandern ruhelos in der Wohnung umher.

Auch läufige Hündinnen streunen während ihrer Hitze, um Partner zu suchen, selbst wenn sie zu anderen Zeiten nie von zu Hause weglaufen würden – sie sind eben sprichwörtlich „läufig". Bei ihnen tritt dieses Problem jedoch in Übereinstimmung mit dem hormonellen Zyklus nur sporadisch auf und kann durch aufmerksamere Überwachung und Leinenzwang in den kritischen Tagen unter Kontrolle gehalten werden.

Ausschluss anderer Ursachen

Differentialdiagnostisch müssen bei streunenden Hunden verschiedene Erkrankungen des Zentralnervensystems ausgeschlossen werden. So geht zum Beispiel auch Tollwut mit dem Drang zu ruhelosem Umher-

Streunen und Wildern

Rüden streunen von weit her zu läufigen Hündinnnen. Hier umringt ein Rüdenrudel auf einem Marktplatz eine hitzige Hündin.

wandern und Orientierungslosigkeit einher. Herrenlos aufgegriffene Hunde müssen im Tierheim daher zuerst in Quarantänehaltung, bis ansteckende Infektionen ausgeschlossen werden können.

Therapeutische Möglichkeiten

Aufklärung und verbesserte Haltungsbedingungen

Die Therapiemöglichkeiten bei Weglaufen, Streunen und Wildern sind von der jeweiligen Ursache abhängig. In allen Fällen gilt es, zunächst die Besitzer aufzuklären und die Haltungsbedingungen zu verbessern. Die Hunde brauchen in der Regel mehr sozialen Kontakt und mehr Bewegung.

Kastration

Bei häufigem, sexuell bedingtem Streunen von Rüden ist die Kastration zu empfehlen. Damit wird der Drang einen Sexualpartner zu suchen, wirkungsvoll beseitigt. In 90 Prozent der Fälle kommt es so zu einer wesentlichen Verbesserung des Problems. Außerdem verschwindet bei den Rüden nach der Kastration auch die nächtliche Unruhe und das Heulen, das ansonsten durch die Läufigkeit von Hündinnen in der Nachbarschaft ausgelöst wird.

Aversive Konditionierung

Aversive Konditionierung oder Bestrafung des streunenden Hundes ist nur dann möglich, wenn er wiederholt zum selben Ort läuft, beispielsweise um ausgelegtes Futter zu fressen. Dort kann ihm aufgelauert werden, und er kann etwa durch Anspritzen mit einem Wasserschlauch heftig erschreckt werden. Eine Fütterung durch andere Personen an diesem Ort muss natürlich für die Zukunft ausgeschlossen werden, oder das Futter wird zum Beispiel mit Cayennepfeffer ungenießbar gemacht.

Keine Bestrafung nach dem Weglaufen
Absolut falsch ist die Bestrafung ausgerissener oder streunender Hunde beim Einfangen. Dasselbe gilt, wenn die Tiere nach einiger Zeit von selbst wieder heimkommen. Bestrafung führt nur zu stärkerem Widerwillen oder gar Angst der Hunde, überhaupt zu ihrem Besitzer zurückzukommen. Ausreißer sollen natürlich auch nicht gelobt werden. Am sinnvollsten ist es, das Fortlaufen zunächst zu ignorieren, den Hund ruhig an die Leine zu nehmen und nach Hause zu bringen. Erst im nächsten Schritt werden die Ursachen bekämpft und zum Beispiel ein Konditionierungsprogramm begonnen.

> Strafende Maßnahmen bei Streunen sind heikel: Bestrafung darf nur erfolgen, wenn der Hund gerade dabei ist wegzulaufen. Bestrafung beim Heimkehren ist kontraproduktiv, weil sie der Hund nicht auf das Streunen bezieht, sondern auf seine Rückkehr.

Gegenläufige Konditionierung

Mit Hilfe gegenläufiger Konditionierung wird das erwünschte Verhalten – wenn der Hund brav zu Hause oder beim Besitzer bleibt – durch Belohnung verstärkt. Hilfreich ist das vor allem bei Hunden, die sich langweilen: Sie werden über den Tag verteilt in unregelmäßigen Abständen herangerufen, kurz beschäftigt und belohnt. Sie bekommen entweder einen besonderen Leckerbissen, es wird kurz gespielt, spazieren gegangen oder einfach nur gestreichelt. Anfangs werden die Belohnungen häufiger gegeben, später genügen seltenere, unregelmäßige Verstärkungen des erwünschten Verhaltens. Vor allem Belohnungen, die nur noch unregelmäßig erfolgen, halten den Hund verstärkt in der Nähe und binden ihn enger an den Besitzer.

Stärkere Bindung an den Hundehalter

Hunde, die bei Spaziergängen weglaufen, müssen durch ständige Belohnungen näher an den Halter gebunden werden. Der Hund soll sich prinzipiell nur so weit vom Besitzer entfernen, dass dieser seine Einwirkungsmöglichkeiten und seinen Einfluss aufrecht erhalten kann. Die dafür notwendige räumliche Nähe oder Distanz ist von Hund zu Hund verschieden. Sowohl Unterordnungsübungen, als auch Loben und Füttern von Leckerbissen aus der Hand festigen die Verbindung zum Besitzer. Mit Hilfe einer locker gehaltenen, überlangen Leine wird das Freilaufen zunächst simuliert. Die Distanz zum Hundeführer wird dabei immer weiter vergrößert. Bei Ungehorsam kann der Hund durch einen kurzen energischen Ruck aufmerksam gemacht oder durch Zug an der Leine herangeholt werden. Elastische Auszieh- oder Rollleinen sind hierfür ungeeignet. Der Freilauf kann mit ihnen nicht geübt werden, da der Hund einen ständigen leichten Zug Richtung Besitzer spürt, was den Hund sogar eher noch zum Ziehen an der Leine verführt.

> Unterordnungsübungen binden einen streunenden Hund stärker an seinen Halter, sodass er auch über größere Entfernungen noch gehorcht. Die Bindung wird gestärkt, indem Hund und Halter intensiver interagieren und vermehrt über Körperkontakt belohnt wird.

Noch während des Weglaufens eingreifen

Ein freilaufender Hund, der gerade im Begriff ist, sich davonzumachen, kann mit Hilfe einer Wurfkette oder durch Werfen kleiner Kieselsteinchen gestoppt werden. Nur im Falle der gerade beginnenden unerwünschten Handlung ist diese strafende Unterbrechung angebracht und auch sehr wirkungsvoll. Dabei ist weniger der Schmerz wirksam als vielmehr der Schreck und führt dadurch zur Unterbrechung der Handlung. Ein gut erzogener und unterordnungsbereiter Hund hat allerdings bereits gelernt, sich auf Ruf oder Pfiff in jeder Situation heranrufen zu lassen. Dieses erwünschte Verhalten sollte auch beim problemfreien Hund gelegentlich belohnt werden.

Hilfsmittel beim Umkonditionieren

Die grundsätzliche Erziehung oder Umkonditionierung eines Hundes kann durch die Verwendung verschiedener Hilfsmittel erleichtert werden, was ständiges lautes Rufen und Füttern überflüssig macht. Hierzu gehören Hundepfeifen im Hochfrequenzbereich oder Klicker, die mechanisch ein Klackgeräusch erzeugen. Der Hund wird zum Beispiel auf einen Klicker positiv konditioniert, indem er zunächst immer, wenn der Klicker betätigt wird, eine kleine Belohnung erhält. Später erfolgt die Belohnung seltener und nur noch in unregelmäßigen Abständen. Der Hund wird dennoch immer auf den Hundeführer aufmerksam, wenn er den Klicker hört. Das Geräusch kann mit einem bestimmten Kommando verbunden werden, wie Herankommen oder Bei-Fuß-Gehen.

> Werden beim Konditionieren des Hundes auf bestimmte Verhaltensweisen parallel zum verbalen Kommando oder der Belohnung akustische Hilfsmittel eingesetzt, wird der Hund nach Abschluss des Lernprozesses auch auf die Hilfsmittel allein reagieren.

Glücklicherweise passt sich die Mehrheit der Hunde relativ leicht an veränderte Situationen ihres Umfelds an. Halter ehemaliger Tierheimhunde bestätigen, dass die Tiere nach etwa vier Wochen in ihrem Besitz bereits eine sehr enge Beziehung zu ihnen aufgebaut hatten, und 90 Prozent der Halter beschreiben ihren Hund nach dieser Zeit als sehr treu und anhänglich.

Störungen des Fortpflanzungs- und des mütterlichen Verhaltens

Gestörtes Fortpflanzungsverhalten

Störungen des Fortpflanzungsverhaltens sind vor allem für Züchter wertvoller Rassehunde ein Ärgernis. Sie beeinträchtigen die Paarungs- und damit Zeugungsfähigkeit sowohl von Hündinnen als auch von Rüden. Unfruchtbarkeit bei Hunden beruht meistens auf ungünstigen äußeren Umständen und Missachtung der Verhaltensbesonderheiten und seltener auf Erkrankungen des Geschlechtsapparates. Erkrankungen müssen allerdings differentialdiagnostisch vor einer Verhaltenstherapie durch eine tiermedizinische Untersuchung ausgeschlossen werden.

Aus Sicht des Tierschutzes dagegen ist es eher ein Problem, ungewollte Fortpflanzung der Hunde zu verhindern, als deren Störungen zu beseitigen. Selbst wenn Hunde nur vorübergehend streunen, kommt es häufig zu unkontrollierten Paarungen – was wiederum die Zahl der Mischlingshunde, die einen hohen Prozentsatz der Hundebevölkerung stellen, weiter in die Höhe schraubt. Meist sind diese Mischlingswelpen unerwünscht, werden dann vernachlässigt, misshandelt, ausgesetzt oder gar getötet. Viele landen herrenlos im Tierheim und warten dort auf einen neuen Besitzer, der sie einem Rassehund vorzieht.

Mangelndes Interesse am Sexualpartner

Eine mögliche Störung des Fortpflanzungsverhaltens besteht in mangelndem Interesse am Sexualpartner, was verschiedene Ursachen haben kann. Hunde sind im Gegensatz zu Wölfen in der Regel promiskuitiv.

Gestörtes Fortpflanzungsverhalten

Das heißt, die Mehrheit der Tiere hat verschiedene, wechselnde Sexualpartner ohne dauerhafte Bindung. Allerdings sind bei einigen Hunden noch sehr ursprüngliche, wolfsähnliche Verhaltensmuster erhalten. So akzeptieren Hündinnen auch in der Läufigkeit nicht jeden Rüden, wobei hier klare, individuelle Unterschiede bestehen. Manche Hündinnen zeigen eine deutliche Vorliebe für einen bestimmten Rüden und dulden nur bei diesem den Deckakt. Dominante Hündinnen dulden in vielen Fällen den Aufsprung rangtieferer oder junger Rüden nicht – ein natürliches Verhalten, um Inzucht durch Mutter-Sohn-Paarungen zu verhindern. Seltener ist es der Fall, dass ein Rüde nur eine bestimmte Hündin decken will. Viele Tiere bevorzugen allerdings Sexualpartner gleicher Rasse und auch optisch ähnliche Partner. Ausnahmen bestätigen die Regel, wie unmöglich erscheinende Zufallspaarungen zum Beispiel zwischen Dackeln und Schäferhunden beweisen.

Die Deckversuche des jungen Rüden scheitern an seinen unsicheren Aufsprungversuchen und dem abwehrenden Verhalten der nicht deckbereiten Hündin.

„Monogame" Geschlechtsbeziehung

Bei frei umherziehenden Hunden hat man beobachtet, dass es Paarungen gibt, die über das ganze Leben der Tiere bestehen bleiben. So gibt es Hündinnen, die ihr ganzes Leben in jeder Läufigkeit nur einen ganz bestimmten Rüden an sich heranlassen. Andere dagegen sind bereit, sich von möglichst vielen Rüden decken zu lassen. Da die Eisprünge während der Läufigkeit über mehrere Tage erfolgen, können sie auch von mehreren Rüden befruchtet werden. Sie tragen dann die Welpen verschiedener Väter aus. Die damit erreichte genetische Vielfalt erhöht die Anpassungsmöglichkeit der Nachkommenschaft an verschiedene Umweltbedingungen und verschafft dem mütterlichen Erbgut einen Überlebensvorteil.

Verweigerung bei rangtiefen, unsicheren Hündinnen

Im Durchschnitt tritt die Geschlechtsreife bei Hunden im Alter von sieben bis zwölf Monaten ein. Bei einigen spät reifen Rassen und in beson-

Störungen des Fortpflanzungs- und des mütterlichen Verhaltens

deren Einzelfällen werden die Tiere bereits früher oder erst Monate später, zum Teil erst im Alter von zwei Jahren geschlechtsreif. Hündinnen werden dann im Durchschnitt alle sieben Monate „läufig". Manche junge Hündinnen, besonders unsichere und rangtiefe Tiere verweigern zunächst den Deckakt. Sie bleiben einfach noch nicht stehen, zeigen also keinen Duldungsreflex oder wehren den Aufsprung des Rüden durch Schnappen, Knurren oder Hinsetzen ab. Dieses Sexualverhalten entspricht dem von Jungtieren im Wolfsrudel. Biologisch gesehen wird dadurch die Vermehrung auf die reifen und ranghöheren Tiere des Rudels beschränkt, die dann bei der Welpenaufzucht von den jüngeren „Tanten" unterstützt werden. In freier Wildbahn bedeutet auch dies einen wesentlichen Überlebensvorteil für das Rudel.

> So stellt die Natur sicher, dass möglichst nur die „besten" Gene weitervererbt werden: Im Wolfsrudel kommen vornehmlich ranghohe weibliche Tiere zum Deckakt, weil junge oder rangtiefere Tiere die Deckversuche der Rüden abwehren.

Abwehr – Element des normalen Sexualverhaltens

Auch im Rahmen des normales Sexualverhaltens zeigt die Hündin vor der fruchtbaren Phase den Rüden gegenüber zunächst eine Mischung aus lockendem und auffordernden Verhalten und teilweise heftiger Abwehr. Dies ändert sich erst gegen Ende der Läufigkeit, wenn die Empfängnisbereitschaft am höchsten ist.

Fehlende Erfahrung im Deckverhalten

Allgemeine Unerfahrenheit und fehlende Deckerfahrung hemmen die Rüden in ihrem Paarungsverhalten. Die Wurzel solcher Probleme kann in mangelndem Kontakt mit Artgenossen im Welpenalter liegen. Junge Rüden üben bereits im Alter von wenigen Wochen ihr Sexualverhalten, indem sie spielerisch auf andere Hunde aufreiten. Rüden, die bis zum Alter von zwei bis drei Jahren noch keine sexuellen Erfahrungen gemacht haben, sind manchmal gar nicht in der Lage eine Hündin zu belegen, sie müssen den richtigen Bewegungsablauf erst lernen. Orientierungsschwierigkeiten beim Aufspringen können durch wiederholte Versuche, sanfte Hilfestellung und Üben behoben werden. Besonders in fremder Umgebung sind manche Rüden äußerst nervös und unsicher. Daher sollte die Hündin zum Decken immer in das Zuhause des Rüden gebracht werden. Die Beiden sollten genügend Zeit bekommen, sich spielend kennenzulernen.

Hypersexualtität: ein komplexes Problem

Ein anderes, sehr lästiges Problem kann Hypersexualität sein. Sie tritt häufig in Verbindung mit Aggressivität und Streunen auf und stellt ein komplexes Problem dar, durch das die Hunde sich und auch andere erheblich gefährden können. Manche geschlechtsreifen Rüden versuchen bei jeder Gelegenheit aufzureiten. Sie springen beharrlich auf Menschen, vor allem deren Beine, andere Hunde, verschiedenste beliebige, gerade vorhandene Tiere oder Gegenstände, wie Kissen und dergleichen auf. Auch andere Verhaltensweisen, wie ständiges sexuelles Interesse an anderen Rüden oder fortwährendes Belecken des Penis werden zur Hypersexualität gerechnet. Ursachen für das übersteigerte Sexualverhalten ist ein erhöhter Hormonspiegel, Fehlprägung, erbliche Veranlagung, Gewöhnung und fehlende Erziehung. Bei Junghunden schließen sich Deckversuche häufig an normales Spiel an. Sie sollten konsequent abgewehrt und der Kontakt abgebrochen werden. Harmlos dagegen sind die Sexualspiele der Welpen, wie Aufspringen, Umklammern und Beckenstoßen, mit denen Paarungsverhalten spielerisch geübt wird. Richten sie sich auf Artgenossen, so sind sie ein Teil des Normalverhaltens und sind auch als solches zu akzeptieren.

> Während Sexualspiele bei Welpen harmlos und sogar notwendig sind, um die Elemente des Sexualverhaltens später zu beherrschen, sollten die Deckversuche von Junghunden, die sich auf falsche Objekte oder den Menschen richten, konsequent unterbunden werden.

Kein Sexualverhalten gegenüber Personen dulden

Der Mensch sollte solche Annäherungsversuche jedoch von vornherein nicht dulden. Erstens könnte dadurch eine Fehlprägung auf den falschen Sexualpartner zustande kommen. Wenn nämlich ein Welpe zu früh abgesetzt wird und anschließend nur wenig oder keinen Kontakt zu Artgenossen hat, kann eine Fehlprägung entstehen, bei der das Tier den Menschen als Sexualpartner akzeptiert und erfährt. Zweitens wird das Aufreiten vom Hund auch als Dominanzgeste ausgeführt. Der Mensch, der dies duldet, ordnet sich damit dem Hund unter. Es kann auch einfach ein Mittel sein, um Aufmerksamkeit zu wecken. Ist dieses Verhalten jedoch einmal zur Gewohnheit geworden, so ist es schwer wieder abzustellen. Vor allem Kinder oder unbedarfte Besucher werden dann häufig unangenehm belästigt.

Störungen des Fortpflanzungs- und des mütterlichen Verhaltens

Organische Ursachen von Hypersexualität

Differentialdiagnostisch müssen vom Tierarzt verschiedene organische Ursachen für Hypersexualität abgeklärt werden. In Frage kommen zum Beispiel Entzündungen der Geschlechtsorgane oder Kryptorchismus. Bei dieser Entwicklungsstörung liegen ein oder beide Hoden nicht im Hodensack, sondern unsichtbar im Bauch- oder Beckenraum. Durch die höhere Temperatur im Körperinneren wird der Stoffwechsel und damit die Hormonbildung angeregt. Dies führt zu einem erhöhten Androgenspiegel, der das Sexualverhalten übermäßig anregt. Nebeneffekt ist auch eine Schädigung der Spermien durch die erhöhte Temperatur und damit bei beidseitigem Kryptorchismus Unfruchtbarkeit des Rüden. Hoden, die im Beckenraum liegen, neigen außerdem eher zu tumoröser Entartung. Hodentumore können auch bei normal entwickelten Hoden auftreten. Sind hormonbildende Zellen entartet, so kommt es ebenfalls zu einem erhöhten Androgenspiegel und Hypersexualität. Kryptorchide und tumoröse Hoden sind deshalb unbedingt chirurgisch zu entfernen. Durch die Kastration ist dann auch die Ursache für das Verhaltensproblem beseitigt.

> **Die Ursache von Hypersexualität kann eine erhöhte Produktion von Geschlechtshormonen durch Hodentumore oder Lage der Hoden in der Bauchhöhle sein.**

Therapie bei Hypersexualtität

Der Therapie bei Hypersexualität geht zunächst eine Aufklärung der Besitzer über das Normalverhalten ihrer Hunde voraus. Die Besitzer müssen dann genau entscheiden, welches Verhalten unerwünscht ist und beseitigt werden soll. Diese Vorarbeit verhilft zu einsichtigem und konsequentem Handeln.

Die grundlegende Maßnahme ist konsequente Erziehung. Das heißt, der Hund wird sofort, unmissverständlich und immer unterbrochen, wenn er versucht aufzureiten. Ein deutliches „Nein!" und abbrechen des Kontaktes durch Wegschubsen oder -gehen erfolgt. Der Hund wird abgelegt oder abgelenkt und anderweitig beschäftigt, bis er sich beruhigt hat. Damit wird erwünschtes Verhalten an die Stelle des Unerwünschten gesetzt. Es wird belohnt und damit verstärkt. Eine Gegenkonditionierung erfolgt.

Manche Besitzer und besonders Kinder sind nicht konsequent, und es fehlt ihnen an der körperlichen Stärke, den Hund abzuwehren. Wenn dann noch zusätzliche Probleme, wie Aggressivität, Dominanzstreitigkeiten, nervöse Unruhe oder Streunen bestehen, ist eine Kastration angebracht. Sie beseitigt die hormonelle Grundlage für das gestörte Sexualverhalten und ist damit eine zuverlässige Therapie gegen Hypersexualität. Das Aufspringen als Verhaltensweise tritt allerdings auch bei kastrierten Rüden und sogar bei kastrierten Hündinnen auf. Hier spielen andere Motivationen eine Rolle, wie Dominanz und Erfahrung. Sind erlernte Verhaltensmuster am Problemverhalten beteiligt, muss gegen diese durch Umerziehung vorgegangen werden.

Durch eine vorübergehende medikamentöse Therapie wird der Beginn einer Umkonditionierung erleichtert. Verwendet werden entweder Gestagene – aufgrund ihrer antiandrogenen Wirkung – oder Tranquilizer. Bei Gestagenpräparaten muss mit vermehrtem Appetit und Müdigkeit als Nebenwirkung gerechnet werden. Bei Tranquilizern ist es wichtig, die dem Individuum angepasste optimale Dosierung zu finden und zu beachten. Schon eine leichte Überdosierung sediert das Tier so stark, dass das Lernvermögen eingeschränkt ist und damit eine Umerziehung und bleibende Verhaltensänderungen erschwert werden.

Störungen im mütterlichen Verhalten

Störungen des mütterlichen Verhaltens im Zusammenhang mit der Scheinträchtigkeit und der normalen mütterlichen Aggressivität wurden bereits in den vorangegangenen Kapiteln behandelt.

Ignorieren der Welpen

Nachzutragen bleibt das Nichtannehmen der Welpen durch das Muttertier. Es ist ein eher seltenes Problem, bei dem die Hündinnen die gerade geborenen Welpen völlig ignorieren. Das führt unter Umständen zum Ersticken der Welpen in ihren Fruchthüllen,

Die gesunde Hündin leistet selbst Geburtshilfe. Ist dieses Instinktverhalten gestört, so besteht die Gefahr, dass die Neugeborenen in ihren Fruchthüllen ersticken.

Störungen des Fortpflanzungs- und des mütterlichen Verhaltens

oder sie kühlen aus und finden das Gesäuge nicht. Dadurch wird die Lebenskraft der Neugeborenen gemindert und die Welpensterblichkeit möglicherweise erhöht. Manche Hündinnen beißen ihre Welpen sogar direkt. Dies kann eine unmittelbare, heftige Abwehrreaktion auf den Geburtsschmerz beim Austreiben des Welpen sein.

Pervertiertes Brutpflegeverhalten

Gelegentlich wird beobachtet, dass die Hündin sich zwar um ihre Welpen kümmert, sie leckt und die Nabelschnur durchtrennt, aber dann nicht aufhört, den Nabel anzuknabbern. Sie frisst den Welpen praktisch vom Nabel her auf. Dieses pervertierte Brutpflegeverhalten kann durch Lebensschwäche des Welpen ausgelöst sein und tritt auf, wenn er kein welpenhaftes Verhalten zeigt, wie Suchpendeln nach der Zitze und Fiepen, oder Missbildungen aufweist.

Unsicherheit, Unerfahrenheit und degeneriertes Verhalten

Manche unerfahrenen Hündinnen sind übermäßig erregt oder es besteht eine degenerativer Ausfall in ihrem instinktivem Brutpflegeverhalten. Beunruhigungen von außen, wie ein fremder Ort, kein sicheres Wurflager und bedrohlich empfundene, ranghöhere Personen oder Hunde in unmittelbarer Nähe, können dazu führen, dass sie die Welpen töten. Hündinnen, die ihre Welpen ignorieren, sind häufig sehr jung und rangtief. Sie sind während der Geburt sehr ängstlich, nervös und unsicher. Sie zeigen immer wieder Unterwürfigkeitshaltung gegenüber dem begleitenden Menschen. Der Besitzer kann diesen Hunden durch freundliche, ruhige Unterstützung ihre Angst nehmen.

> **Ist eine trächtige Hündin noch sehr jung und fällt bereits während ihrer Trächtigkeit durch extreme Nervosität auf, ist es wichtig, das Tier zu beruhigen und die Geburtssituation geschützt und sicher zu gestalten. Es besteht sonst die Gefahr, dass das Muttertier seine Welpen tötet.**

Therapie bei gestörtem Verhalten des Muttertieres

Geburtshilfe im angemessenen Rahmen
Die Therapie bei Störungen der Geburt und des Welpenpflegeverhaltens besteht in einer angemessenen Geburtshilfe. Die Personen, die bei der Geburt anwesend sind, sollten sich im Hintergrund halten, um so

Störungen im mütterlichen Verhalten

Problemen vorzubeugen. Im Normalfall wird eine Geburt aus einiger Entfernung beobachtet und ein Eingreifen vermieden. Bei Störungen im normalen Ablauf wird die Hündin von einer vertrauten Person durch sanftes Zureden und Streicheln beruhigt. Wenn nötig, werden die Welpen durch diesen Helfer, unmittelbar neben oder zusammen mit der Hündin, von den Eihüllen befreit, abgenabelt, trockengerieben und sofort ans Gesäuge gelegt. Das Saugen der Welpen setzt beim Muttertier Hormone frei, die den Ablauf der Geburt beschleunigen und auch beruhigend wirken. Extrem starke Erregung, Angst oder Aggression können durch die Gabe von Tranquilzern gedämpft werden.

> Auch für die extremen Erfahrungen während einer Geburt hat die Natur vorgesorgt: Durch den Saugreiz der Welpen werden beim Muttertier Hormone freigesetzt, die den Geburtsverlauf beschleunigen und erleichtern und vor allem auch beruhigend wirken.

Dem Muttertier Zeit geben
Die Welpen sollten nach Möglichkeit immer bei der Mutter belassen werden. Leider machen viele Hundebesitzer bei Problemen den Fehler, zu früh aufzugeben und die Welpen von der Mutter zu trennen. Die meisten Hündinnen beruhigen sich, nachdem die Neugeborenen zum ersten Mal zu saugen begonnen haben. Nach der Geburt erholen sich Muttertier und Welpen gemeinsam in einer Art Erschöpfungsschlaf, über den Geruch im Wurflager wird ein intensiver Kontakt hergestellt und spätestens dann sind der Schmerz und die Aufregung der Geburt vergessen und die Kinder akzeptiert.

Trennung vom Muttertier
Nur in sehr seltenen Fällen müssen die Welpen wirklich von der Mutter getrennt und in den ersten Tagen unter Aufsicht ans Gesäuge gelegt werden. Die Aufnahme des Kolostrums, der ersten Muttermilch, muss unbedingt gesichert sein. Sie enthält wichtige Stoffe zum Aufbau des Immunsystems der Welpen und sorgt dafür, dass die Verdauung in Gang kommt. Später kann bei hartnäckiger Abwehr der Mutter eine Amme gesucht werden. Die Zufütterung mit angepasster, spezieller Kunstmilch für Hunde und Handaufzucht durch den Menschen ist möglich, allerdings die schlechtere Lösung.

Gestörtes Ernährungsverhalten

Von gestörtem Ernährungsverhalten spricht man, wenn ein Tier unangemessen viel oder wenig Nahrung aufnimmt oder unangebrachte und unverdauliche Dinge frisst.

Polyphagie – übermäßige Nahrungsaufnahme

Etwa ein Drittel der Hunde leiden unter Übergewicht. Damit verbunden sind Konditionsprobleme unter anderem durch Stoffwechselstörungen, Herzverfettung und Gelenkschäden.

Übermäßige Nahrungsaufnahme, auch Polyphagie genannt, ist ein gängiges Problem bei Hunden. 30 bis 50 Prozent aller deutschen Großstadthunde müssen bei genauerem Hinsehen als zu fett eingestuft werden. Übergewichtige Hunde nehmen, im Verhältnis zu ihrem Energieverbrauch, zu viele Kalorien auf. Manche Hunderassen haben eine besondere Prädisposition zur Fettleibigkeit. Dazu kommt die individuelle Neigung mancher Tiere, einfach zu viel zu fressen. Hunde der Rassen Cocker Spaniel, Labrador Retriever, West Highland und Cairn Terrier, Collie und Dalmatiner fallen häufiger durch Übergewicht auf als andere. Es bestehen auch geschlechtsbedingte Unterschiede: Hündinnen tendieren eher zu Übergewicht als Rüden. Außerdem steigt die Neigung zu vermehrtem Fettansatz mit dem Alter. Übergewicht wirkt sich in verschiedener Hinsicht negativ auf die Gesundheit aus. So kann es unter anderem zu Stoffwechselstörungen infolge Leberverfettung, Kreislaufproblemen durch Herzverfettung, Neigung zu Diabetes mellitus und Gelenkserkrankungen infolge Überbeanspruchung kommen.

Einfluss der Mensch-Tier-Beziehung

Die Mensch-Tier-Beziehung hat einen starken Einfluss auf das Entstehen von Übergewicht. Der Lebensstil und die Ernährungsgewohnheiten der Besitzer färben auf die Hunde ab. Mason (1970) hat festgestellt, dass 44 Prozent der Hunde, die übergewichtigen Menschen gehören, ebenfalls zu dick sind. Dagegen sind nur ein Viertel der Hunde von normalgewichtigen Besitzern übergewichtig. Ebenso sind die Hunde jüngerer Leute seltener übergewichtig als die Hunde älterer Menschen. Ein Drittel der Besitzer zu dicker Hunde halten das Gewicht ihres Hundes für normal.

Herr und Hund haben häufig dasselbe Problem. Die Lösung ist das strikte Einhalten einer dem Bedarf des Hundes angepassten Futterration.

Einfluss der Fütterungsart

Die Art der Fütterung beeinflusst die Menge der Nahrungsaufnahme. Hunde, die mit hausgemachten Rationen gefüttert werden oder zusätzlich Häppchen vom Tisch bekommen, leiden häufiger an Übergewicht als Tiere, die Fertignahrung erhalten. Bei Fütterung ad libitum, wenn also Futter frei zur Verfügung steht, entsteht häufig extremes Übergewicht.

Veränderte Stoffwechsellage

Im ersten Jahr nach einer Kastration wird bei 44 Prozent der Rüden und einem Drittel der Hündinnen eine deutliche Gewichtszunahme beobachtet. Neben der veränderten Stoffwechsellage sind Verhaltensänderungen des Hundes für die Zunahme an Körpergewicht verantwortlich. Die Tiere haben nach der Operation ihr Ernährungsverhalten verändert. Sie fressen und betteln merklich mehr um Futter, und gleichzeitig nimmt die allgemeine Aktivität ab, was jedoch auch sekundär die Folge des Übergewichtes sein kann. Außerdem begünstigt eine enge Beziehung von Halter und Tier die Gewichtszunahme. Wenn die Halter in starkem emotionalen Kontakt zu ihrem Tier stehen, treten häufiger Vermenschlichungstendenzen auf, und der Hund wird wegen der Kastration bemitleidet. Unter Umständen plagen sich die Besitzer, meist unbewusst, auch mit einem schlechten Gewissen – gegenüber männlichen Tieren ist dies auffällig oft zu beobachten. Als Folge sind die Hundehalter viel eher geneigt, den Bettelversuchen und dem Futterverlangen ihrer Tiere nachzugeben.

> Der Stoffwechsel wird durch ein ausgeklügeltes System von Hormonen kontrolliert. Dabei mischen auch die Geschlechtshormone mit. Da sich nach einer Kastration der Spiegel der Geschlechtshormone ändert, ist davon auch die Stoffwechsellage betroffen.

Therapeutische Maßnahmen

Dem Bedarf angepasste Futterration

Therapiert werden kann die erhöhte Futteraufnahme und das Übergewicht, indem konsequent darauf geachtet wird, dem Hund wirklich nur die seinem Bedarf angepasste Futtermenge zur Verfügung zu stellen. Die Wahl eines weniger schmackhaften Futters dämpft bei gierigem Schlingen den Appetit. Fütterungen von Häppchen und Resten nebenbei müssen streng unterlassen werden. Nach Kastration verändert sich der Stoffwechsel der Hunde, sodass es zu einer besseren Futterverwertung kommt und die Hunde leichter Fett ansetzen. Über diese physiologischen Veränderungen und über das veränderte Verhalten müssen die Besitzer aufgeklärt werden. Die Futterration der Hunde muss nach der Kastration etwas verringert werden, um einer Gewichtszunahme vorzubeugen. Der Hinweis auf mögliche Gesundheitsschäden und eine verringerte Lebenserwartung bei Fettsucht hilft den Besitzern, den Bettelversuchen ihrer Hunde konsequent und standhaft zu begegnen.

Diäten zur Gewichtsreduktion

Extreme Diäten zur Gewichtsreduktion sollen vermieden werden, da sie zu einer allgemeinen Abnahme der Aktivität führen und damit kontraproduktiv sind. Geringere Einschränkungen der zugeführten Kalorienmenge dagegen bewirken einen leichten Anstieg der allgemeinen Aktivität. Es wird weniger geschlafen und dafür mehr gesessen, gestanden und gegangen. Allerdings beißen und nagen die Hunde dann vermehrt an kleinen Objekten herum. Während einer Abmagerungsdiät zeigen Hunde unmittelbar vor den Futterzeiten vermehrte Aktivität – die Futtererwartung steigt. Aggression nimmt bei den meisten Hunden trotz Hungerdiäten nicht zu. Anfänglich mag vermehrtes Bellen auftreten, dies verschwindet jedoch in der Folge wieder. Hunde, die bereits für längere Zeit zusammen gehalten wurden, zeigen kontinuierlich abnehmende Aggression, auch dann, wenn sie dem körperlichen Stress einer Abmagerungsdiät ausgesetzt sind (Crowell-Davis und Mitarbeiter 1995).

Probleme durch zu geringe Futteraufnahme

Verringerte Futteraufnahme im Verhältnis zum Energieverbrauch führt zu Abmagerung und Untergewicht. Untergewicht ist in den Industrieländern seltener als Übergewicht, kann aber bei vernachlässigter Haltung auftreten und unmittelbar lebensbedrohlich werden. Vorübergehende Futterverweigerung und Appetitlosigkeit ist ein Zeichen gestörten Allgemeinbefindens und Begleitsymptom vieler Erkrankungen. Differentialdiagnostisch muss daher bei Futterverweigerung vom Tierarzt eine Erkrankung ausgeschlossen werden. Eine mögliche, wenn auch seltene organische Ursache ist eine

Unterernährung und chronische Krankheiten führen zum deutlichen Abmagern des Hundes.

Störung des Zwischenhirns, des so genannten Hypothalamus, die zur Folge hat, dass Tiere trotz normaler Futteraufnahme kontinuierlich abmagern.

Appetitlosigkeit als psychische Reaktion

Der Hund kann auch unter Appetitlosigkeit leiden, wenn er durch Ereignisse in seiner sozialen Umgebung beunruhigt ist. Zum Beispiel kann ihn die Ankunft eines neuen oder der Weggang eines ehemaligen Familienmitgliedes verwirren. Auch Isolation vom Rudel, etwa durch einen Zwingeraufenthalt, führt zu Trauerreaktionen und verringerter Futteraufnahme. Sie ist als Reaktion auf Umweltbedingungen zu sehen und meist nur ein vorübergehendes Symptom.

Hier ist feines Gespür angesagt: Appetitlosigkeit kann auch Ausdruck dafür sein, dass der Hund psychisch leidet. Zuwendung kann die Situation bessern, kann aber auch gleichzeitig als positiver Verstärker wirken und das Problem intensivieren und verlängern.

Falsches Verhalten des Halters

Das Verhalten des Besitzers bei der Fütterung des Hundes kann das Problem zusätzlich verstärken. Manche Besitzer bieten schlechten Fressern immer schmackhafteres Futter an. Sie reden den Hunden gleichzeitig ständig gut zu oder füttern sie von Hand, damit sie fressen. Diese extreme Zuwendung und Aufmerksamkeit belohnt das wählerische Ernährungsverhalten des Hundes und fördert es dadurch.

Therapie: Steigerung des Appetits

Als Therapie bei verringerter Futteraufnahme soll der Appetit des Tieres durch verschiedene Maßnahmen gesteigert werden. So sollte die Futtersorte bewusst nach Schmackhaftigkeit ausgewählt und auch variiert werden. Manchmal besteht nur eine Aversion gegen ein bestimmtes Nahrungsmittel. Oft wird Frischfutter Fertignahrung oder gar Trockenfutter vorgezogen. Die gleichzeitige Fütterung zusammen mit anderen Rudelmitgliedern löst Futterneid aus und steigert damit die Nahrungsaufnahme erheblich. Vor allem in der Wachstumsphase und bei großen Rassen muss mehrmals täglich gefüttert werden, um den Hund mit einer ausreichenden Kalorienmenge versorgen zu können. Bei hartnäckiger Nahrungsverweigerung kann durch die vorübergehende Gabe von Gestagenen der Appetit gefördert werden.

Koprophagie – Kotfressen

Ein ganz anderes Problem ist die Koprophagie, wenn also der Hund seinen eigenen oder fremden Kot frisst. Dass die Tiere gelegentlich den Kot von Pflanzenfressern fressen, liegt noch im Grenzbereich des Normalverhaltens. Auch die Ausscheidungen der Welpen werden von der Mutterhündin instinktiv durch Auffressen beseitigt. Koprophagie wird in der Regel nicht durch die Menge der ansonsten gefütterten Kalorien beeinflusst, kann jedoch ein Hinweis auf einen Vitamin- oder Mineralstoffmangel sein, den der Hund instinktiv auszugleichen versucht. Bei Zwingerhunden liegt häufig Langeweile und Beschäftigungsarmut zu Grunde oder der Versuch, die Aufmerksamkeit des Besitzers zu wecken. Koprophagie erhöht das Risiko einer Infektion mit Endoparasiteneiern. Auch Harntrinken kann als entsprechende Störung beobachtet werden. Normal verhalten sich allerdings Rüden, die den Urin läufiger Hündinnen schlecken.

> Fallen erwachsene Tiere dadurch auf, dass sie ihren eigenen oder fremden Kot fressen, kann das ein Hinweis auf Missstände sein: Das Futter liefert unter Umständen nicht genügend Vitamine oder Mineralien, oder das Umfeld bietet zu wenig Reize.

Pica – Fressen unverdaulicher Materialien

Pica oder Allotriophagie wird das Fressen von unangebrachten Materialien und nicht verdaulichen Gegenständen, wie Steinen, Plastik, Spielzeug oder anderem, genannt. Es geschieht ebenfalls oft aus Langeweile oder um die Aufmerksamkeit des Besitzers zu wecken, kann aber auch ein Symptom schwerer zentralnervöser Störungen sein und zum Beispiel bei Tollwut auftreten.

Therapie: adäquate Nährstoffversorgung und Umerziehung

Bevor eine Therapie von Koprophagie und Pica überhaupt begonnen wird, muss zunächst überprüft werden, ob das Tier unter einem Mangel

Gestörtes Ernährungsverhalten

Pica ist das Fressen von nicht verdaulichen Materialien. Dies kann zu schweren Verdauungsstörungen führen.

an bestimmten Nährstoffen leidet, und gegebenenfalls muss dann die Futterration entsprechend modifiziert werden. Eine dem Tier angemessene Haltung muss sichergestellt sein. Der Besitzer soll das unerwünschte Verhalten durch erzieherische Maßnahmen konsequent unterbrechen. Damit es nicht zu Aufmerksamkeit heischendem Verhalten wird, soll der Zurechtweisung ein Kommando, wie „Geh Platz!", und ein vorübergehendes Nichtbeachten des Hundes folgen.

„Mülltonnen-Plündern" bei frei laufenden Hunden

In Mitteleuropa seltener, aber in Ländern mit mehr frei lebenden Hunden, wie in Südeuropa oder den Vereinigten Staaten, häufiger, fällt unter die Sparte „unerwünschtes Ernährungsverhalten" das Umkippen und Plündern von Mülltonnen. Die frei laufenden und häufig besitzerlosen Hunde sind auf der Suche nach etwas Fressbarem. Bonnie Beaver und ihre Mitarbeiter (1992) untersuchten, welche Nahrungsmittel die Hunde dabei bevorzugen. Favorisierte Nahrungsmittel waren frische gebratene Leber mit Zwiebeln, gefolgt von frisch zubereitetem Hühnchen. Das Ergebnis deckt sich mit Beobachtungen an Wildhunden, die von getöteten Beutetieren zuerst die Leber und dann das Muskelfleisch fressen.

Grasfressen – Teil des normalen Ernährungsverhaltens

Gelegentliches Grasfressen ist Teil des normalen Hundeverhaltens. Bevorzugt werden meist junge, lange Gräser. Manchmal erbrechen die Tiere anschließend, was das Hervorwürgen spitzer, unverdaulicher Knochen erleichtert. Auch andere Ursachen werden diskutiert. Zum Beispiel kann es sich um einen Ausgleich von Ballaststoff- oder Vitaminmangel oder einfach ungenügende Sättigung handeln.

> Fressen Hunde gelegentlich Gras, ist das kein Grund zur Besorgnis. Kommt es gehäuft vor, sollte der Halter überprüfen, ob die Futterration dem Bedarf des Tieres entspricht und ob es notwendig ist, dem Futter Vitamin- oder Mineraltabletten beizumengen.

Der genaue Grund für das Fressen von Gras ist nicht bekannt, es ist aber Teil des normalen Hundeverhaltens.

Aufmerksamkeit forderndes Verhalten

Unter Aufmerksamkeit forderndem Verhalten versteht man alle Verhaltensweisen, die einzig den Zweck verfolgen, die Aufmerksamkeit des Besitzers zu wecken, zu fesseln und Zuwendung zu erhalten. Dies kann mit den unterschiedlichsten Bewegungen und Verhaltensabläufen erreicht werden: Schnappen in die Luft, wie scheinbares Fliegenfangen, Bellen, Stereotypien jeglicher Art, Kopfschütteln, Kreislaufen, Lecken, zerstörerisches Verhalten, Futterverweigerung und anderes mehr erregen meist spontane Aufmerksamkeit. Die Tiere zeigen auch Verhalten, das ursprünglich krankheitsbedingt war wie Erbrechen, Lahmheiten oder Husten. Das Verhalten wird trotz Genesung beibehalten, da der Hund erfahren hat, dass es ganz offensichtlich Zuwendung des Besitzers auslöst und zum Beispiel durch Streicheln belohnt wird.

Problemstellung: *„Der Hund frisst auf Spaziergängen alle möglichen Gegenstände!"*

Signalement: „Charly", Labrador – Golden Retriever Mischling, 4 Jahre, Rüde.

Ernährungs-und Allgemeinzustand: Das Allgemeinbefinden ist ungestört. Der Ernährungszustand ist unauffällig, es besteht kein Übergewicht.

Herkunft, Haltung und Mensch-Tier-Beziehung: *„Charly"* wurde als Junghund aus Mitleid von Bekannten übernommen. Er lebt in einer Etagenwohnung und wird täglich mehrere Stunden spazieren geführt. Die Besitzerin ist Rentnerin, lebt mit dem Hund allein und beschäftigt sich den ganzen Tag mit ihm.

Vorbericht (Zusammenfassung): *„Charly nimmt meine Handtasche, Handschuhe, Stöcke und alles mögliche Unverdauliche auf und trägt es herum. Er knabbert daran und frisst es auch auf. Er langweilt sich wohl bei langen Spaziergängen."*
- Seit wann besteht das Problem? *Es ist allmählich schlimmer geworden.*

- Was passiert unmittelbar vorher? *Der Hund beginnt immer damit, wenn sich die Besitzerin mit jemandem unterhält oder einen anderen Hund streichelt.*
- Wo und wie häufig tritt es auf? *Jedes Mal bei längeren Spaziergängen im Park.*
- Gab es objektive Schäden? *Nein, keine, auch keine gesundheitlichen Störungen.*

Beschreibung des letzten **Einzelfalls:**
- Haltung, Mimik und Bewegungen des Tieres: *„Charly nimmt den Gegenstand, sieht mich immer wieder kurz an, wedelt und läuft auffordernd vor mir her."*
- Wie reagiert die Besitzerin auf das Verhalten: *Sie läuft hinter ihm her und versucht ihn zu fangen. Sie schimpft und lockt abwechselnd.*
- Wie reagiert der Hund darauf: *Er lässt sich den Gegenstand nicht wegnehmen. Überhaupt lässt er sich am Ende des Spaziergangs nicht mehr einfangen. Er folgt nicht. Es dauert immer mindestens eine Viertelstunde bis er wieder angeleint ist.*

Diagnose: **Aufmerksamkeit forderndes Verhalten,** Erziehungsproblem

Prognose: fraglich, abhängig davon, ob die Besitzerin ihr Verhalten ändert.

Therapie:
- Änderungen im Umgang bzw. der Reaktion auf das Verhalten: Sofort umdrehen, in eine andere Richtung gehen und den Hund ignorieren!
- Erziehungsprogramm: Unterordnung üben, vor allem Herankommen. Schon zu Beginn des Spazierganges und zwischendurch den Hund immer wieder heranrufen und **dafür** intensiv loben, mit Leckerle, Streicheln oder Spiel belohnen.
- Ein erlaubtes Spielzeug, z.B. Ball, als Ersatzobjekt und zur Belohnung mitnehmen.

Katalysator: unbeabsichtigte positive Konditionierung

Aufmerksamkeit forderndes Verhalten entwickelt sich aus normalen Alltagssituationen, in denen das Verhalten noch keine störenden Ausmaße hat. So lernen viele Hunde, an der Haustür Laut zu geben, wenn sie hinaus müssen oder herein wollen. Dies ruft den Besitzer herbei. Das Verhalten kann sich hochschaukeln und zu einem ständigen Raus und Rein unter aufgeregtem Kläffen des Hundes werden. Oder der Hund läuft anfangs aus Erwartungshaltung vor dem Füttern hin und her, ein Verhalten, das anscheinend durch die Fütterung belohnt wird. In der Folge beginnt er schneller zu laufen, Kreiszulaufen oder seinen Schwanz zu jagen, bis er sein Futter erhält oder mit ihm spazieren gegangen wird. Auch zerstörerisches Verhalten in Anwesenheit des Besitzers ist für den Hund ein sicheres Mittel, um Aufmerksamkeit zu

Aufmerksamkeit forderndes Verhalten

bekommen. Stielt er zum Beispiel einen wertvollen Gegenstand, trägt ihn und beißt auf ihm vor den Augen des Besitzers herum, so kann er sich prompter Aufmerksamkeit sicher sein. Oft ist ein einmaliges Erfolgserlebnis ausreichend, den Hund zu Wiederholungen anzuspornen. Ganz besonders dann, wenn sein Verhalten nicht nur durch Zuwendung belohnt wird, sondern auch noch dadurch, dass ihm im Tausch für den entwendeten Gegenstand ein Spielzeug oder Futterhäppchen gegeben wird.

Stehlen von Gegenständen löst Aufmerksamkeit aus und kann zur schlechten Angewohnheit werden.

Charakteristika des Aufmerksamkeit fordernden Verhaltens

Hauptcharakteristikum des Aufmerksamkeit heischenden Verhaltens ist, dass die gezeigten Verhaltensweisen zwar sehr unterschiedlich sind, ihnen aber gemeinsam ist, dass ihr Auftreten mit besonderer Zuwendung des Besitzers belohnt wird. Charakteristisch ist auch, dass das Verhalten vor allem in Gegenwart einer bestimmten Person gezeigt wird. Erstaunlicherweise ist Aufmerksamkeit forderndes Verhalten häufig bei Hunden anzutreffen, die eigentlich schon besonders viel Zuwendung erhalten. Es ist selten bei wirklich vernachlässigten Tieren zu beobachten, da auf diese Tiere niemand so offensichtlich reagiert. Die betroffenen Hunde stehen in einer sehr intensiven Beziehung zu „ihrem" Menschen. Der ausgeprägte enge Kontakt zwischen Hund und Halter sorgt dafür, dass seitens des Halters jede auffällige Verhaltensäußerung des Hundes Beachtung findet; das aufmerksame Interesse an seinem Hund ist die eigentliche Basis, und wäre sie nicht gegeben, könnte sich das Problem gar nicht erst entwickeln. Gehäuft tritt Aufmerksamkeit forderndes Verhalten auch in Haushalten mit mehreren Tieren auf und wird durch das Konkurrieren um die Aufmerksamkeit des Besitzers begünstigt.

Verhalten des Hundes ohne seinen Besitzer

Für eine sichere Diagnose muss beachtet werden, ob der Besitzer das Verhalten belohnt und ob der Hund das besondere Verhalten in Abwesenheit des Besitzers immer noch zeigt. Dazu sollte der Hund vorübergehend anderweitig untergebracht werden oder zumindest alleine sein, sodass unbemerkt beobachtet werden kann, wie er sich in Abwesenheit des Besitzers verhält. Eine tierärztliche Untersuchung muss eine krankheitsbedingte Ursache des Verhaltens ausschließen.

Therapeutische Möglichkeiten

Aufklärung des Halters

Der Therapie geht eine ausführliche Aufklärung der Besitzer über die Ursache des Verhaltens voraus, wobei ganz klar betont werden soll, dass der Grund für das Aufmerksamkeitheischende Verhalten des Tieres nicht darin zu suchen ist, dass sie sich zu wenig mit ihm beschäftigen.

> So paradox es klingt: Hunde, die durch abnormes Verhalten um Aufmerksamkeit buhlen, haben meist Halter, die sich ohnehin bereits intensiv und aufmerksam mit ihrem Tier beschäftigen; ein Lösungsweg, das unerwünschte Verhalten konsequent zu ignorieren.

Konsequentes Ignorieren der unerwünschten Verhaltensweisen

Prinzip der Therapie ist das Beseitigen der Verhaltensweise durch konsequentes Ignorieren. Dabei ist zu erwarten, dass die Tiere ihr Aufmerksamkeit heischendes Verhalten in den ersten Tagen eher noch stärker zeigen, da sie unbedingt den gewohnten Erfolg damit erzielen wollen. Der Besitzer muss konsequent wegsehen, sich abwenden oder hinausgehen. Damit wird dem Hund die Grundlage für das unerwünschte Verhalten, die belohnende Zuwendung, entzogen. Das Verhalten verliert seinen Sinn, und der Hund vergisst es allmählich.

Aversive Konditionierung

Gefährdet sich der Hund selbst, darf der Halter direkt eingreifen, um die Handlung zum Beispiel durch Erschrecken zu unterbrechen. Der Besit-

Aufmerksamkeit forderndes Verhalten

Bei der aversiven Konditionierung muss darauf geachtet werden, dass die Bestrafung aus Sicht des Hundes anonym erfolgt.
Sobald das Tier erkennt, dass sein Halter involviert ist, kommt auch die Bestrafung der eingeforderten Aufmerksamkeit gleich.

zer soll nicht direkt strafend reagieren, da auch dies eine Form von Aufmerksamkeit ist. In manchen Fällen, bei zerstörerischem Verhalten beispielsweise, ist eventuell eine anonyme Bestrafung nötig. Dabei wird der Hund etwa durch Anspritzen mit Wasser oder ein lautes Geräusch in seinem unerwünschten Tun unterbrochen. Wichtig ist, dass er nicht merkt, wer ihn stört und erschreckt. Die aversive Konditionierung bezieht sich dann direkt auf die Handlung und führt nach einigen Wiederholungen dazu, dass der Hund sie einstellt.

Positive Konditionierung

Stattdessen wird erwünschtes Verhalten belohnt. Der Hund wird häufiger mit kleinen Kommandos aufgefordert, etwas zu tun und erhält dafür dann Zuwendung. Er darf sich zum Beispiel in der Nähe seines Besitzers ablegen und wird hin und wieder gestreichelt oder ein Kauknochen oder Spielzeug wird gegeben.

Änderung in Haltung und Umgang mit dem Hund

Mit artgemäßer Bewegung, dem vom Milchtritt abgeleitetem Pfotegeben, bettelt der Dalmatiner um Futter. Nur wenn dies erwünschtes Verhalten ist, darf es belohnt werden.

Günstig ist, wenn mit der Beseitigung des Verhaltens auch eine Haltungsänderung einhergeht. Regelmäßige Beschäftigung mit dem Hund zu vom Besitzer vorgegebenen Zeiten, Unterordnungsübungen und ausreichende Spaziergänge ersetzen die Zuwendung, die bisher durch das unerwünschte Verhalten erreicht wurde.

Therapeutische Möglichkeiten

Positive Zuwendung und Belohnung verstärken erwünschte Verhaltensweisen.

Stereotypien

Stereotypie ist eine immer wiederkehrende, gleichförmige Wiederholung von Verhaltensweisen oder Lautäußerungen. Sie kann entweder das Symptom einer organisch bedingten Verhaltensstörung sein, Aufmerksamkeit forderndes Verhalten oder durch Anpassung an eine reizarme, nicht angemessene Umwelt entstanden sein. Besonders häufig sind Stereotypien bei Zwingerhunden, deren Haltung nicht ihrem artgemäßen Bedarf an Bewegung und Sozialkontakt entspricht. Durch die ständige Wiederholung derselben Bewegung wird im Gehirn ein körpereigenes Opioid, das Endorphin ausgeschüttet. Dies führt zu einem beruhigenden tranceähnlichen Zustand, in dem die Umwelt an Bedeutung verliert. Die Stereotypie entsteht durch die nicht tiergerechte Haltung, ihre Ausführung wirkt auf das Tier spannungslindernd. Ihr Auftreten kann daher als eine Art erfolgreiche Anpassung an eine unzureichende, nicht tiergerechte Umwelt interpretiert werden.

Welche Tiere sind betroffen?

Ähnlich wie bei Zootieren sind Stereotypien bei Zwingerhunden zu beobachten. Häufig ist das Hin- und Herlaufen vor dem Zaun in derselben, gleichförmigen Schrittfolge. Begonnen wird oft mit normalen, aufmerksamen Bewegungen, die dann immer mehr in ein gleichförmiges Muster übergehen. Auch Kreislaufen in regelmäßigen Bahnen, scheinbares den eigenen Schwanz Jagen oder Hochspringen an den Wänden bei steigender Erregung und Springen in Achterbahnen kann sich daraus entwickeln. Besonders bei alleingehaltenen Hunden kann Bellen eine stereotype Form annehmen.

Beispiel „Leckdermatitis"

Häufig sieht man bei Zwingerhunden stereotypes Lecken. Dabei Belecken die Hunde vor allem im Liegen ihre Vorderbeine, was in der Folge zu Hautreizungen bis hin zu chronischen Entzündungen, der Leckdermatitis führen kann. Manche Tiere lecken sich, wenn sie nicht unterbrochen werden, nicht nur bis zum Haarverlust, sondern bis die Haut verschwindet und sogar der Knochen bloßliegt. Die Leckdermatitis tritt bei einigen Rassen, wie Dogge, Schäferhund und Bullterrier, besonders häufig auf. Differentialdiagnostisch müssen Hauterkrankungen, Stoffwechselstörungen oder Verletzungen der Gliedmaßen als Ursache ausgeschlossen werden.

Entwicklung der Stereotypie

Die stereotype Bewegung wird zunächst aus Langeweile entdeckt und ausgeführt. Bei manchen, besonders prädisponierten Tieren wird sie dann zur Gewohnheit. Sie kann zuerst auch als Übersprungshandlung in Konflikt- oder Stress-Situationen auftreten, die Tiere spüren dann die

> Werden bestimmte Bewegungen immer wieder und gleichförmig ausgeführt, wird die Produktion und Ausschüttung so genannter Endorphine verstärkt. Diese Substanzen ähneln in ihrer chemischen Struktur und ihrer Wirkung den Opiaten.

beruhigende Wirkung und wiederholen das entsprechende Verhalten in ähnlich belastenden Situationen. Das Einsetzen einer bereits ausgebildeten Stereotypie wird auch später durch Langeweile oder durch bestimmte äußere Reize ausgelöst. Zum Beispiel spielt Erregung und Erwartungshaltung beim Anblick eines Betreuers, der zur Fütterung kommt, oder um mit den Hunden spazieren zu gehen, eine Rolle. Besonders Stress durch eine Umwelt, die sich der Kontrolle des Hundes entzieht, und wiederholte, nicht vorhersehbare Ereignisse führen zu Stereotypien. Das Verhalten wird zwar von außen ausgelöst, aber mit zunehmenden Wiederholungen wird die Umwelt immer weniger wahrgenommen. Es gibt Zwingerhunde, die japsend in ihrem Käfig im Kreis springen und nicht mehr merken, wenn die Tür geöffnet wird. Sie sind in diesem Zustand nicht ansprechbar und unterbrechen die Bewegungen erst, wenn sich ihnen ein Hindernis in den Weg stellt, sie völlig erschöpft sind oder jegliche Außenreize verschwinden, zum Beispiel durch kurzfristiges Verdunkeln des Raumes.

Analyse der Ursachen

Als mögliche Ursachen für Stereotypien müssen Erkrankungen und Verletzungen ausgeschlossen werden. So kann Juckreiz von Hautparasiten oder Entzündungen herrühren und zu wiederholten gleichen Bewegungen oder eine Schwanzverletzung zu Kreislaufen führen. Eine derartige Irritation kann auch den Beginn einer Stereotypie darstellen. Umgekehrt können die Stereotypien auch zu Selbstverstümmelung führen. Hunde jagen zum Beispiel ihren Schwanz, schnappen danach und beißen ihn blutig; oder sie schütteln ihren Kopf und die Ohren, bis diese blutig sind. Hoher Bewegungsdrang bei mangelndem Auslauf führt häufig zu Bewegungsstereotypien.

Therapeutische Möglichkeiten

Nicht nur Symptom-, sondern Ursachenbehandlung

Die Therapie von Stereotypien darf nicht nur beim Symptom, der gleichförmigen Bewegung, sondern muss bei der Ursache ansetzen. Eine reizarme Haltung muss grundsätzlich so verbessert werden, dass sie dem Bedarf des Tieres an Bewegung, Abwechslung und Kontakt

Ursachen für Stereotypien können in nicht artgerechter Haltung oder mangelndem Sozialkontakt begründet liegen.

genügt. Die Hunde benötigen meist insgesamt mehr Sozialkontakt, Zuwendung, Zeit für Spiel, Spaziergänge und körperlich erschöpfende Bewegung. Manche Tiere zeigen die Stereotypie bei ausreichendem Auslauf oder in Rudelhaltung nicht mehr, andere fallen besonders in Belastungssituationen immer wieder darauf zurück.

Gefahr des Aufmerksamkeit fordernden Verhaltens

Die Stereotypie darf nicht unmittelbar mehr Aufmerksamkeit auslösen, da diese als Belohnung wirkt und das Verhalten verstärkt. Eine Verknüpfung mit Aufmerksamkeit forderndem Verhalten ist am Beginn der Entwicklung einer Stereotypie gelegentlich zu beobachten. Auch später kommt Erregung durch erhaltene Aufmerksamkeit als unmittelbarer Auslöser in Frage. In diesem Fall hilft nur konsequentes Ignorieren der Stereotypie und dass die betreffende Person weggeht oder den Raum verlässt.

Zeitweiliger Einsatz von Opiatantagonisten

Für die Beseitigung einer Stereotypie ist es allerdings in der Regel nicht ausreichend, nur die Haltungsform zu korrigieren, weil sich die Tiere bereits an den wohltuenden Effekt der endogenen Opioidausschüttung gewöhnt haben. Sie verhindert selbst die Wahrnehmung von Schmerzen durch die vorhandenen Selbstverstümmelungen. Die Hunde halten an den erlernten Verhaltensmustern fest, da sie sich damit quasi selbst belohnen. Um diesen fatalen Kreislauf zu unterbrechen, kann es notwendig sein, für einige Zeit Medikamente einzusetzen. Eine Möglichkeit ist, einen Opiatantagonisten als Gegenmittel zu verabreichen. Naltrexone wird zum Beispiel gegen schwere Leckdermatitiden eingesetzt, hat allerdings nur ein kurze Wirkungsdauer. Es blockiert für kurze Zeit die euphorisierende Wirkung der Stereotypie und unterbricht dadurch ihre belohnende Wirkung. Eine medikamentöse Therapie kann auch durch die Gabe von angstlindernden Beruhigungsmitteln (Diazepam) oder Antidepressiva (zum Beispiel Clomipramin) erfolgreich sein. Vor allem Antidepressiva sind in der Behandlung scheinbar zwanghaften

> Da die Endorphine, die durch die Stereotypie im Körper freigesetzt werden, den Opiaten verwandt sind, befinden sich die Tiere oft in einem Zustand körperlicher Abhängigkeit. Sozusagen als Entzugstherapie werden deshalb anfangs Opiatantagonisten verabreicht.

Stereotypien

Bewegungsstereotypien resultieren oft aus hohem Bewegungsdrang bei z.B. mangelndem Auslauf. Das Tier kann das dadurch ausgelöste Bewegungsbedürfnis oft nur durch ununterbrochenes Laufen im Kreis abreagieren.

Verhaltens von Hunden erfolgreich. Die Medikamente müssen jedoch über mehrere Monate verabreicht werden, und es sollte gleichzeitig auch eine verhaltenstherapeutische Behandlung stattfinden.

Arbeiten ohne Medikamente
Durch ständige Kontrolle und Ablenkung kann auch ohne Medikamente versucht werden, die Tiere für längere Zeit von der Wiederholung der Bewegung abzuhalten. Durch Tragen eines Kragens in Abwesenheit des Besitzers kann ein Teil der Stereotypien vorübergehend mechanisch unterbunden werden. Die Hunde sollen mit erwünschtem Verhalten durch Erlernen von Kommandos und Erhalten von Belohnungen beschäftigt werden, dürfen aber nicht überfordert werden und dadurch unter Stress geraten. Bestrafungen sind zu unterlassen. Ein geregelter Tagesablauf hilft in vielen Fällen, die Stressbelastung der Hunde abzubauen. Gelingt die ständige Kontrolle, so vergessen die Tiere möglicherweise nach einiger Zeit die Stereotypie, wobei die Erfolgsaussichten jedoch relativ gering, wenn auch nicht aussichtslos sind. Ein Großteil wird zumindest in belastenden Situationen immer wieder auf das bewährte beruhigende, gleichförmige Verhalten zurückfallen. Sind Haltungsbedingungen und Umfeld jedoch den artgemäßen Ansprüchen der einzelnen Tiere angepasst, zeigen die Hunde die Stereotypie seltener und weniger ausgeprägt.

Therapeutische Möglichkeiten

Auch Bellen oder Hecheln sind Möglichkeiten des Abreagierens in Belastungs- oder Frustrationssituationen.

Zentralnervöse Störungen und Erkrankungen

Das zentrale Nervensystem (ZNS) beeinflusst alle Körperfunktionen. Bei auffälligen, von der Norm abweichenden Verhaltensweisen von Hunden müssen differentialdiagnostisch Erkrankungen des Gehirns in Betracht gezogen werden. Durch ausführliche tiermedizinische und neurologische Untersuchungen ist oft eine genaue Diagnose möglich.

Kriterien zur Beurteilung der Funktion des Gehirns

Die Beurteilung des gehirnorganischen Zustandes eines Hundes erfolgt zunächst vor allem anhand der Einschätzung seines Bewusstseins und Verhaltens. Bewusstsein setzt das Erkennen von Sinneseindrücken voraus. Es wird als „normal" definiert, wenn ein bestimmter Reiz bei einem Tier dieselbe Reaktion auslöst wie bei der Mehrheit der Tiere. Ein normales Tier ist aufmerksam, beobachtet und reagiert auf seine Umwelt.

Hinweise auf Störungen

Depression, Stupor oder Koma sind Hinweise auf gehirnorganische Störungen (Bagley 1996). Depression ist gekennzeichnet von besonders ruhigem Verhalten und mangelndem Willen, normales Verhalten zu zeigen. Die unmittelbaren Reaktionen auf Umweltreize sind dabei normal. Wird die Bewusstseinsstörung stärker, spricht man von Delirium. Auch im Delirium reagieren die Tiere noch auf Umweltreize, aber die Art ihrer Reaktionen ist nicht mehr normal. Im stuporösen Zustand dagegen zeigen die Tiere Umwelteinflüsse keine Reaktion mehr mit Ausnahme auf schmerzhafte Einflüsse. Im Koma reagieren die Tiere weder auf ihre Umwelt noch auf schmerzhafte Reize.

Neurologische Untersuchungsmethoden

Bei manchen Störungen werden gezielte neurologische Untersuchungsmethoden, wie Elektroenzephalogramm, Röntgen oder Computertomografie des Kopfes, Blut- und Liquoruntersuchungen notwendig. In manchen schweren Fällen gibt allerdings letztendlich erst die Sektion des toten Tieres Gewissheit über die Ursache der Erkrankung.

Lokalisieren der geschädigten Hirnareale

Definierte Zonen im Gehirn sind für bestimmte Funktionen verantwortlich. Deshalb kann man bei spezifischen Störungen auf genau lokalisierbare Schädigungen im Gehirn schließen. Zum Beispiel erfolgt die zentrale Steuerung von Hunger und Sättigung über das Zwischenhirn, den Hypothalamus. Störungen können durch Traumata, Blutungen oder Tumore eintreten. Abhängig von dem genauen Sitz der Ursache kommt es zu Übergewicht oder Abmagerung oder die Nahrungsaufnahme ist normal und das Tier nimmt trotzdem ständig ab.

> Dank intensiver Arbeit der Gehirnforschung liegt mittlerweile eine Art Landkarte der einzelnen Gehirnareale und ihrer jeweiligen Zuständigkeit vor. Bei bestimmten Störungen kann so rückgeschlossen werden, welches Areal des Gehirns betroffen ist.

Epilepsie

Die Epilepsie oder Anfallskrankheit äußert sich in Krämpfen, die unterschiedlich häufig wiederkehren und auch unterschiedlich stark ausfallen. Der Anfall beginnt mit Bewusstseins- und Wahrnehmungsstörungen und unmotivierten Bewegungen. Luftschnappen oder Aufspringen können beobachtet werden. Die Tiere brechen dann plötzlich zusammen und fallen in einen Dauerkrampf. Dieser geht nach einiger Zeit in rythmische Krämpfe über. Die Tiere rudern mit den Beinen, bilden Schaum vor dem Maul, stöhnen und setzen Kot und Urin ab. Individuell verschieden, erschlafft der Körper dann nach einiger Zeit.

Mögliche Ursachen

Die Ursache für epilepsieähnliche Anfälle sind Erkrankungen, bei denen das Gehirn in Mitleidenschaft gezogen wird. Eine angeborene Form tritt gehäuft bei Kleinpudeln, Beagles und Collies auf. Erworbene Epilepsie kann die Folge einer Gehirnerschütterung, Gehirnmangeldurchblutung oder Enzephalitis sein. Infektionskrankheiten, Wasserkopf, Tumore, Gehirnblutung, Meningitis, Vergiftungen und Stoffwechselstörungen kommen als weitere Ursachen in Betracht.

> Bei einem epileptischen Anfall breiten sich Erregungen im Gehirn, die normalerweise auf ein spezielles Areal beschränkt sind, großflächig und unkontrolliert auf andere Nervenzellen und Areale aus. Antiepileptika verhindern, dass sich Nervenreize generalisieren.

Therapie mit Antiepileptika

Bei primärer Epilepsie kann durch medikamentöse Therapie in etwa der Hälfte der Fälle Anfallsfreiheit und bei einem Viertel immerhin Besserung erzielt werden. Verwendet werden Antiepileptika, wie Phenobarbital oder Primidon. Sie müssen als Dauertherapie verabreicht werden, die auf keinen Fall plötzlich abgebrochen werden darf, sondern bestenfalls nach einem anfallsfreien Jahr langsam und schleichend abgesetzt werden kann (Kraft 1996).

Infektionen des zentralen Nervensystems

Zentralnervöse Störungen mit entsprechenden Verhaltensauffälligkeiten treten auch als Folge von Infektionskrankheiten auf. Vor allem die viralen Erkrankungen Tollwut und Aujeszky (Pseudotollwut) sind nicht behandelbar und verlaufen immer tödlich.

Tollwut

Der Tollwutvirus gelangt mit dem Biss eines erkrankten Tieres in die Blutbahn und wandert entlang der Nerven ins Gehirn. Dort vermehrt er sich, verursacht zahlreiche Zellschäden und wandert in die Speicheldrüsen und ins Auge. Die Inkubationszeit variiert stark, sodass die Krankheit innerhalb einer Zeitspanne von zwei bis circa zehn Wochen

Infektionen des zentralen Nervensystems

zum Ausbruch kommt. Sie beginnt mit auffälligen Verhaltensänderungen. Die Tiere sind sehr scheu und wollen sich im Dunkeln verkriechen. Allmählich setzt eine Rachenlähmung ein, die zu vermehrten Schluckbeschwerden und Speicheln führt. Es folgt ein Stadium der Unruhe und gesteigerter, unkontrollierter Aggressivität. Durchfall kann auftreten. Die Lähmungserscheinungen verschlimmern sich fortschreitend, beginnend an Kopf, Unterkiefer und Kehlkopf bis hin zur völligen Lähmung und dem Tod nach drei bis vier Tagen. Eine sichere Diagnose kann nur am toten Tier gestellt werden. Einziger Schutz ist die regelmäße Impfung.

> Vor allem in Gebieten und Regionen, die offiziell als Tollwut gefährdet eingestuft sind, sollten verantwortungsbewusste Hundehalter ihr Tier und auch die Menschen ihrer Umgebung schützen, indem sie ihren Hund regelmäßig impfen lassen.

Pseudotollwut

Die so genannte Pseudotollwut oder Aujeszkysche Krankheit ist ebenfalls eine virale Infektion, die zu Rachenlähmung und Speicheln führt und deshalb mit der Tollwut verwechselt werden kann. Der Erreger wird im Futter mit rohem Schweine- oder auch Rindfleisch aufgenommen. Er vermehrt sich ebenfalls im Gehirn und führt dort zu schweren Schädigungen. Die Krankheit bricht zwei bis neun Tage nach der Infektion aus. Charakteristisch ist ein unkontrollierbarer Juckreiz. Es kommt zu Krämpfen und Lähmungen, die nach nur ein bis zwei Tagen immer zum Tod führen. Als vorbeugender Schutz sollte deshalb nie rohes Schweine- oder Rindfleisch an Hunde verfüttert werden.

Infektion mit Staupeviren

Staupeviren befallen verschiedene Organe und lösen organspezifische Symptome aus. Die Tiere stecken sich über die Körperflüssigkeiten erkrankter Hunde an. Nach einer Inkubationszeit von drei bis sieben Tagen kommt es zu gestörtem Allgemeinbefinden, Appetitlosigkeit, Fieber, stark geröteter Bindehaut, Mandelschwellung, Augen- und Nasenausfluss. Je nach befallenem Organsystem entstehen Atembeschwerden und Husten, Hautveränderungen oder Erbrechen und Durchfall.

Bei der nervösen Staupeform kommt es zu schlaffen Lähmungen oder Krämpfen, auch Kaukrämpfen und epilepsieähnlichen Anfällen. Die

Zentralnervöse Störungen und Erkrankungen

Wahrnehmung der Umgebung ist gestört. Die Hunde zittern und zeigen Bewegungsstörungen. Manche entwickeln nicht erklärbare Ticks, möglicherweise infolge von Halluzinationen, oder führen stereotype Bewegungen aus. Die Aggressivität kann zunehmen. Ein Abnehmen der Intelligenz wird mitunter beschrieben. Die Symptome der nervösen Staupe können als Spätfolge nach Abklingen der akuten Erkrankung auftreten und werden auch bei Tieren beobachtet, die vorher keine anderen Staupesymptome zeigten, wodurch die Diagnose erheblich erschwert wird. Sie kann durch den Antikörpernachweis im Blut abgesichert werden. Eine Form der chronischen Staupeinfektion äußert sich nur in Bewegungsstörungen, Muskelschwund und epilepsieähnlichen Anfällen. Eine einfache Staupeerkrankung kann vom Tierarzt unter Umständen erfolgreich behandelt werden. Bestehen allerdings zentralnervöse Symptome, so ist die Prognose für eine Behandlung ungünstig, da die Viren im Gehirn bleibende Schäden verursachen. Vorbeugend sollte jeder Hund gegen Staupe geimpft werden.

> Nicht nur regelmäßige Impfungen dienen der Prophylaxe. Wie widerstandsfähig ein Hund gegen Infekte ist, hängt auch entscheidend von seinem Immunsystem ab, das durch optimale Haltung und eine ausgeglichene Psyche des Tieres gestärkt wird.

Weitere Infektionen

Weitere Infektionen, etwa durch Toxoplasmen, Bakterien, Wurm- und Zeckenbefall, können zu einer akuten Enzephalitis (Gehirnentzündung) oder Meningitis (Gehirnhautentzündung) führen. Fieber, Genickstarre und Vermeidung des Kopfsenkens als Ausdruck des Kopfschmerzes sind typische Anzeichen. Weitere Symptome sind Bewusstseinstrübungen bis hin zum Koma, Wahrnehmungsstörungen, epileptiforme Anfälle oder Lähmungen. Empfindungsstörungen, die Selbstverstümmelung auslösen, oder nicht erklärbare Ticks kommen vor. Die Erreger sind durch Liquoruntersuchung nachzuweisen und mit erregerspezifischen Medikamenten tierärztlich zu behandeln.

Hydrozephalus – Wasserkopf

Ein Hydrozephalus (Wasserkopf) entsteht durch das Ansteigen der Flüssigkeitsmenge des Liquors (Hirnwasser) in den Hirnkammern. Dadurch baut sich ein erhöhter Druck im Schädel auf, und als Folge wird das

Gehirn zusammengepresst. Ursache ist eine angeborene oder erworbene Abflussstörung des Liquors. Diese tritt bei einigen Hunderassen, besonders Zwerghunden, durch Missbildungen im Kopfbereich gehäuft auf. Von außen sichtbar ist ein starkes Anschwellen und Aufwölben des Schädels. Die Erscheinungen können bereits bei der Geburt ein schweres Hindernis darstellen oder sich erst in den ersten Lebenswochen und -monaten entwickeln. Die betroffenen Welpen werden inaktiv, zeigen Bewegungsstörungen, verblöden, schielen und erblinden. Eine erfolgreiche Behandlung ist nur operativ möglich – wie dies auch beim Menschen praktiziert wird –, indem rechtzeitig eine künstliche Verbindung zwischen Hirnkammer und Gefäßsystem geschaffen wird, sodass das Gehirnwasser abfließen kann. Durch Medikamente kann nur vorübergehend eine leichte Besserung erzielt werden.

Genetische Prädisposition

Bei manchen Hunderassen besteht eine angeborene Prädisposition zu bestimmten zentralnervösen Störungen. So tritt bei Bullterriern eine Verhaltensstörung auf, die dadurch gekennzeichnet ist, dass die Tiere stereotyp im Kreis laufen, scheinbar den eigenen Schwanz fangen, gleichförmig bellen und ihre Umgebung nur undeutlich wahrnehmen. Erhöhte und unberechenbare Aggressivität kann auftreten. Häufig bestehen gleichzeitig Hautprobleme. Als Ursache wird ein genetisch bedingter Zinkmangel diskutiert. Im Elektroenzephalogramm werden bei diesen Hunden häufig Hinweise auf epileptiforme Anfälle gefunden. Durch Röntgen, Computertomografie oder Sektion kann meist ein mehr oder weniger ausgeprägter Hydrozephalus (Wasserkopf) nachgewiesen werden. Bei milden Formen kann ein Behandlungsversuch mit Phenobarbital unternommen werden. Manche Fälle sprechen auf eine Kombination aus Tranquilizern und Antidepressiva positiv an. Die Therapie muss mindestens einen Monat lang durchgeführt werden, bis eine Prognose über den Erfolg gegeben werden kann. Durch die Medikamente werden die Symptome mehr oder weniger gedämpft, nicht aber die Krankheit geheilt.

> Das Hirnwasser dämpft Erschütterungen und schützt das Gehirn vor Verletzungen. Es wird in die Hirnkammern abgegeben und fließt auch wieder ab. Ist keine Abflussmöglichkeit gegeben, steigt der Druck in den Kammern an und kann das Gehirn schädigen.

Zentralnervöse Störungen und Erkrankungen

Bei zusätzlicher, sich verschlimmernder Aggressivität ist infolge der Unberechenbarkeit und Unheilbarkeit eine Euthanasie anzuraten (Dodman und Mitarbeiter 1993).

Gehirnblutungen

Gehirnblutungen entstehen infolge von Unfällen und Schädelverletzungen. Sie führen zu Bewusstseinsverlust und Krampfzuständen. Weitere Symptome hängen vom genauen Ort der Blutung ab. Ebenso variieren die Symptome von Gehirntumoren abhängig vom genauen Sitz der Geschwulst. Sie treten besonders häufig bei älteren Boxern auf. Es kommt zu Wahrnehmungs- und Bewegungsstörungen, Lähmungen und Krämpfen.

Vergiftung mit Stoffwechselprodukten

Auch Stoffwechselstörungen können zu zentralnervösen Symptomen führen. Beim so genannten hepatoenzephalem Syndrom steigt der Gehalt an giftigen Stoffwechselprodukten, wie Ammoniak, freien Fettsäuren und bestimmten Aminosäuren, im Blut an. Im Gehirn findet man bei der Sektion Nervenzellen, die dadurch zerstört wurden. Ursache ist, dass die Leber ihre entgiftende Funktion nicht mehr erfüllen kann, da die Blutgefäße so miteinander verbunden sind, dass die Leber umgangen wird. Eine fett- und eiweißarme Diät kann Besserung bringen, und der „Gefäßkurzschluss" kann chirurgisch beseitigt werden. Auch bei Urämie sammeln sich giftige Stoffwechselprodukte im Liquor an. Sie führen zu Gehirnödemen und zentralnervösen Störungen, wie Bewegungs- und Wahrnehmungsproblemen. Ferner gibt es eine Reihe neuronaler Speichererkrankungen, bei denen durch erbliche Enzymdefekte Stoffwechselvorgänge gestört sind und infolgedessen vermehrt giftige Zwischenprodukte entstehen, die Nervenzellen schädigen und entsprechende Symptome verursachen.

Es gibt zentralnervöse Störungen mit erhöhtem und unberechenbarem aggressivem Verhalten, die vererbt werden. Da sich hier die Therapie auf eine reine, meist wenig erfolgreiche Symptombehandlung beschränkt, müssen die Tiere oft eingeschläfert werden.

Zusammenfassung der wichtigsten Erkrankungen mit zentralnervösen Störungen:

- Epilepsie = Anfallskrankheit:
- primäre, angeborene Erkrankung
- sekundäre, erworben durch Hirnschädigung verschiedenster Art
- Infektionskrankheiten:
    - Tollwut
    - Pseudowut = Aujeszkysche Krankheit
    - nervöse Staupe
    - Toxoplasmen, Bakterien, Spulwürmer, Zecken u.a.m.
- Enzephalitis = Gehirnentzündung
- Meningitis = Gehirnhautentzündung
- Hydrozephalus = Wasserkopf
- genetische Prädisposition mancher Rassen
- Gehirnerschütterung und -blutung durch Trauma, Vergiftung u.a.
- Gehirntumore
- Stoffwechselstörungen:
    - hepatoenzephales Syndrom
    - Urämie
    - neuronale Speichererkrankungen

Was nochmals zu betonen wäre ...

Zum Abschluss sei zusammenfassend gesagt, dass organisch bedingte Verhaltensstörungen beim Hund zwar vorkommen, aber doch eher selten sind. In der Regel handelt es sich bei Verhaltensproblemen mit Hunden um Verhaltensauffälligkeiten, die Teil des normalen, arttypischen Verhaltensrepertoires sind, aber in unangemessenem Umfang oder nicht angebrachtem Zusammenhang gezeigt werden und deshalb zu unerwünschten Verhaltensweisen werden.

Verhaltensprobleme entstehen durch nicht tiergerechte Haltung, fehlerhaften Umgang, traumatische Erfahrungen und Besonderheiten der Mensch-Tier-Beziehung, wie nicht angebrachte Vermenschlichung und illusorische Erwartungen an den Hund. Bei Familienhunden besteht eine enge, aber meist unbewusste Wechselbeziehung zwischen dem Verhalten und der Einstellung des Tierbesitzers und den Reaktionen des Hundes.

Zentralnervöse Störungen und Erkrankungen

Eine gute Beziehung des Besitzers zu seinem Hund ist die wesentliche Voraussetzung für eine erfolgreiche Verhaltenstherapie

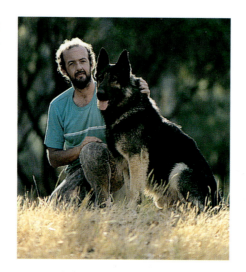

Für die Abklärung einer medizinischen Differentialdiagnose soll ein verhaltensauffälliger, problematischer Hund immer einem Tierarzt zu Untersuchung vorgestellt werden, um organische Ursachen sicher auszuschließen.

Durch genaues Erheben der Vorgeschichte, ein ausführliches Beratungsgespräch und Beobachtung des Tieres kann in den meisten Fällen die Ursache für sein unerwünschtes Verhalten gefunden werden. Diese muss gezielt beseitigt werden. Im Rahmen einer Verhaltenstherapie werden unerwünschte Verhaltensweisen beseitigt oder durch neue angebrachte Reaktionen ersetzt, indem durch Beratung und Aufklärung die Haltungsbedingungen angemessen verändert werden und das Tier in Gewöhnungs- oder Konditionierungsverfahren umerzogen wird. Nur in besonders schweren Fällen muss diese Therapie durch Medikamente oder Hormonpräparate unterstützt werden. Einsicht der Hundebesitzer und Engagement für ihr Tier sind die wesentlichen und notwendigen Voraussetzungen für den Erfolg einer Verhaltenstherapie beim Hund.

Literaturverzeichnis:

- Bagley, R. S.: „Recognition and Localization of intracranial Disease". Vet. Clinics. N. Am./Small Anim. Pract. **26** (4), 667–708 (1996).
- Beach, F. A.: „Coital Behavior in Dogs: III. Effects of Early Isolation on Mating in Males." Behaviour **30**, 217–238 (1968).
- Beach, F. A.: „Locks and Beagles." Amer. Psychologist **24**, 971–987 (1969).
- Beach, F. A und le Bœuf B. J.: „Coital behaviour in dogs, I: Preferential mating in the bitch." Animal Behavior **15**, 546–558 (1967).
- Beaver, B. V., M. Fischer und Ch. E. Atkinson: „Determination of

favorite components of garbage by dogs." Appl. Anim. Behav. Sci. **34**, 129–136 (1992).
- Beaver, B. V.: „Canine aggression". (Abstract) Appl. Animal. Behav. Sci. **37**, 81–81 (1993).
- Beaver, B. V.: „Owner complaints about canine behavior." JAVMA, **204** (12), 1953–1955 (1994).
- Beaver, B. V.: „Animal Behavior case of the Month." JAVMA, **206** (12), 1868–1870 (1995).
- Borchelt, L. P.: „Entwicklung des Verhaltens beim Junghund." in R. S. Anderson u. H. Meyer (Hrsg.): „Ernährung und Verhalten von Hund und Katze." – Schlüter'sche Verlagsanstalt, Hannover 196–206 (1984).
- Brunner, F.: „Der unverstandene Hund." Naturbuch Verlag, Augsburg 1994.
- Campbell, W. E.: „Understanding the shy dog". Mod. Vet. Prac. **56**, 278–279 (1975).
- Crowell-Davis, S. L., K. Barry, J. M. Ballam und D. P. Laflamme: „The effect of caloric restriction on the behavior of pen-housed dogs: Transition from unrestricted to restricted diet." Appl. Anim. Behav. Sci. **43**, 27–41 (1995).
- Crowell-Davis, S. L., K. Barry, J. M. Ballam, D. P. Laflamme: „The effect of caloric restriction on the behavior of pen-housed dogs: Transition from restriction to maintenance diets and long-term effects." Appl. Anim. Behav. Sci. **43**, 43–61 (1995).
- Dodman, N. H., R. Bronson und J. Gliatto: „Tail chasing in a Bull Terrier." Appl. Anim. Behav. Sci. **37,** 87–88 (1993).
- Dodman, N. H., I. Reisner, L. Shuster, W. Rand, U. A. Leuscher, I. Robinson, K. A. Houpt: „The effect of dietary protein content on aggression and hyperactivity in dogs." Abstract Appl. Anim. Behav. Sci. **39**, 185–186, (1994).
- Dodman, N. H., K. E. Knowles, L. Shuster, A. A. Moon-Fanelli, A. S. Tidwell, C. L. Keen: „Behavioral changes associated with suspected complex partial seizures in Bull Terriers." JAVMA, **208**, 688–691 (1996a).
- Dodman, N. H., R. Moon, M. Zelin: „Influence of owner personality type on expression and treatment outcome of dominance aggression in dogs." JAVMA, **209**, 1107–1109 (1996 b).

Zentralnervöse Störungen und Erkrankungen

- Edney, A. T. B. und P. M. Smith: „Study of Obesity in Dogs visiting veterinary Practices in the United kingdom." Vet.Rec. **118**, 391–396 (1986).
- Galac S. und B. W. Knol: „Fear-motivated Aggression in Dogs: Patient characteristics, Diagnosis and Therapy". Animal Welfare **6**, 9–15 (1997).
- Grizmek, B. „Tötung eines Menschen durch einen befreundeten Hund". Z. Tierpsychol. **10**, 71–76 (1953).
- Grizmek, B. „Tötung von Menschen durch befreundete Hunde II." Z. Tierpsychol. **11**, 147–149 (1953).
- Hart, B. L. „Behavioral indications for phenothiazine and benzodiazepine tranquilizers in dogs". J. Am. Vet. Med. Assoc. **186**, 1192–1194 (1985).
- Hart, B. L. u. L. A. Hart: „Verhaltenstherapie bei Hund und Katze". Enke, Stuttgart (1991).
- Heidenberger, E.: „Untersuchungen zu Verhaltensänderungen von Rüden und Hündinnen nach Kastration." Vet. med. Diss. München (1989).
- Heidenberger, E.: „Resozialisierung von Zwingerhunden aus Einzelhaltung." Tierärztl. Umsch. **49**, 431–439 (1994).
- Horwitz, Depra: „Canine Housesoiling". Canine Practice **22** (4), 16–20 (1997).
- Houpt, K. A.: „Ingestive Behaviour Problems of Dogs and Cats." Vet. Clinics of North Am. Sm. Anim. Practice, **12**, 683–692 (1982).
- Houpt, K. A.: „Sexual Behavior Problems in Dogs and Cats." Vet. Clinics. N. Am./Small Anim. Pract., **27** (3), 601–615 (1997).
- Immelmann, K. „Wörterbuch der Verhaltensforschung". Blackwell, Berlin-Wien (1982).
- Kraft, W. : „Kleintierkrankheiten. Bd. 1 Innere Medizin. 12.4 Spezielle Krankheiten des Nervensystems." 421–438, Eugen Ulmer, Stuttgart (1996), 4. Auflage
- Leidl, W.: „Fortpflanzungsstörungen beim Hund. 7.1.1. Rüde." 354–360 in Küst/Schaetz „Fortpflanzungsstörungen bei den Haustieren." Enke, Stuttgart 1983, 6. Auflage
- Lindell, E. M.: „Diagnosis and treatment of destructive behavior in dogs." Vet. clinics of North America: Small Animal Practice, 27, 533–547 (1997).

Literatur

- Luescher, A.: „How do I treat? Tail chasing in Dogs." Progress in Veterinary Neurology **7** (3), 100–101 (1996).
- Mason, E. „Obesity in Pet Dogs." Vet. Rec. **86**, 612–617 (1970).
- Moyer, K. E. „Kinds of Aggression and their Physiological Basis." Commun. Behav. Biol., Part A 2, 65–85 (1968).
- Overall, K. L.: „Use of clomipramine to treat ritualistic stereoypic motor behavior in three dogs." JAVMA, **205** (12), 1733–1741 (1994).
- Overall, K. L.: „Sex and Aggression". Canine Practice **20** (2), 16–18 (1995).
- Parker A. J.: „Some Unusual Motor Activities in Dogs and Cats." Progress in Veterinary Neurology, **7**, 20–24 (1996).
- Podberscek, A. L.; J. A. Serpell: „The English Cocker Spaniel: preliminary findings on aggressive behaviour." Applied Animal Behaviour Science **47**, 75–89 (1996).
- Podberscek, A. L.; J. A. Serpell: „Aggressive behaviour in English cocker spaniels and the personality of their owners." Veterinary Record, **141**, 73–76 (1997).
- Rüsse, M.: „Fortpflanzungsstörungen beim Hund. 7.1.2. Hündin." S.362–371 in Küst/Schaetz: „Fortpflanzungsstörungen bei den Haustieren." Enke, Stuttgart 1983, 6. Auflage
- Tuber, D. S.; D. Hothersall und M. F. Peters: „Treatment of Fears and Phobias in Dogs". Vet. Clinics. N. Am./Small. Anim. Pract. **12**, 607–623 (1982).
- Unshelm, J., N. Rehm und E. Heidenberger : „Zum Problem der Gefährlichkeit von Hunden; Eine Untersuchung von Vorfällen mit Hunden in einer Großstadt." Dtsch. tierärztl. Wschr. **100**, 383–389 (1993).
- Voith, V. L.: „Treatment of Phobias". Mod. Vet. Pract. **74**, 721–722 (1979).
- Voith, V. L. u. P. L. Borchelt: „Separation Anxiety in Dogs". Comp. contin. Educ. **7**, 42–53, (1985).
- Voith, V. L. u. D. Ganster: „Separation anxiety: review of 42 cases." Appl. Anim. Behav. Sci. **37**, 84–85 (1993).
- Young, M. S.: „Treatment of Fear-Induced Aggression in Dogs". Vet. Clinics. N. Am./Small. Anim.Pract. **12**, 645–653 (1982)

Register

Aggression 16, 51 f., 159, 182 f.
- angstbedingte 184, 202
- bei Scheinträchtigkeit 217 f.
- beim Jagdverhalten 185, 213
- Dominanzaggression 183, 193f., 200
- erlernte 186, 203, 208, 212
- gegenüber Menschen 187 f.
- krankhafte 187, 219
- mütterliche 185, 216
- rivalisierende 184, 193
- schmerzbedingte 185, 202
- territoriale 185, 208, 212
- unter Rüden 184, 205

Aggressivität 81 f., 182 f.
- ererbte 188

Agility 130 f.
Allotriophagie 275
Alte Menschen 106
Altersinkontinenz 235
Ambivalentes Verhalten 11
Angst 222 f.
Anregungsmittel 171
Antidepressiva 170
Antikonvulsiva 171
Appetitlosigkeit 274
Aufmerksamkeit erweckendes Verhalten 278 f., 287
Ausruhverhalten 56 f.
Ausscheidungsverhalten 41 f., 230

Beagle 77
Behindertenhunde 109
Beißunfälle 113 f.
Bellen 246 f.
Belohnung 126 f.
Benzodiazepine 169
Beratungsgespräch 143 f.
Besuchshunde 108
Blindenhunde 109
Brackenhunde 76
Butyrophenone 169

Collie 68, 76

Dackel 68, 77
Dalmatiner 68, 76
Defensives Verhalten 51
Demutsverhalten 49
Depression 250 f.
Desensibilisierung 160 f., 204, 240
Differentialdiagnose 230
Dogge 74

Drogen- und Sprengstoffsuchhunde 135 f.

Endorphin 284
Entwöhnung 30
Enzephalitis 294
Epilepsie 291 f.
Erkundungsverhalten 61 f.
Ernährungsverhalten 34 f., 270
Ernährung 154 f., 209 f.
Ethogramm des Hundes 31 f.
Ethologie 8

Fertigprodukte 157
Fortpflanzungsverhalten, gestörtes 262 f.
Fressdauer 38
Futterbedarf 39
Fütterung 156 f.
Futterverweigerung 273

Gehirnblutung 296
Gehör 64 f.
Geruchssinn 63
Grasfressen 277
Gruppenaktivitäten 29

Haltung 154 f.
Handlungskette 15
Hirtenhunde 75

Register

Homöopathie 173
Hörhilfehunde 111
Hormone 174 f.,
  191 f., 207, 249, 256
Hundeerziehung 118 f.
Hunderassen,
  Überblick 84 f.
Hydrozephalus 294
Hyperaktivität 242 f.
Hyperkinese 248
Hypersexualität 265 f.

Imponierverhalten 50

Jagdverhalten 34

Kampfhunde 81 f.
Kastration 39, 174 f.,
  191, 196, 207, 249,
  258, 272
Kindchenschema 14
Kinder und Hunde
  97 f., 106, 197 f.
Kommentkampf 16
Kommunikation 45 f.
Konditionierung 10,
  127, 159 f., 206 f.
- aversive 165, 215,
  259, 281
- gegenläufige 163,
  223, 259
- klassische, nach
  Pawlow 161
- operante 162
- positive 215, 282
- unbeabsichtigte
  aversive 166

Kontaktspiele 28
Koprophagie 275
Körperpflege 60 f.
Körpersprache 96,
  144
Kotfressen 275

Leckdermatitis 285
Leerlaufhandlung 13
Lernen 25
Lithiumcarbonat 171
Lorenz, Konrad 17

Medikamente 151,
  167 f.
Meningitis 294
Mensch-Tier-
  Beziehung 90 f.
Monoaminooxydase-
  Hemmer 171

Nahrungstransport
  40
Nahrungsvorlieben
  39
Neugeborenenphase
  26
Nicergoline 172
Nordlandhunde 72

Opiatantagonisten
  172, 287

Pawlow, Ivan P. 11
Phenothiazine 168
Pica 275
Pinscher 70

Polyphagie 270
Pseudotollwut 293
Psychohydraulisches
  Instinkmodell 17
Psychopharmaka
  167 f., 196
Psychotherapie 107
Pudel 79 f.

Rangordnung 18, 38
Rassenentstehung 67
Reflex 10
Reifung 25
Rettungshunde 134 f.

Schäferhunde 76
Schlafverhalten 58
Schlüsselreiz 14
Schockhalsbänder
  137 f.
Schweißhunde 76
Sehvermögen 66 f.
Selegiline Hydro-
  chlorid 172
Sennen- und Treib-
  hunde 75
Serotonin 159
Sexualverhalten 54 f.
Sinnesleistungen
  63 f.
Sozialisierungsphase
  28
Sozialkontakte 104
Sozialverhalten 44 f.
Spaziergang 101
Spielverhalten 47
Spitz 69

Staupe 293
Stereotypie 20, 284 f.
Stimmungsüber-
 tragung 29
Stöber- und Appor-
 tierhunde 78 f.
Stoffwechsel-
 störungen 296
Streunen 254 f.
Stubenreinheit 41,
 234 f.

Terrier 71
Therapieplan 150 f.
Tierheimhunde 225 f.
Tierschutzgesetz 154
Tollwut 292
Trägheit 248 f.
Tranquilizer 168, 224
Trennungsangst
 227 f., 256

Überernährung 157,
 270
Übergewicht 270
Übersprungs-
 handlung 13
Ultraschallpfeifen 137
Umorientierung 12
Unterernährung 273
Untergewicht 273

Vereinsamung 104
Verhaltenskunde 8
Verhaltensonto-
 genese 25
Verhaltensstörungen
 20 f., mütterliche
 267 f.
Verhaltenstherapie 142 f.
Vermenschlichung 92
Verstärkerwirkung 165
Vorstehhunde 78

Wachhunde 133
Welpenentwicklung
 26 f.
Welpenschule 119 f.
Wildern 254 f.
Windhunde 80 f.
Wohlbefinden 57

Zentrales Nervensy-
 stem (ZNS) 290
Zentralnervöse
 Störungen 290 f.
Zerstörerisches
 Verhalten 230
Zitronenspray 139 f.
Zuchtwahl 67, 214

Bildnachweis:
Heidenberger, Eva: 16 l., 16 r., 22, 40, 110, 111 l., 111 r., 131 o.l., 131 o.r., 131 u., 155, 158, 197, 198, 199 o., 223, 224;
PhotoPress/Geduldig: 71 o., 72 o., 76 o., 77 m., 113, 125; PhotoPress/Gerhard: 102, 212; PhotoPress/Gnoni: 254, 258; PhotoPress/Günther: 208;
PhotoPress/J. B. E.: 214; PhotoPress/Jakob: 215; PhotoPress/Hapf: 32, 99, 135, 290, 298; PhotoPress/Rogler: 2, 71 u., 72 u., 80 u. l., 255, 283;
PhotoPress/Rose: 79 o. r.; PhotoPress/Rutel: 147, 234 u.; PhotoPress/Schimmelpfennig: 243 u.; PhotoPress/Seve: 77 u.; PhotoPress/Stein: 62;
Steimer, Christine: 8, 11, 12, 13, 14, 19, 20, 24, 27 o., 27 u., 28, 29, 35, 37 o., 37 u., 38 o., 38 u., 41, 43, 44, 46, 47, 48, 49, 50, 51, 52, 54, 56, 57, 60, 61, 63, 66, 70 l., 70 r., 73 o., 73 u.l., 73 u.r., 74 o., 74 u.l., 74 u.r., 75 u.l., 75 u.r., 76 u., 77 o., 78 o., 78 u., 79 o. l., 79 u.l., 79 u.r., 80 o., 80 u.r., 81, 90, 91, 93, 95, 97, 101, 104, 105, 109, 110, 112, 114, 118, 119, 120, 122, 123, 127, 134, 142, 146, 156, 182, 183, 184, 187, 188, 194, 195, 199 u., 203, 206, 213, 216, 222, 228, 234 o., 236, 240, 242, 243 o., 244, 246, 248, 252, 257, 262, 263, 267, 270 o., 270 u., 271, 273, 276, 277, 278, 280, 282, 284, 286, 288;